겐조,

한국사를 유린하다

기쿠치 겐조, 한국사를 유린하다

을미사변에 가담한 낭인에서 식민사학의 선봉장으로

초판 1쇄 발행 2015년 10월 20일 ＼**초판 2쇄 발행** 2015년 12월 10일
지은이 하지연 ＼**펴낸이** 이영선 ＼**편집 이사** 강영선 ＼**주간** 김선정
편집장 김문정 ＼**편집** 김종훈 김경란 하선정 김정희 유선 ＼**디자인** 김회량 정경아 이주연
마케팅 김일신 이호석 김연수 ＼**관리** 박정래 손미경 김동욱

펴낸곳 서해문집 ＼**출판등록** 1989년 3월 16일(제406-2005-000047호)
주소 경기도 파주시 광인사길 217(파주출판도시) ＼**전화** (031)955-7470 ＼**팩스** (031)955-7469
홈페이지 www.booksea.co.kr ＼**이메일** shmj21@hanmail.net

© 하지연, 2015
ISBN 978-89-7483-749-5 03910
값 15,000원

이 도서의 국립중앙도서관 출판시도서목록(CIP)은 e-CIP 홈페이지(http://www.nl.go.kr/ecip)에서
이용하실 수 있습니다.(CIP제어번호: CIP2015025835)

이 책은 한국출판문화산업진흥원 2015년 우수출판콘텐츠 제작 지원 사업 선정작입니다.

기쿠치 겐조, 한국사를 유린하다

한국사를 유린하다

하지연 지음

을미사변에 가담한 낭인에서
식민사학의 선봉장으로

서해문집

1895년 10월 8일 새벽, 일본은 작전명 '여우사냥'을 시행했다. 주한 일본공사 미우라 고로三浦梧樓의 지휘 아래 일본군 수비대 병력 600명과 훈련대 800명 그리고 낭인 56명이 경복궁으로 난입해 명성왕후를 시해한 사건이다. 왕후는 무참하게 살해됐고, 시신마저 불태워졌다. 그러나 이 천인공노할 만행은 서울 주재 외교관을 통해 세계 각국에 곧 알려졌고 미국·영국·러시아 등 열강은 일본이 저지른 "야만적 살인 행위"를 비난했다. 궁지에 몰린 일본 정부는 미우라를 비롯한 사건 관련자들을 히로시마廣島 형무소에 수감하고 재판에 회부했으나 정치적인 제스처였을 뿐, 관련자들은 '증거불충분'으로 무죄 판결을 받고 석방됐다.

'을미사변乙未事變'이라 불리는 이 사건에 가담한 살인자들이 사건 직후 일본으로 소환돼 갔을 때 그들은 개선장군과 같은 환영을 받았으며, 메이지明治 일왕은 미우라가 무죄로 석방돼 도쿄에 도착했을 때 시종관까지 보내 노고를 치하했다. 살인자들 가운데 기쿠치 겐조菊池謙讓가 있었다. 기쿠치는 이런 끔찍하고 국제적인 범죄를 영웅적 행위이자, 한국 식민지화의 초석이라고 자부했다.

그들이 왕후를 반드시 살해해야 했을 만큼 왕후는 일본에 위협적이고 반일적인 인물이었다. 왕후를 살해하고 나서 한일 강제병합의 초석이 다져졌다고 자부한 사실을 보면 알 수 있다.

그런데 명성왕후에 대한 일반적 이미지는 어떨까? 2001년 미모의 여주인공과 세계적인 성악가의 애절한 OST로 높은 시청률을 올리면서 주목받은 드라마 〈명성황후〉와 그 여세를 이어 뮤지컬이 나오기 이전까지는 '표독하고', '시아버지 흥선대원군을 몰아낸 드센 여인', '질투심이 강해 후궁 소생의 왕자를 죽인 민비' 등의 이미지가 강했다. 명성왕후에 대한 이런 부정적 이미지는 '무능하고 우매한 고종'이라는 평가와 함께 시너지 효과를 내면서 식민지 시기 내내 그리고 해방 이후까지도 한동안 우리 역사 인식 속에 무비판적으로 자리 잡아 왔다. 고종과 명성왕후에 대한 평가가 부정적이면 부정적일수록 '조선은 망할 수밖에 없는 나라'라는 망국사관으로 이어졌고, 그것이 바로 일본이 한국 강제병합과 식민 통치를 합리화하기 위해 주장한 '식민사관'이다. 그렇다면 이런 편견의 시작은 언제, 어디서부터였을까?

기쿠치 겐조는 1893년 인천항에 첫발을 디딘 이후 1945년 일본의 패전으로 귀국선을 타고 일본으로 돌아갈 때까지 한국에서 자그마치 52년간 언론인이자 재야 사학자로 활동한 대표적 '조선통'이었다.

그는 을미사변을 합리화하고, 책임을 흥선대원군興宣大院君에게 돌리기 위해 히로시마 형무소 수감 중에 《조선왕국朝鮮王國》(1896)을 쓰기 시작했다. 이어 이토 히로부미伊藤博文의 명을 받아 일본의 한국 강제병합을 목전에 두고 '조선망국론' 입장에서 대원군과 고종, 명성왕후의 정치적 무능력과 부패상에 초점을 둔 《조선최근외교사 대원군전 부 왕비의 일생朝鮮最近外交史 大院君傳 附 王妃の 一生》(1910)을 내놨다. 이 두 책은 일본의 한국 침략을 합리화하고, 나아가 일본의 한국 지배를 정당화하기 위한 일본 정부의 국가적 요구와 침략의 보조 역할을 충실히 수행한 기쿠치가 범죄행위에 대한 변명이라는 개인적 필요성에 의해서 쓴 것이다.

기쿠치는 이후로도 《조선잡기朝鮮雜記》 1 · 2(1931), 《근대조선이면사近代朝鮮裏面史》(1936), 《근대조선사近代朝鮮史》 상 · 하(1937 · 1939) 등 전문 역사학자 못지않게 많은 한국사 연구 저술을 내놓았다.

기쿠치의 글은 아주 쉽고 통속적인 경향으로 대중 전파력이 강했다. 게다가 그는 명성왕후 살해 현장에 있었고, 대원군과 지속적으로 친분 관계를 갖고 접촉한 인물이었다. 따라서 그가 갖고 있던 역사의 현장성으로 인해 그의 글은 의심 없이 역사적 사실로 받아들여졌고, 이는 한국 근대사가 벗어나기 힘든 심각한 왜곡과 굴절의 굴레였다.

'민비閔妃'. 일본인이 그렇게 불렀고, 해방 이후 한동안 우리도 그렇게 불렀다. 그러나 조선왕조에서, 폐비된 사례를 제외하고 후궁이 아닌 정식 왕비를 성씨를 붙여 지칭하는 경우는 없다. 실제로 명성왕후의 경우가 유일하다고 할 것이다. 조선왕조에서는 왕후를 칭할 때 생전에는 '중전中殿', '곤전坤殿' 등으로 불렸고, 사후에는 시호諡號를 올려 '신덕왕후神德王后', '정희왕후貞熹王后'처럼 불렸다. 더 나아가 '신덕왕후 강씨康氏', '정희왕후 윤씨尹氏'처럼 성을 붙여 부르는 경우도 있다. 그러나 명성왕후는 급작스럽고 비정상적으로 죽은 이후 장례조차 제대로 치르지 못한 상황에서 시호를 받을 수 없었다. 시호는커녕 당시 일본은 고종을 압박해 왕후에 대한 폐위 조칙을 내리라고 강요했다. 왕후의 장례식이 정식으로 거행되고, '명성황후明成皇后'로 추존된 것은 1897년 10월이다. 따라서 정확한 호칭은 사후에야 명성황후라고 할 수 있고, 추존 이전에는 정확하게 그녀를 칭할 명칭이 마땅치 않은 것이 사실이다.

'민비'라는 호칭에 대해서는 논란이 많다. 일본이 그녀를 비하하는 차원에서 그렇게 불렀다는 논리를 근거로 절대로 쓰지 말아야 한다는 주장이 있다. 그래서 '민비'라는 호칭을 사용하면 친일파라도 된 것처럼 매도해 버리는 식의 여론몰이도 여전하다. 반면 '민비'를 풀어 말하자면 민씨 성을 가진 왕비라는 뜻이니 이런 호칭을 쓴다고 해서 친일파로 몰아붙이는 흑백논리적 편향성을 보일 필요가 있겠느냐는 의견도 있다. 그러나 설사 민비라는 호칭에 명성왕후를 폄하하는 의미가 없다고 하더라도 '성씨 + 왕비' 호칭은 일본식 왕후의 호칭으로, 조선왕조에서 사용하던 방식이 아니다. 고려왕조와 달리 정실 왕후를 단 한 사람만 둘 수 있었던 조선왕조에서는 이런 식으로 정식 왕후를 부르지 않았다.

또 명성왕후를 당대의 지식인들도 '민비'라고 불렀으니, 그 호칭이 왕후를 비하하는 표현이 아니라는 주장이 있다. 예를 들어, 황현黃玹의 《매천야록梅泉野錄》에서도 그렇게 불렀다는 것이다. 《매천야록》은 당시를 알 수 있는 중요한 사료이기는 하지만 정통 역사가가 아닌 황현이 당시 위정자들의 부정과 정치적 난맥상을 주관적인 역사관과 시대 인식에서 서술한 것이다. 즉 정통 역사기록물이 아니다. 게다가 《매천야록》에서는 '민비'라는 호칭은 몇 번 나오지 않고 '민왕후閔王后' 혹은 '중전 민씨', '중궁', '중전 민씨' 등의 표현을 주로 썼다. 따라서 '명성왕후 민씨'로 부르는 것이 가장 적절할 것이다.

한편 추존 이전에는 시호인 '명성'을 그대로 사용하고, 황후가 아닌 왕후라는 직위를 붙여 '명성왕후'라고 부를 경우, 조선 제18대 국왕 현종顯宗의 정비正妃이자 숙종肅宗의 어머니인 명성왕후明聖王后(1642~1684)와 혼동될 우려도 있다. 그러나 추존 이전 시기를 황후로 칭하는 것도 역사적 사실과 어긋나므로 이 책에선 대체로 시호인 '명성'을 쓰되, 왕후로 부르는 차선책을 택했다.

이 글의 저본은 〈한말·일제강점기 기쿠치 겐조의 문화적 식민 활동과 한국관〉(《동북아역사논총》 21호, 동북아역사재단, 2008)으로, 2007년 동북아역사재단에서 실시한 '2007년 한일 역사현안 및 왜곡 관련 연구지원 사업'의 지원을 받아 진행한 연구 결과물이었다. 원 논문에서는 지면상의 제한과 학술 논문의 성격상 구체적으로 소개할 수 없던 수많은 자료와 이야깃거리 들이 못내 아쉬워, 언젠가는 엮어 보겠다고 생각하던 차에, 마침 서해문집에서 명성황후 서거 2주갑(120년) 즈음해서 기회를 얻었다.

나는 이 책을 통해 기쿠치가 어떻게 명성황후를 칼과 붓으로 두 번이나 치욕스러운 죽음으로 몰아넣었는지를 보고자 하며, 아직까지도 우리 무의식 속에 자리 잡고 있는 한말의 어지러운 정치상과 인물 들에 대한 혼란스러운 선입견을 다시 한 번 되짚어 보는 시간을 갖고자 했다. 그러나 또 한편으로는 최근 들어 일각에서 등장하는 지나친 민족주의나 감성적 애국주의에서 우리에게 유리하게 근대사와 당시 인물을 재해석하는 또 다른 왜곡도 경계해야 함을 스스로 되새겨 본다.

　과거의 역사를 거울삼아 현재와 미래를 살아가고 준비하는 것이 역사학의 본분이니 만큼 뼈아프고 치욕적인 역사지만, 그것을 냉철히 인식하고 반성하는, 객관적이고 올바른 역사 인식이 과거의 잘못을 되풀이하지 않는 출발점이라고 믿는다.

차례

1 일본을 포함한 외국 지명과 인명은 국립국어원 외래어표기법에 따랐다.

2 '조선'과 '한국'이란 국호 가운데 되도록 '한국'이란 국호를 사용했다. 단, 사료를 인용했
  을 때는 사료에서 사용한 국호를 그대로 따랐다.

3 당시 서울의 호칭은 경성, 한양, 한성 등 다양했는데 여기서는 서울로 통일했다. 단, 사료
  를 인용했을 때는 사료에서 사용한 호칭을 그대로 사용했다.

4 명성황후에 대한 호칭은 시호인 '명성'을 쓰고 여기에 왕후를 붙여 '명성왕후'로 대부분
  표기했다.

이

낭인
기쿠치,

명성왕후를
살해하다

일본은 왜 명성왕후를 살해했나

《한성신보》 낭인들과 '여우사냥'에 가담하다

히로시마 감옥에서의 호사스러운 휴식

친일 정권을 타도하라, 춘생문 사건

일본은
왜 명성왕후를
살해했나

1895년 10월 8일 새벽 5시경. 일본은 주한 일본공사 미우라 고로三浦梧樓(1846~1926)의 지휘 아래 명성왕후明成王后(1851~1895)를 살해하는 야만적인 국제 범죄행위를 저질렀다. 이는 곧 서울에 주재하고 있던 외교관들에 의해 구미 열강에 알려졌고, 세계 각국은 끔찍하고 잔인한 살인 사건을 맹렬히 비난하면서 사태를 예의 주시했다. 일본 정부는 사건을 은폐하기 위해 급히 미우라 고로를 비롯한 사건 관련자들을 송환했고, 히로시마 감옥에 수감시킨 뒤 재판에 회부했다. 재판에 회부된 일본인은 미우라를 비롯해 모두 56명이다. 구마모토熊本 낭인浪人 기쿠치 겐조菊池謙讓(1870~1953)도 그중 하나였다.

1895년 4월 17일, 시모노세키下關에서 청국 전권공사 이홍장李鴻章(1823~1901)과 일본 전권공사 이토 히로부미伊藤博文(1841~1909, 총리대신), 무쓰 무네미쓰陸奧宗光(1844~1897, 외무대신) 사이에 청일전쟁清日戰爭

미우라 고로

(1894~1895)을 마무리 짓는 강화조약이 체결됐다. 패전국 청이 일본에 내줘야 할 지분엔 향후 일본이 동아시아에서 일약 유럽 열강과 대등한 수준의 제국주의 국가로 발돋움할 수 있는 파격적인 충족 조건이 대거 포함됐다. 이에 동아시아에서 각종 이권사업과 영토 문제에 국익이 달려 있던 구미 열강, 특히 러시아·프랑스·독일은 이를 그대로 묵과할 수 없었다.

시모노세키조약의 주요 내용은 대략 다음과 같다.

첫째, 청은 조선의 '완전무결한 독립을 인정'한다.
둘째, 청은 랴오둥遼東반도와 타이완臺灣, 펑후제도澎湖諸島를 일본에 할양한다.
셋째, 청은 배상금 2억 량(일본 화폐로 3억 엔)을 지불한다.
넷째, 구미 각국이 보유하고 있는 통상 특권을 일본에도 부여한다.

이 조약이 그대로 비준서 교환을 거쳐 정식으로 체결된다면 일본은 한국에 대한 독립적 지배권을 확보하게 된다. 또 곧바로 랴오둥반도를 통한 만주와 중국 본토 진출의 교두보를 확보할 수 있게 되고, 지리적으로 인접한 산둥山東반도와 중국의 수도 베이징으로도 얼마든지 단시

시모노세키조약에서 청과 일본의 협정 조인식을 묘사한 그림

간 내에 접근이 가능해진다. 대륙 침략의 근거지가 확보되는 셈이다. 정치·군사적으로 한국 식민지화와 랴오둥반도 확보 그리고 침략주의를 재정적으로 뒷받침해 줄 배상금 3억 엔까지 조건으로 달아놓은 강화조약의 이 조건이 만약 그대로 실현된다면 일본이 동아시아에서 한국은 물론 중국 본토까지 장악하는 일은 시간문제였다. 결국 구미 열강이 누리던 치외법권과 최혜국 특권까지 확보하게 돼, 시모노세키조약은 청으로서는 그야말로 말할 수 없는 굴욕이었고, 일본에는 명실공히 구미 열강과 대등한 반열에 오르는 계기였다.

일본 언론은 청을 두고 '잠자는 거인'이 아니라 '잠자는 돼지'라고 경멸했고, 온 일본 열도가 승리의 기쁨에 도취됐다.[1] 그러나 그리 오래가지는 못했다.

시모노세키조약 조인 직후인 4월 23일과 28일, 거듭해서 러·프·독세 나라의 주일 공사들은 일본 외무성을 방문해 랴오둥반도 반환을 권고하는 각서를 교부했고, 일본 정부는 결국 5월 5일 랴오둥반도 반환 답서를 3국 공사에게 전달했다. 곧 '삼국간섭'이다.[2] 이때 일본은 전승의 결과 정당하게 얻었다고 자부하던 전리품을 무기력하게 내놓을 수밖에 없는 국제적 위신에 절망했고, 심한 모욕감을 느꼈다. 특히 그 대상은 삼국간섭의 주도국 러시아였다. 일본 언론은 연일 '와신상담臥薪嘗膽'을 대서특필하면서 러시아에 대한 국민적 분노와 반감을 조성, 소위 '대중적 제국주의' 분위기를 띄워 갔고, 내각에서도 러시아와의 일전을 위해 육군 여섯 개 사단 증설과 해군 전함 4척, 순양함 1척, 구축함 23척을 건조할 계획을 승인하면서 군비 확장에 전력투구했다.

　일본과 러시아가 대결한 주된 무대는 한반도였다. 삼국간섭에서 일본이 구미 열강, 특히 러시아의 간섭에 속절없이 랴오둥반도를 포기하는 상황을 지켜본 명성왕후는 발 빠르게 움직이기 시작했다. 1894년 7월 23일(음력 6월 21일), 일본군이 경복궁을 불법 점령한 이후 주한 일본 공사 이노우에 가오루井上馨(1836~1915)는 김홍집金弘集(1842~1896)과 박영효朴泳孝(1861~1939)의 연립 내각을 내세워 '궁중과 내각 분리'라는 명분 아래 고종高宗(재위1864~1919)과 명성왕후를 권력에서 축출하고, 한국에 대한 정치적 보호국화를 추진했다. 그러나 권력이란, 속성상 부자지간에도 나눌 수 없는 법이다. 김홍집은 이노우에와 일본의 강력한 후원을 받는 박영효와 일단은 연립내각을 형성했으나 둘의 관계가 좋을 리없었다. 이 와중에 명성왕후는 러시아 세력을 끌어들여 일본을 몰아내려는 국면 전환책을 시도했다. 왕후는 러시아공사 베베르Karl Ivanovich

Veber(1841~1910)와 국정을 자주 상담했고, 박정양朴定陽(1841~1904) · 서광범徐光範(1859~1897) · 이완용李完用(1858~1926) · 이범진李範晉(1852~1911) 등의 반일 · 친러 성향인 소위 '정동파貞洞派' 집단이 권력의 중심에 서게 됐다.

이노우에 공사의 한국 내정에 대한 입김이 약화되는 가운데 김홍집과 박영효의 알력이 깊어지던 중, 6월 2일 결국 김홍집은 사퇴하고, 정동파 박정양이 총리대신에 취임하면서 친러 내각이 성립됐다. 그리고 박영효는 '중전 독살 및 반역 음모' 사건에 연루돼 7월 일본으로 망명해 버렸다.

박영효의 실각과 일본 망명은 일본에는 최악의 사태였다. 종래 이노우에나 이토가 추진해 오던 한국에 대한 '내정 개혁'이나 '차관 대여'와 같은 소위 '문치'적 방법으로는 일본이 더 이상 한국에서 설 자리가 없

김홍집

박영효

다는 결론을 얻었기 때문이다. 이노우에는 자기 후임으로 정치적 성향이 전혀 다른, 무단적이고 우익적 성향의 미우라를 내세워 한국 문제를 해결하려 했다.[3] 미우라는 외교 경험이 전혀 없었고, 한국 사정에도 문외한인 군인이었다.

미우라는 9월 1일 서울에 부임했다. 그런데도 전임 공사 이노우에는 외교 관례를 깨고, 9월 17일까지 미우라와 같은 공사관에서 함께 지냈고, 이후로도 인천에 4일을 더 머물렀다. 그리고 을미사변은 미우라가 부임한 지 불과 37일 만에 일어났다. 그렇다면 이노우에가 떠난 지 20일도 안 되는 기간 동안 미우라가 독자적으로 주재국 왕후를 살해하는 막중한 일을 계획하고 실행에 옮기는 것이 과연 가능했을까?

이노우에는 일찍이 외상, 내상, 농상무상을 고루 역임하고 대장상까지 지낸 당시 일본 정계의 '겐로元老'였다. 겐로란 메이지 헌법의 결함을 보완하기 위해 국정 전반에 걸쳐 '천황의 광범위한 기능을 실질상 집단적으로 대행하는' 일본 정계의 최고 권력층이었다. 천황이 1892년 이래 각종 중요 정책을 결정할 때 겐로를 불러 자문을 구하는 것이 관례화됐는데, 이 과정에서 이른바 '조슈長州 3인방'으로 불리는 이토, 야마가타 아리토모山縣有朋(1838~1922), 이노우에 등을 비롯해 7인이 겐로로 고정되면서 초헌법적 기관이 됐다. 헌법에 규정된 기관은 아니었으나, 모든 국가 정무에 공적으로 개입할 수 있는 일본 최고의 정책 결정자들이었다. 결국 미우라는 이노우에와 일본 정부의 정책을 수행하려 했을 뿐이다.[4]

그런데 왜 살해 목표가 왕이 아니고 왕후였을까? 명성왕후 살해에 직

조슈 3인방으로 불리는 이토 히로부미, 야마가타 아리토모, 이노우에 가오루(왼쪽부터)

접 가담한 당시《한성신보漢城新報》편집장 고바야카와 히데오小早川秀雄
(1870~1920)의 회고록에서 그 답을 찾을 수 있다.[5]

> 만약 상태를 방임해서 러시아와 조선 관계가 발전한다면 일본은 반도에서
> 배척당하고 조선의 운명은 러시아의 손아귀에 들어가게 될 것이다. 이것
> 은 단지 반도의 위기만이 아닌 동양의 위기요, 일본제국의 일대 위기라 할
> 것이다. (…)
> 그렇다면 이에 대응할 방도는 무엇이겠는가? 오직 비상수단을 써서 러시
> 아와 조선의 관계를 단절시키는 방법 외에는 길이 없었다. 다시 말해 러시
> 아와 궁중이 견고한 악수를 하고, 서로 호응해서 온갖 음모를 펼치는 것에
> 대해 일도양단一刀兩斷을 내는 수밖에 없었다. 한쪽의 손을 잘라서 다른 한
> 쪽의 손을 잡지 못하도록 해야만 했다. 단언컨대 궁중의 중심이요, 대표인
> 민비를 제거함으로써 러시아로 하여금 결탁할 당사자를 상실케 하는 이외

에 다른 처방은 없었다. (…) 궁중 정치는 전부 민비의 생각에서 비롯됐으며, 국왕조차 하나의 꼭두각시에 지나지 않았다. 조선의 정치가 중 지략과 수완에 있어서 민비를 능가할 사람은 아무도 없었다. 민비는 진실로 당대 최고의 인물이었던 것이다.

고바야카와는 "조선의 정치가 중 지략과 수완에 있어서 민비를 능가할 사람은 아무도 없었"고, "민비는 진실로 당대 최고의 인물"로 "단언컨대 궁중의 중심이요, 대표인 민비를 제거"해야 했다고 썼다. 곧 명성황후는 일본이 판단하기에 한국 최고의 정치가이자 지략가였으며, 무엇보다도 일본이 한국을 식민지화하는 데 최대 걸림돌이었다. 그런 탁월한 능력의 여성이 왕비의 지위에서 러시아 세력을 끌어들여 원조를 받아 일본을 밀어내고 있는 상황에서 결국 일본은 이웃나라 국가원수를 살해하는 무자비한 테러를 자행한 것이다. 그렇다면 기쿠치는 왜, 어떻게 을미사변에 행동대원으로 가담하게 됐을까?

《한성신보》 낭인들과 '여우사냥'에 가담하다

기쿠치는 구마모토 출신이다. 기쿠치는 청일전쟁 취재를 위해 한국에 왔을 때 당시 구마모토 국권당國權黨의 중심인물이면서 국권당 기관지인 《구주일일신문九州日日新聞》의 청일전쟁 종군 특파원으로 한국에 파견된 아다치 겐조安達謙藏(1864~1948)와 접촉했다.[6] 두 사람은 같은 구마모토 출신인 데다가, 아다치는 국권당 영수인 사사 도모후사佐佐友房 (1854~1906)의 제자였고, 기쿠치는 사사가 주선해 한국에 오게 됐다. 그 때문에 사사를 매개로 한 둘은 이미 상당한 친분 관계를 갖고 있었다. 그리고 아다치는 명성왕후 살해 주범인, 서울 낭인들이 주로 모여 들던 한성신보사를 경영하고 있었다.

1895년 2월 17일에 창간된 《한성신보》는 외무성의 기밀비와 매월 지급되는 공사관의 보조금으로 만들어져, 공사관의 기관지적 성격을 띠었다. 이 신문은 구마모토 국권당 수령인 사사와 이노우에가 의논해 일

아다치 겐조, 사사 도모후사, 오카모토 류노스케, 스기무라 후카시(왼쪽부터)

본의 대륙 진출을 위해 만들었다. 사장은 아다치, 주필에 구니토모 시게아키國友重章(1861~1909), 편집장에 고바야카와, 편집원에 사사키 마사시佐佐木正, 회계에 우시지마 히데오牛島英雄가 활동했고, 주로 구마모토 국권당 계열 낭인들이 운영했다.[7]

이처럼 한성신보사에 구마모토 출신 일본인, 특히 언론직 종사자들이 자주 모여 친분을 다지고, 각종 정보를 교환하고 있던 정황이 일단 기쿠치가 을미사변에 가담하게 된 첫 번째 이유가 될 것이다. 두 번째로 기쿠치는 이들 가운데 특히 사변의 주요 가담자인 일본공사관 서기 스기무라 후카시杉村濬(1848~1906), 조선국 군부 겸 궁내부宮內府고문관 오카모토 류노스케岡本柳之助(1852~1912), 통역 담당 스즈키 준켄鈴木順見 등과 이전부터 친분이 있었다. 무엇보다 기쿠치 본인이 구마모토 출신 낭인이라는 점으로 봤을 때 그가 왕후 살해에 가담한 것은 당연했다. 당시 이들, 즉 서울 낭인들은 한국 내 친러파의 정권 장악, 친일파의 몰락이 대세가 되는 상황 속에서 "국면 타개 방책은 민비 제거"뿐이라고 생각해 "민비를 죽이라! 민비를 죽이라"라고 주장하던 자들이었다.[8]

기쿠치는 한성신보사를 이렇게 회고했다.

한성신보사에는 구마모토 현 출신으로서 한 몸으로 1000명을 당해 내겠다는 기개를 지닌 자들, 이 한 몸 바쳐 나라에 보답하겠다는 청년들이 모여 있었다.

그곳은 신문기자의 단체라기보다는 뜻이 있는 자들, 낭인들의 구락부였다.[9]

구마모토 출신 기쿠치가 사변에 가담하게 된 경위가 잘 드러나는 대목이다. 을미사변 관련자 총 56명의 출신 지역을 보면 구마모토 출신이 21명으로 가장 많다(표 1 참조). 즉 명성왕후 살해 사건은 한성신보사를 거점으로 활동하던 구마모토 출신의 아다치 휘하 낭인들이 직접 행동대원으로 가담해 진행된 것이다.[10] 기쿠치는 주요 가담자에 대해 훗날 이렇게 회고했다.[11]

8일 사변에 관계한 것은 국가의 대표자인 미우라 공사를 시작으로 해 스기무라 서기관, 호리구치堀口 외교관보, 구스노세楠瀬 공사관부무관, 오카모토 궁내고문, 오기와라荻原 경찰서장 이하 경관의 전부, 마쓰무라松村 수비대장 이하 각 대장, 각 반장, 아울러 병원兵員 전부, 한성신보사 사장 아다치, 주필 구니토모, 사사 마사유키佐佐正之 이하 사원 전부, 《호치 신문報知

시바 시로

新聞》 통신원 요시다吉田, 《국민신문國民新聞》 통신원인 나, 후쿠오카 현양사의 도 가쓰아키藤勝顯, 쓰키나리 히카루月成光, 기타 뜻이 있는 다나카 겐도우田中賢道, 나카무라 다테오中村楯雄, 히로타 시젠廣田止善, 난바 히루키치難波春吉, 스즈키 준켄 등 전원 120여 명, 만약 우리 군대를 가한다면 약 1000명이었다.

　　일반적으로 지금까지 을미사변에 가담한 일본 낭인들에 대해 '일정한 직업이 없이 이리저리 떠돌아다니는 사람'이란 인식이 역사적 사실인 양 알려져 왔다. 그러나 명성왕후 살해 사건에 가담한 미우라 공사를 비롯한 행동대원들, 즉 낭인들의 경력과 이후 행보를 보면 그들은 당시 일본 최고의 지성이며 사회적 지도층이었다고 할 만한 고급 지식인들이었다. 미우라는 을미사변 이후 국가 원로로서 추밀원 고문관 겸 궁내관까지 지냈고, 아다치 겐조는 14선 의원으로 체신부장관과 내무부장관 등을 역임했다. 당시로서는 보기 드물게 미국 펜실베이니아 대학 출신 지식인 시바 시로柴四郎(1853~1922, 도카이 산시東海散士라고도 함)는 10선 의원이 됐고, 의사 출신의 사세 구마테쓰佐瀬熊鐵도 의원이 됐다.

　　한편 기쿠치는 을미사변에 가담하지 않은 우치다 사다쓰치內田定槌(1865~1942) 영사에 대해 명예도 모르는 사람이라고 격렬히 성토했다.[12]

경성에 있는 일본 관민의 총동원이라고 할 만한 이 공분公憤의 인원 명단에 그(우치다 영사를 가리킴 - 필자)가 빠졌는데, 그는 명예가 있어도 알지 못하는 사람이다.

을미사변을 일본 국민이 함께 비분강개해서 일으킨 사건으로 평가하면서 우치다 영사가 비겁하게 발을 뺐다는 식으로 강하게 비난한 것이다. 그러면 이 천인공노할 만행의 준비와 진행은 어떻게 이루어졌을까?

일본의 왕후 살해 계획은 주한 일본공사인 이노우에 가오루가 1895년 9월 21일 퇴임해 한국을 떠나자마자 후임인 미우라가 본격적으로 실행에 옮기기 시작했다. 미우라는 9월 1일 부임 이후 공사관에서 거의 두문불출하고 불경만 외워 '염불공사'란 별명을 얻을 정도로 철저하게 위장 전술을 폈다.[13] 그러면서 전임 공사 이노우에와 상의해 명성왕후 살해 계획, 작전명 '여우사냥'을 추진했는데, 낭인과 공사관 직원들을 통해 흥선대원군興宣大院君(1820~1898)과 전 군부협판軍部協辦 이주회李周會(1843~1895) 등 반민씨 세력의 동태를 상세히 파악하고 있었다.

미우라는 반왕후파의 거두인 대원군과 해산 위기에 처해 있던 훈련대訓鍊隊를 이용해 쿠데타를 꾸미고, 그 혼란을 틈타 일본 낭인들을 궁궐로 입성시켜 왕후를 시해한다는 시나리오를 짜 놓았다.

박영효가 실각하고, 고종과 명성왕후는 일본인 교관에 의해 교련되던 훈련대를 서둘러 해산시키려 했다. 청일전쟁 때부터 서울에 주둔하면서 한국 군대를 훈련시켜 온 일본군 수비대의 영향력으로 훈련대 장교들이 상당히 친일화돼 있었고, 일본식 군대 교육을 받고 있어 미국 군사교관 다이William McEntyre Dye(1831~1899)에 의해 훈련받던 시위대侍衛隊와 달리 왕실에는 상당히 위협적 세력이었기 때문이다. 박영효가 내란음모를 일으킬 때 이 훈련대를 이용하려 한 점 등으로 비춰 볼 때 고종과 명성왕후로서는 훈련대를 해산시키지 않을 수 없었다.[14] 미우라 등은 훈련대 제1대대장 이두황李斗璜(1858~1916), 제2대대장 우범선禹範善(1857~1903), 제3대대장 이진호李軫鎬(1867~1943) 등 대대장 셋과 전前 군부협판 이주회를 포섭했고, 전 군부대신軍部大臣 조희연趙羲淵(1856~1915)과 전 법상法相 장박張博(1849~1921) 등도 가담했다.[15]

9월 21일, 아다치가 미우라를 방문했을 때, 미우라는 이 일을 '극비'에 부칠 것을 신신당부하면서 아다치에게 구체적으로 낭인 동원을 명령했다.[16]

아무리 해도 한 번은 여우사냥을 하지 않으면 안 된다. 네 밑에 젊은 놈이 몇 명 정도 있는가?

그리고 한성신보사에 있는 낭인을 이용하고자 사장 아다치에게 6000원의 거사 자금을 주고 왕후 살해의 전위대로 삼은 것이다. 오카모토는 이노우에 공사가 퇴임해 일본으로 귀국할 때 자신도 본국 중의원에 출마하겠다는 의사를 밝히고 같이 귀국하려 했다. 그러나 이노우에와 미우라가 간곡히 만류해 계속 체류하게 됐는데, 그 이유는 오카모토가 흥선대원군과 매우 가까운 사이였기 때문에 대원군을 사건에 이용할 때 가장 중요한 역할을 할 수 있는 자였기 때문이다.[17] 미우라는 낭인 일부에게 사변 당일 홍선대원군의 별장인 공덕리孔德里 아소정我笑亭에서 대원군을 대동해 경복궁까지 호위하는 일을 맡겼다. 그 외 일본군 수비대와 일본인 거류지 담당 경찰관 등도 동원할 계획을 세웠다.

미우라가 일본 낭인들을 이용하려 한 데는 두 가지 이유가 있다. 하나는 아무리 반왕후파 세력이라고는 하지만 대원군이나 훈련대가 왕후를 살해하지는 않을

우범선과 그의 아들 우장춘 그리고 아내 사카이 나카

것이라는 의구심을 가졌기 때문이다. 두 번째는 만일 왕후 살해의 배후가 발각되더라도 일본 정부 차원에서의 책임을 피할 수 있다는 계산이 나왔기 때문이다. 이들은 작전명 '여우사냥'의 '거사일'을 10월 10일로 잡았다.[18]

문제는 대원군을 동참시킬 수 있느냐였다. 대원군은 1882년 임오군란壬午軍亂 당시 청의 보정부保定府에서 한동안 연금 생활을 했고, 환국한 뒤에도 권력과 세상에서 소외돼 있었다. 1894년 7월 23일 일본군의 경복궁 점령과 제1차 김홍집 내각 수립으로 대원군은 다시 섭정의 지위를 얻기는 했지만, 당시 삼남 일대를 휩쓸고 서울 코앞까지 치고 올라온 동학농민군의 기세를 염두에 두고 일본이 취한 형식상의 조처였을 뿐, 사

아소정 我笑亭

고종의 아버지인 흥선대원군의 별장. 당시의 서울 마포 공덕리, 현재 마포구 염리동 서울디자인고등학교(구 동도중학교·공업고등학교) 자리. 본래 명칭은 아소당我笑堂이었던 듯하다. 99칸 대저택으로, 1895년 아끼던 손자 이준용이 유배형에 처해지자 대원군이 자신의 일생이 덧없음을 뒤돌아보며 '스스로 조소한다'는 뜻에서 아소정이라고 불렀다고 한다. 건물의 일부는 동도중·고등학교를 증축하는 과정에서 헐렸고, 일부는 전쟁 중 소실돼 봉원사(서울 서대문구 소재) 중건에 쓰였다고 한다. 현재는 아소당에 딸려 있던 우물의 디딤돌만이 학교 운동장 한 구석에 남아 있다.

아소정(아소당)의 옛 모습, 《경성부사》 1권(1934)

실상 실권은 없었다.

미우라는 9월 하순경부터 연일 대원군 거처로 사람을 보내 대원군의 동태를 파악하고, 의중을 타진했다. 호리구치 구마이치堀口九萬一(1865~1945), 스즈키 준켄, 오카모토가 하루가 멀다 하고 아소정을 찾았고, 특히 오카모토가 10월 3일과 5일 스기무라가 초안한 4개조의 밀약을 가지고 막판의 대원군 설득 작업을 마무리 지었다.[19] 미우라가 이때 오카모토를 통해 제시한 네 가지 조건은 다음과 같다.[20]

- 대원군은 왕을 보익해 궁중을 감독하되 정무에는 관여하지 말 것
- 김홍집·어윤중魚允中·김윤식金允植, 세 사람을 정부 요로에 앉히고 정국 개혁을 단행할 것
- 이재면李載冕을 궁내부대신으로 할 것
- 이준용李埈鎔을 3년간 일본에 유학시켜 재기를 양성할 것

기쿠치는 대원군이 4개조에 동의하고, 날인까지 했으며, 10월 5일 오카모토가 재차 의사를 확인했을 때도 이의가 없음을 분명히 확인했다고 했다. 심지어 스기무라 등이 10월 6일에는 김홍집과 김윤식金允植(1835~1922)을 방문해 대원군의 결심과 4개조의 약속을 통고하고 조만간 거사를 일으킬 뜻이 있음을 알렸다고까지 주장했다.[21] 기쿠치의 주장이 사실이라면 김홍집과 김윤식은 을미사변 이전에 일본 측의 모종의 움직임을 미리 알고 있었다는 설명이 된다. 물론 두 사람이 일본의 왕후 살해 계획을 구체적으로 알고 있었는지는 분명하지 않다. 한편 김영

어윤중, 김윤식, 이재면, 이준용(왼쪽부터)

수는 4개조의 내용 가운데 대원군이 애지중지 아끼던 손자 이준용李埈鎔 (1870~1917)과 관련된 조항에 주목했다. 즉 1895년 4월 '이준용 역모 사 건'으로 5월에 이준용이 강화 교동도에 유배되자 대원군은 교동도까지 방문하려고 시도할 만큼 이준용을 아꼈다. 따라서 오카모토와 스기무라 등이 4개조를 대원군이 수락하지 않으면 이준용의 안전을 보장할 수 없 다고 제안했으리라는 추정이 가능하다. 4개조는 이준용을 일본으로 유 학시켜 신변의 안전을 보장하는 조건을 제시한 셈이다.[22] 그러나 4개조 를 과연 대원군이 수락했는지 여부는 알 수 없다. 또 대원군이 왕후 '살 해' 계획을 미리 알고 있었는지도 알 수 없다. 그가 며느리 살해에 동의 했겠는가, 알 수 없는 일이다.

왕후 살해 결행 일자인 10일에 맞춰 미우라는 10월 2일경 정변 참가 자들을 공사관으로 불러 각자의 역할과 행동 지침을 하달했다.[23]

- 낭인 동원, 대원군 호위와 입궐, 왕후 살해 : 시바 시로, 아다치 겐조, 구니토모 시게아키
- 일본인 및 조선인과의 연락 업무 : 스기무라 후카시
- 일본군 수비대 및 훈련대 동원 : 구스노세 유키히코
- 아소정의 대원군 동원 담당 : 오카모토 류노스케, 스즈키 준켄
- 비번非番 순사를 인솔해 아다치, 구니토모 등과 합류해 입궐 : 호리구치 구마이치

10월 6일

아니 땐 굴뚝에 연기 날까 …. 당시 군부고문이던 구스노세 유키히코 楠瀬幸彦(1858~1927) 중좌가 훈련대를 이끌고 거사를 일으키려 한다는 소문이 돌아 민심이 흉흉하던 차였다.[24] 미우라는 왕후 살해 계획을 입안하면서, 대원군과 풍문으로 나돌던 훈련대의 쿠데타설을 이용한다는 주도면밀한 계획 아래 일이 발각되는 것을 막기 위해 6일 오카모토와 구스노세를 일본으로 귀국하는 것처럼 위장시켜 인천으로 보내 대기시키는 연극까지 했다. 물론 왕후 암살 계획이 실행되는 즉시 전보를 치면, 서울로 올라오기로 단단히 각본을 짜고 있었다.[25]

같은 날 스기무라는 조희연, 권형진權瀅鎭(?~1900), 이두황 등을 만나 정변을 구체적으로 논의했다. 이때 스기무라는 훈련대 제2대대장 우범선이 훈련대 해산 계획을 갖고 있는 왕실에 불만이 크므로 정변에 적극 가담할 것이라고 장담했다. 또한 조희연은 이진호는 자기가 추천하는 사람이므로 잘 지도하면 이번 정변에도 가담할 수 있을 것이라고 자신

구스노세 유키히코

했다.[26] 이러한 정황들은 스기무라를 비롯한 조희연·권형진·우범선·이두황 등이 이미 오래전부터 정변을 모의해 왔고, 훈련대를 이용해 무력 지원할 방안을 계획했음을 보여 준다.[27] 또한 기쿠치의 말대로 을미사변과 관련해 총리대신 김홍집은 이미 사전에 정변을 인지한 것으로 보인다.

당시 경복궁에 침입한 일본사관학교 출신 권동진權東鎭(1861~1947)은 훗날 "개화파의 관계자는 물론 전부 참가했다"라고 회고해 김홍집 내각에 참여한 유길준俞吉濬(1856~1914), 조희연, 정병하鄭秉夏(1849~1896) 등의 개화파 관료 대부분이 참여했음을 시사했다.[28] 고종도 을미사변 이후 한국 측 주요 가담 인물로 '김홍집, 유길준, 조희연, 정병하'를 지목했다. 여기에 우범선과 이범래李範來(1868~?) 등의 훈련대 장교, 권동진·정난교鄭蘭敎(1863~1944)·이주회 등 일본사관학교 출신들이 을미사변을 미리 알고 있었고, 적극적으로 가담했다.[29]

10월 7일

그런데 일본이 예상한 훈련대 해산 날짜인 10일보다 빠른 7일 새벽 2시, 한국 정부는 전격적으로 훈련대 해산을 발표했다. 7일 오전 9시경 군부대신 안경수安駉壽(1853~1900)가 일본공사관을 찾아와 미우라에게 훈련대를 해산한다는 왕실의 명령을 정식으로 통고했다.[30] 훈련대 제2

대대장 우범선도 훈련대 해산 소식을 보고하기 위해 일본공사관을 찾아왔다. 주한 일본군 수비대장 마야하라 쓰토무馬屋原務本 소좌가 당시 훈련대를 배후에서 감시했는데, 그 역시 공사관에 당도했다.[31] 한편 스기무라는 10일로 예정돼 있던 '거사'를 위한 대비책으로 6일 김홍집 총리대신에게 정변이 있을 것을 미리 알리고 협조를 당부해 뒀고, 7일 아침에는 김윤식을 만나러 갔다가 훈련대 해산 소식을 알게 됐다.[32]

이처럼 훈련대가 해산돼 버리자 일본으로서는 시일이 경과하면 동원 자체도 쉽지 않고, 훈련대의 쿠데타로 왕후 살해를 몰아갈 수도 없는 노릇이었다. 결국 미우라는 급히 이틀 앞당겨, 8일 새벽 '여우사냥'을 결행하기로 했다.[33] 미우라는 훈련대 해산을 보고하러 온 우범선에게 즉시 수비대와 훈련대를 동원하라고 지시했다. 정변에는 일본군 수비대 1대대 3중대 약 600명, 훈련대 2대대 약 800명, 일본 자객 2개조가 동원됐다.

미우라는 7일 오후 1시경, 인천에 머물던 오카모토와 구스노세에게 황급히 서울로 올라오라고 전문을 쳤고, '여우사냥' 실행 지침과 명령을 내렸다.[34]

1. 오카모토는 10월 7일 밤 12시, 늦어도 10월 8일 새벽 1시까지 마포에 도착한다.

2. 스즈키 준켄과 검객 스즈키 시게모토領木重元는 마포에서 오카모토를 만나 공덕리로 출발한다.

3. 주한 일본영사관보 호리구치는 경부 오기와라 히데지로로부터 대원군

입궐에 관한 '방략서方略書'를 받아 함께 용산으로 가서 오카모토를 영접한다.

4. 오기와라 히데지로는 호리구치에게 대원군 입궐에 관한 '방략서'를 전달한다. 그리고 와타나베 다카지로 등 순사 다섯 명을 사복으로 변장시켜 일본도를 허리에 차고 용산으로 향하게 해 역시 오카모토를 영접하고, 대원군을 대동해 입성토록 한다.

5. 일본군 수비대장 마야하라는 훈련대를 총지휘한다.

6. 훈련대 2대대의 일부를 8일 오전 2시경 공덕리에 파견해 대원군을 호위한다.

7. 훈련대 2대대의 일부는 서울 성곽 안팎에서 기다렸다가 대원군을 호위한다.

8. 훈련대 1대대는 경복궁 밖에서 대궐을 수비하는 척하다가 대원군이 도착하면 함께 입궐한다.

9. 통역관 아사야마 겐조는 이주회를 포함한 대원군 세력을 이용해 대원군 저택을 수비하는 순검을 제압한다.

이렇게 구체적 행동 지침을 직접 하달한 후 미우라는 위장술로 히오키日置益 서기관까지 대동하고 우치다 주한 일본공사관 일등영사가 베푼 환영 만찬에 참석했다. 만찬은 대략 저녁 7시부터 9시 반까지 이어졌다.[35] 그 시간에 스기무라는 공사관에서 사태를 예의 주시하면서 대기했다.

낭인들의 총책이던 아다치와 구니토모가 낭인들을 집합시켜 입성한

漢城新報社

한성신보사(지금의 회현동) 앞에 모인 낭인들

후 왕후를 살해하는 임무를 지휘했는데, 동원된 낭인들을 2개조로 편성했다. 기쿠치에 따르면 1조는 공덕리 아소정으로 향해 대원군을 대동하고, 왕궁으로 향하는 조로서 일단 한성신보사에 모였다. 2조는 직접 왕궁으로 들이닥치는 조로 일단 파성관巴城館을 본부로 모였다고 한다.[36]

　1조 − 사사 마사유키, 히라야마 이와히코, 마쓰무라 다쓰요시, 사사키 마사시, 요시다 유키치, 기쿠치 겐조, 우시지마 히데오, 사와무라 마사오, 가타노 다케오, 이에이리 가키치, 미야즈미 유키, 구마베 요네키치, 고바야카와 히데오, 다나카 겐도우 등.

2조 – 시바 시로, 구니토모 시게아키, 야마다 레쓰세이, 쓰키나리 히카루, 사세 구마테쓰, 시부야 가토지, 하스모토 야스마루, 오우라 시게히코 등.

1조는 아다치 겐조를 대장으로 했고, 부장은 현양사玄洋社 소속 사사 마사유키佐佐正之, 객장은 천우협天佑俠 소속 다나카 겐도우田中賢道였다. 이들은 각자 무장을 한 채 7일 밤 황급히 한성신보사로 모여들었다. 기쿠치도 역시 무장을 하고 합류했다. 그리고 일부가 밤 10시경 한성신보사를 나왔다. 이들은 인천에서부터 오는 오카모토 등과 용산에서 합류해 대원군의 공덕리 별장으로 함께 향한 뒤 대원군을 동원해 경복궁으로 들이닥친다는 계획이었다. 낭인들은 각자 준비한 일본도를 모포로 겹겹이 싸서 한 사람이 짊어진 뒤, 사람들 눈을 피하기 위해 삼삼오오 흩어져 집합 장소인 용산으로 출발했다.[37]

기쿠치는 이날의 가을 달빛이 남산의 동남쪽에서부터 떠올라 대지에 떨어지고, 가을바람이 불어오는데 한성신보사 남쪽 이태원 방면은 멀리서 개 짖는 소리만이 들려왔다고 했다. 그리고 청파동 언덕을 지나쳐 한강 가에 다다르자 여러 사람의 그림자가 움직이고, 먼저 온 낭인들의 담소 소리가 크게 들렸다고 회고했다.[38]

2조는 구니토모를 대장으로 하고, 《일본신문》 특파원이던 야마다 레쓰세이山田烈盛를 부장으로 해 천우협 소속 시바 시로가 묵고 있던 파성관에 모여들었다. 이들은 '결사대원'이 되겠다고 자청했는데, 남쪽 방 1호실을 특별회담실로 정했다. 그러고는 파성관 소속 기생 전부를 불러

2007년 복원된 건청궁

술판을 벌이고 만취 상태로 12시가 되자 경복궁을 향해 출발했다. 이들은 소리 높여 노래를 부르고, 잡담을 하고 춤을 추고 객기를 부리는 등 난잡하게 행동했다.[39] 을미사변에 가담한 일본 낭인들을 두고, 술에 취한 상스러운 깡패들로, 일본 정부와는 상관없는 부랑배들이었다고 하는 당시 현장의 목격담이나 이후 상당 기간 정설화돼 온 이야기들이 바로 이런 정황에 따른 것이다.

구니토모와 쓰키나리 히카루月成光(1862~1910), 사세 등 세 사람은 광화문에 잠복해 궁성의 동태를 살피면서 대원군 일행이 도착하기를 기다리기로 했다. 그리고 나머지 2조는 추성문秋成門(경복궁 서북문)으로 직행해 건청궁乾淸宮에 침입, 총검으로 난리를 일으킬 예정이었다. 아사야마 겐조淺山顯藏, 스즈키 시게모토, 스즈키 준켄 등 세 사람은 이주회에게 대원군을 동원해 입궐시키는 일을 말한 뒤 다시 만나기로 했다.

용산에 낭인들이 거의 다 모인 시각은 7일 밤 11시경이었다. 이어 오카모토가 자정이 지나서 용산에 도착했다. 즉 8일 새벽이었다.

한편, 7일 밤 궁궐에서는 훈련대 해산을 축하하고, 왕후의 측근인 민영휘閔泳徽(1852~1935)를 궁내부대신에 기용해 정치적 주도권을 다시 왕실로 집중시킨 것을 축하하기 위해 밤늦도록 성대한 잔치가 이어졌다. 왕후는 이 성과에 매우 흡족해 했고, 고종과 달 놀이까지 즐겼다고 한다.[40] 연회가 늦어지자 궁내부대신 이경직李耕稙(1841~1895), 농상공부협판農商工部協辦 정병하 등은 연회 후 궁중에서 유숙했다.

당시 궁궐 내부에서는 훈련대 해산을 앞두고 고종과 왕후의 신변 안전에 대한 대안책을 강구하는 등 우려는 하고 있었으나, 그렇다고 해서 이렇다 할 묘안이 금방이라도 나올 수 있는 상황은 아니었다. 그런데 마침 전 주한 일본공사 이노우에 가오루가 1895년 9월 고종을 알현하면서 '조선 자주 독립의 기초를 확립하고, 혹 다른 조선인이 역모를 일으키면 일본 정부가 왕실을 보호하고 국가의 태평을 보장하겠다'고 고종과 왕후를 안심시킨 상황이었다. 일본은 믿을 수는 없어도 이노우에 공사의 말은 고종과 왕후에게 약간의 위안이 된 것으로 보인다. 그러나 이노우에는 고종과 왕후를 안심시키고 뒤에서는 왕후 살해를 계획한 것이다.

정병하도 10월 6일 밤부터 7일 아침까지 숙직 근무를 하면서 궁궐 밖의 소란스러운 낌새를 눈치 챈 왕후가 피난할 만한 곳이 있는지를 묻자 이렇게 대답했다.

제가 스스로 일본인이 궁궐에 들어온 일
에 대해 알아보니, 이는 대군주를 보호하
기 위한 것으로서 의심하거나 두려워할
바가 아니므로 달아나지 마십시오.

사바틴

왕후는 이노우에의 말을 곧이듣고, 또
평소에 정병하를 자기 사람이라고 믿었다
가 화를 당한 것이다.[41]

그렇기는 하지만 왜 불안하지 않았겠는
가. 고종과 왕후는 사실 1894년 7월 23일 일본군이 경복궁을 점령한 이
후 일본으로부터 신변의 위협을 강하게 느끼면서 러시아공사 베베르,
미국공사 실John M. B. Sill(?~?), 미국인 군사고문관 그레이트하우스C. R.
Greathouse의 조언에 따라 미국인 군사교관 다이, 러시아 건축기사 사바
틴Seredin Sabatin(1860~1921) 등을 경복궁의 서양인 숙소 협길당協吉堂에
상주시켰다.[42]

을미사변이 일어나던 8일 새벽, 이 끔찍한 살해 현장에 있었던 서양
인이 바로 다이와 사바틴이다.[43] 특히 을미사변의 가장 상세한 목격자
이자 기록자인 사바틴은 현장 상황을 시간마다, 특히 새벽 5시가 넘어
서는 15분 단위로 파악했다. 그는 사건 직후 주한 러시아공사 베베르에
게 상세한 보고서를 올렸는데, 이 보고서는 그 어떤 당시의 기록이나 보
고서보다 상세한 정보를 담고 있다. 그러나 문제는 보고서 속 증언에서
는 사건 현장에 있던 인물의 구체적 이름이 나오지 않는다. 사바틴이 무

언가 은폐한 것이다. 아마도 그는 생명의 위협을 크게 느낀 것으로 보인다. 일본은 물론 한국 그리고 자기 나라 러시아로부터도⋯.[44]

10월 8일

호리구치는 7일 밤 자정을 좀 넘긴 8일 새벽 용산에 막 도착한 오카모토에게 미우라 공사의 '방략서'를 전달했다. '방략서'에 따르면 낭인들은 대원군을 공덕리 별장에서부터 호위해 남대문으로 오다가 일본군 수비대와 합류한 뒤, 훈련대를 선두로 해 궁궐로 들이닥칠 계획이었다.

기쿠치는 당시 용산에서 공덕리로 가는 사이에 아소정에서 세 사람(이주회, 이진호, 구연수具然壽)이 마중을 나왔다고 한다. 그리고 세 사람이 오카모토와 기쿠치 일행에게 대원군이 기다리고 있다며 아소정까지 안내했다고 하는데,[45] 거짓말이다. 이주회 등은 이때 직접 출영하지 않았고, 입궐을 선도하지 않았다. 대원군이 일본인들이 오기를 기다려 마중까지 내보냈다고 기쿠치는 주장하지만 사실 대원군은 한참 자고 있었다. 이는 고바야카와의 기록에서 나오는 "대원군이 꿈꾸면서 자고", "밤중에 갑자기 지사志士들이 방문해 잠에서 깬 노영웅은 어떠한 심정이었을까?"라는 표현에서 알 수 있다.[46] 대원군은 그날 정변을 미리 인지하지 못한 것이다. 그렇기 때문에 오카모토 등이 대원군을 설득하느라 그로부터 두 시간을 지체한 것이다.[47] 기쿠치나 일본 낭인들 그리고 일본 정부가 을미사변의 주범은 대원군이라고 주장했으므로, 당연히 대원군이 오카모토 일행을 기다리고 있었다고 기술한 것이다.

오카모토와 통역 담당 스즈키 등 약 30여 명의 일행은 새벽 1시경 아소정에 도착했다. 아소정은 궁중에서 파견한 경관 10여 명이 안팎을 호위했는데, 무장한 낭인들과 사복 차림의 일본인 순사의 위협 앞에 저항한 번 못하고 그대로 항복했다. 이때 일본인 순사들은 포박한 한국 경관들의 제복과 모자를 빼앗아 변장했다.

스즈키와 호리구치를 대동하고 대원군 방으로 들어간 오카모토는 이후 두 시간 정도가 지난 새벽 3시경이 돼서야 겨우 대원군을 반강제로 동원할 수 있었다. 이때 대원군이 처한 정치·경제적 상황에 대해 기쿠치는 "빈궁함이 매우 심"해 대원군이 왕후 살해에 적극적으로 가담할 수밖에 없었다고 주장하면서, 대원군이 을미사변의 주범이고 낭인 동원의 주체라고 했다.[48] 대원군이 주범이라는 기쿠치의 주장이 바로 일본 정부와 미우라의 계획이었고, 의도였다.

한편 대원군이 오카모토와 회담하던 2시간 동안, 나머지 낭인들은 응접실에 모여 차 대접을 받으면서 대기했다. 마침내 대원군이 오카모토와 이야기를 끝내고 입궐하기로 했다.

대원군은 시종 아이를 시켜 의복을 가져와 자신에게 입히게 했는데, 아이가 새벽에 무장한 일본인들 사이에서 겁을 집어먹고 당황해서 그랬는지 모르지만 대원군에게 옷을 입히면서 두루마기의 오른쪽 소매를 대원군의 왼팔에 끼워 넣자 대원군이 혼잣말로 한탄하듯 중얼거렸다.[49]

천하의 변화를 이 옷이 아는가, 이미 의복에서 내 뜻을 보였다.

새벽 3시가 넘어서야 이래저래 꺼리고 움직이려 하지 않던 대원군을 오카모토 등이 억지로 가마에 태워 공덕리에서 출발했다. 낭인들 가운데 우시지마 히데오가 공사관으로 가서 대원군이 출발했다고 보고했다.

한참을 행진하던 중 대원군이 가마를 버드나무 그늘 밑에 서게 한 뒤 모두에게 주의를 줬다.

오늘 나의 입궐을 방해하는 자가 있으면 즉시 처단하고, 국왕 폐하와 세자 전하는 해치지 말라.

오카모토가 이를 옆에서 통역했다.[50] 대원군의 가마가 움직이기 시작했다. 그리고 도중에 훈련대와 합류해 4시 반경에 서대문에 이르렀다. 그곳에서 일본군 수비대와도 합류할 예정이었으나 착오가 생겼다. 일본군 수비대가 잘못 알고 남대문으로 나간 바람에 한 시간 이상 지체된 것이다. 당초 미우라 공사의 계획에서는 대원군을 대동해 남대문을 통과해 궁성으로 들어갈 예정이었으나, 남대문은 새벽 일찍부터 장이 서므로 사람들이 모여들고, 그 와중에 아무래도 대규모의 일본군과 일본 낭인이 움직일 경우 의심을 살 우려가 있다는 판단에 따라 서대문으로 변경했는데, 중간에 연락이 제대로 이뤄지지 않은 것이다. 일본군 수비대를 기다리는 동안 차가운 새벽 공기 탓에 76세의 고령인 대원군은 연신 기침을 해 댔다. 기다리는 일본 낭인들도 새벽녘의 한기를 못 이겨 주변 민가에서 짚을 징발해서 모닥불을 피워 몸을 녹였다. 그 불빛에 일본도는 번쩍이고, 서로에게 비춘 얼굴은 살기에 차 있었다.

마침내 새벽 5시경 일본군 수비대가 서대문 한성부청 앞에 도착했고,

1904년 촬영된 서대문(위)과 남대문(아래)

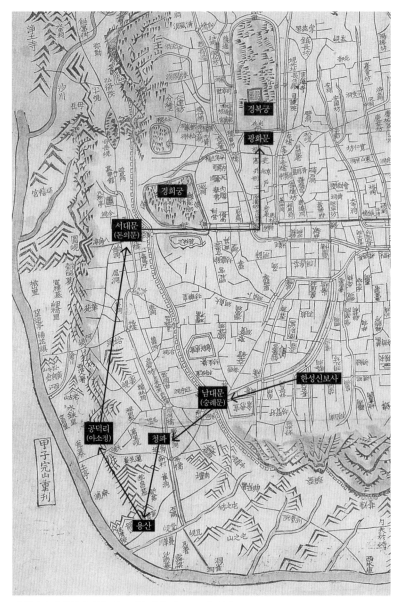

낭인들과 대원군의 이동 경로, 〈수선전도〉(1840)에 표시

훈련대와 합류해 즉각 전투 준비를 하고 탄환을 장전했다. 일본군 수비대 1중대가 선두에, 대원군의 가마를 중앙에, 우범선이 지휘하는 훈련대 2대대는 가마의 앞과 뒤를, 후미는 일본군 수비대가 에워싸고 경복궁을 향해 진격했다. 파성관 낭인 10여 명과 함께 기쿠치가 대원군의 가마 옆에 붙어 있었다.[51] 낭인들은 훈련대를 완전히 신뢰할 수 없었기 때문에 일본 병사들을 앞뒤로 배치한 것이다. 훈련대 교관 이시모리 요시나오石森吉猶 대위와 다카마쓰 데쓰타로高松鐵太郎 대위도 평소 우범선의 2대대를 감시해 왔고, 이 날은 우범선과 함께 대원군을 호위했다.[52] 아소정에서 대원군을 움직이는 데 2시간가량 지체하고, 남대문으로 집결한 일본군 수비대를 다시 서대문으로 불러오느라고 1시간을 더 허비한 일본 낭인과 일본군 수비대는 마음이 급해졌다.

이들은 서대문 한성부청에서 정동네거리 서쪽을 지나 경희궁 회상전會祥殿을 거쳐 경복궁 앞 큰길에 다다랐다. 대원군을 내세운 그들이 새벽 3시 반 공덕리에서 출발해 광화문 앞에 도달한 때는 새벽 5시 30분. 머지않아 먼동이 틀 무렵이었다. 정변 참가자 모두 서대문 한성부청에서 광화문까지 턱 끝에 숨이 차도록 달려왔다.[53] 경복궁 정문인 광화문 앞에는 주한 일본공사관 무관 구스노세 중좌의 지휘 아래 교관 고이토 유키부미鯉登行文 대위와 3중대장 마키 마사스케馬來政輔 대위가 일본군 수비대 3중대를 동원해 진을 치고 있었다.

경복궁 후문에는 일본군 수비대 대대장 마야하라 소좌의 지휘 아래 2중대장 무라이 우소村井右宗 대위가 이미 새벽 4시 무렵 북서쪽 추성문을 장악했다. 훈련대 1대대는 이두황 대신, 중대장 이범래의 지휘 아래 춘생문春生門에 대기했다. 일본군 수비대 1중대장 후지토 요조藤戶與三는 대원군을 호위했다.

5시 15분

사바틴의 기록에 따르면 오카모토는 8일 새벽 3시에 대원군을 설득해 함께 공덕리에서 출발했지만, 천천히 움직이는 대원군 일행을 뒤로 하고, 가장 먼저 건청궁에 도착했다. 그는 일본 자객을 지휘하기 위해 새벽 4시 30분경 먼저 추성문에 도착했고, 5시 15분 자객들을 지휘해 건청궁으로 침입해 들어갔다.

오카모토의 지휘 아래 20~25명의 자객은 곤녕합坤寧閤 등을 뒤지면서 왕비의 소재를 추궁하고 왕비를 살해하는 만행을 저질렀다. 이 시각부터 새벽 6시까지 광화문 근정전勤政殿 앞과 궁궐 여러 곳에서 일본 낭인, 일본군 수비대 그리고 동원된 훈련대와 궁궐수비대 사이에 충돌이 일어났고, 처참한 살육이 자행됐다.

한편 낭인들과 일본군 수비대 그리고 훈련대는 경복궁 북쪽 궁문인 신무문神武門의 오른쪽으로 난 둥근 계무문癸武門을 통과해 무청문武淸門에 도달했다. 무청문에서 고종의 거처인 장안당長安堂으로 들어가는 필성문弼成門까지는 약 50미터 정도였다. 미국인 교관 다이의 지휘 아래 필성문 주위에 약 300명의 궁궐수비대가 배치돼 방어했다. 그런데 침입자들이 무청문 틈새로 30~40여 발을 연달아 세 차례 허공으로 위협사격을 가하자 교관 다이와 러시아 건축기사 사바틴은 서양인 숙소로 몸을 숨겼고, 궁궐수비대는 이내 군복을 벗고 총과 탄환을 버리고 도망치

《조선고적도보》권10(1930)에 실린 건춘문·신무문·계무문(위부터 시계 방향)

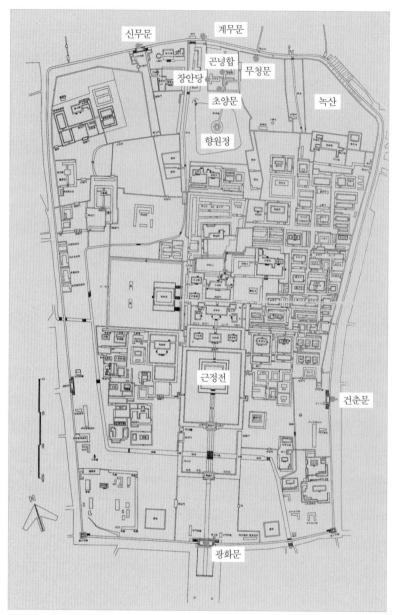

신무문　계무문　곤녕합　무청문　장안당　초양문　녹산　향원정　근정전　건춘문　광화문

을미사변 관련 장소, 경복궁 배치도(《조선고적도보》 권10)에 표시

기 시작했다.[54]

5시 30분, 광화문 전투

조희연과 우범선은 훈련대를 동원해 왕후 살해 정변에 적극적으로 협조했다. 전 군부대신 조희연은 훈련대 1대대 장교들을 설득해 정변에 참여할 것을 유도했고, 훈련대 1대대 병력 일부를 이범래의 지휘 아래 춘생문에 대기시키고, 일부는 건춘문建春門을 비롯한 경복궁 주변을 경계토록 했다. 그리고 우범선은 대원군을 호위해서 광화문을 통해 궁궐로 들어왔다.

그러나 정작 훈련대 소속 일반 병사들은 자신들이 국모 살해에 동원된 사실을 몰랐다. 거의 모든 병사가 대대장 우범선과 이두황의 야간 훈련 명령에 따라 8일 새벽 궁궐 밖으로 동원됐고, 경복궁에 도착한 후에도 궁궐을 호위하는 줄로만 알았다.[55]

일본군 수비대 3중대 소속 병사가 광화문 성벽을 타고 넘어 광화문 안쪽으로 진격해 들어갔다. 광화문을 수비하던 시위대 위병의 저항은 거의 없다고 해야 할 정도로 무기력했고, 광화문은 쉽게 열렸다. 일본군 수비대 3중대와 일본 낭인 2조는 대원군을 비롯한 일본군 수비대 1중대, 훈련대 2대대, 낭인 1조 등이 도착하기 전에 광화문 주변을 장악했다. 대원군은 일본 군대와 낭인들의 호위를 받으며 들어섰고, 광화문에 들어선 일본군은 총검을 꽂고, 낭인들은 칼을 빼들었다. 기세등등해진 침입자들은 '와아' 하는 함성과 함께 총칼을 휘두르면서 돌격했다.[56] 고바야카와의 말처럼 '아수라'의 문이 열리는 순간이었다.[57]

5시 40분경

근정전 앞에서 침입자들은 2진으로 나뉘었다. 1진 일본군 수비대와 훈련대는 광화문에서 북문인 신무문으로 향하는 대로를 따라 진격했다. 2진은 낭인들과 대원군을 호위하는 1소대의 일본군으로, 근정전 오른쪽에 있는 향원정香遠亭을 향해 달려갔다.

얼마 뒤 신무문 쪽 대로에서 총격전이 시작됐다. 광화문 전투가 시작된 것이다. 훈련대 연대장 부령 홍계훈洪啓薰(?~1895)은 이미 새벽 3시경 일본 군대와 훈련대가 궁궐로 접근한다는 보고를 받고 사태를 파악하고 있었다. 또한 궁궐시위대 1대대장 참령參領 이학균李學均(?~?)을 통해 궁궐 북동쪽 춘생문과 북서쪽 추성문이 이미 일본 교관 네다섯 명의 지휘를 받는 약 200명의 훈련대와 군복을 입은 일본인 30명을 포함해 50~60명가량의 일본인 손에 넘어간 사실도 파악했다. 상황의 심각성을 깨달은 홍계훈은 근정전에서 건청궁으로 가는 대로에 병력을 배치하고 대기했다. 당시 고종은 훈련대가 일본인 교관에 의해 훈련을 받아 이미 친일화돼 버린 군대였기 때문에, 훈련대를 약화시키기 위해 측근인 홍계훈을 훈련대 연대장으로 임명한 것이다.[58]

5시 40분경 구스노세의 지휘를 받는 일본군 수비대와 훈련대가 진격하던 도중 홍계훈의 저항을 받았고, 곧이어 총격전이 벌어졌다. 기쿠치는 이때 홍계훈이 대범하게도 궁궐수비대의 선두에 나와 있었고, 광화문 가까이까지 돌진해 문으로 들어오는 일본군을 저지하는 장면을 목격했다. 이미 일본 선봉대와 우리 궁궐수비대 사이에는 전투가 개시된 상황이었고, 총격 소리가 건청궁 쪽에서도 났다. 건청궁 부근과 광화문 밖

그리고 광화문과 근정전 사이 등 동시다발적으로 여기저기서 전투가 일어났고,[59] 이 시각 오카모토가 이끄는 낭인들은 이미 건청궁에서 혈안이 돼 왕후를 찾으며 끔찍한 살육을 저지르고 있었다.

일본군 수비대의 화력과 훈련대까지 가담한 사실에 궁궐수비대의 사기는 점차 떨어졌다. 그러나 우범선과 이두황이 이끄는 훈련대 중에서도 일부 병력은 영문도 모른 채 갑자기 동원돼 궁궐 한가운데서 궁궐수비대와 전투를 수행하고 있는 상황이 혼란스러워 점차 소극적 자세를 보이고 동요하기 시작했다. 이제 곧 날이 밝아 오는 상황에서 이러한 동요의 움직임과 교착 상태에 초조해진 구스노세는 더 이상 시간을 끌면 일을 그르칠 수 있다고 판단하고 직접 칼을 뽑아 들고 궁궐수비대를 향해 달려들었다. 이 과정에서 구스노세는 홍계훈의 어깨에 상처를 입혔다. 그러자 우범선이 쓰러진 홍계훈에게 여러 발의 총을 쐈다. 선두에서 지휘하던 홍계훈이 쓰러지자 겁을 집어먹은 궁궐수비대는 총검을 버리고 달아나기 시작했다.

홍계훈

13년 전인 임오년(1882) 여름, 정부의 개화 정책과 그 중심에 왕후가 있다고 분노한 굶주린 구식 군인들이 궁궐에 난입해 선혜청당상宣惠廳堂上 겸 병조판서 민겸호閔謙鎬(1838~1882)를 궐 한가운데서 죽이고, 왕후까지 찾는 일이 있었다. 난리 통에 왕후는 홍계훈의 보호를 받으며 가까스로 시어머니인 부대부인 민씨의 사인교四人轎를 타고 무사히 궁궐을 빠져나갔고, 충주까지 피신할 수 있었다.

이후 홍계훈은 왕후와 고종의 전폭적 신임을 받으며 최측근에서 왕후의 신변을 최후까지 지키다 이날 전사한 것이다. 명성왕후를 소재로 한 드라마나 영화에서 흔히 홍계훈의 존재를 마치 왕후와 로맨스가 있는 것처럼 왜곡해 그려 내기도 한다. 그만큼 홍계훈이 마지막 순간까지 죽음을 무릅쓰고 지켜 낸 자기 직분과 군주에 대한 충성의 또 다른 표현일 것이다. 명성왕후에 대해 일관되게 비판적이던 황현黃玹(1855~1910)도 왕후에게 최고의 충신이었던 홍계훈을 《매천야록梅泉野錄》에서 다음과 같이 평가했다.[60]

홍계훈은 병졸 가운데서 일어나 지위가 고관에 이르렀지만 성품이 청렴 결백하고 신중해 사대부를 대함에 예의를 잃은 적이 없었으니, 당시 아첨으로 총애받던 여러 사람과는 같지 않았다. 그의 모친은 항상 충성을 다해 나라에 보답하라고 훈계했다고 한다.

기쿠치는 이날의 광화문 전투를 다음과 같이 회고했다.[61]

대원군의 호령이 있었고, 그의 웅변은 감격한 목소리였다.

기쿠치는 광화문 전투에서 대원군의 호령이 있었고, 일본군의 화력이 압도적으로 우세했다고 기록했다. 어디까지나 을미사변의 주범은 대원군이었고, 대원군이 사건 현장에서 호령을 내려 가며 지휘했다는 주장이다. 또한 기쿠치는 스스로 감격에 겨워 자신의 무자비한 살인 행위를

시위대의 훈련 모습을 담은 기록화. 전쟁기념관 소장

국가적 영웅 행위로 자부했다. 그에게서 일말의 죄책감이나 양심의 가책은 찾아볼 수 없다. 오히려 자긍심에 부풀어 있었다.

　일본군 선두 부대는 약 20여 분간의 교전 끝에 건청궁의 장안당 부근에서 미국인 교관 다이가 지휘하는 시위대의 방어를 뚫었고, 한성신보사에 모였던 낭인들도 선두에 서서 계획대로 왕후 살해를 위해 궁궐 후방을 향해 맹렬히 돌진했다.[62]

　한편 근정전 근처에서 홍계훈이 지휘하는 궁궐수비대의 저항으로 대원군이 탄 가마가 더 이상 진행하기가 어려워지자, 낭인들은 일단 대원군을 강녕전康寧殿에 내려놓은 후 1소대의 일본 병사에게 가마를 지키게 하고, 낭인들만 목적지인 건청궁을 향해 진격한 상황이었다.

기쿠치는 근정전 앞 전투에는 직접 가담하지 않았다. 그는 통신 기자로서 《한성신보》 부대의 말단으로 따라가 서대문에서부터 행진해 대원군의 좌우에 붙어 있었고, 경복궁에 진입한 후에는 태광전泰光殿에서 대원군과 함께 일단 대기했다. 그리고 이때 대원군으로부터 건청궁 방면의 총성이 그치기를 기다렸다가 왕궁의 상황을 파악하고, 특히 왕비의 소식을 확인해 소식을 전하라는 명령을 받았다. 이에 기쿠치는 태광전에서 나와 옹화문雍和門으로 들어가다가 급하게 나오는 한 서양인을 만났는데, 후퇴하던 교관 다이였다. 옹화문을 벗어난 기쿠치는 동북쪽으로 방향을 잡아 건청궁 쪽으로 갔는데 도중에 여러 궁궐시위대 병사들의 시신을 목격했다.[63]

건청궁은 경복궁의 가장 안쪽에 있다. 건청궁 정문을 지나 초양문初陽門으로 들어서면 고종의 집무실인 장안당이 있다. 그리고 함광문含光門으로 들어서면 명성왕후가 거처하는 곤녕합과 정시합正始閤이 있다. 장안당 뒤에는 서양식 건물인 서재 관문각觀文閣을 두어 사대부가의 집처럼 구성했다. 곤녕합의 건물은 전면 5칸, 측면 1칸으로 건물 면적이 총 169제곱미터(51평) 정도다. 측면 누樓에 해당되는 부분에 잇대어 정면과 측면 각 2칸의 방이 북쪽으로 이어진 형태다. 이 침방의 이름이 정시합이며, 남쪽의 누는 옥호루玉壺樓, 동쪽 누는 사시사철 꽃향기가 가득하다는 뜻에서 사시향루四時香樓라고 불렸다.[64]

일본 낭인들이 침입했을 당시 왕후는 건청궁 맨 동쪽 끝에 있는 옥호루 주변에 있었다. 서쪽에도 방이 있는데 고종은 왕비의 옆방인 곤녕합에 머물렀다.[65] 그리고 고종은 왕후가 다른 곳으로 숨거나 달아나기를

관문각

옥호루

바라는 절실한 마음에서 낭인들의 관심을 다른 곳으로 끌기 위해 곤녕합 방에서 창문을 열어젖히고 일본인들이 보기 쉬운 곳 전면에 나섰다. 곤녕합에 들이닥친 낭인들을 보고 대경실색한 환관과 신하들이 낭인들을 향해 손을 들어 실내 중앙에 앉아 계신 분이 국왕 폐하라고 손을 들어 주의를 주었다.

기쿠치도 건청궁에 들어서서 동쪽 곤녕합에서 고종과 왕세자가 나란히 있는 것을 목격했다. 그리고 스즈키와도 만났는데 둘은 그때까지는 왕후의 생사를 몰랐다.[66]

오카모토, 구니토모, 사사키, 쓰키나리 등이 중심이 된 일본 낭인 20~25명은 고종이 있는데도 아랑곳하지 않고 곤녕합 방들과 옥호루, 사시항루, 정시합 등의 방을 샅샅이 뒤지면서 왕후를 찾았다. 심지어 낭인들 중 하나는 고종의 어깨와 팔을 두 손으로 끌며 몇 걸음 나아갔으며, 또 다른 하나는 그 방 안에서 고종의 몸쪽 방향으로 권총을 쐈다. 그리고 왕후의 얼굴을 잘 모르는 낭인들은 궁녀들을 마구 패고 머리채를 휘어잡고 이리저리 끌고 다니면서 왕비의 소재를 추궁했다.[67] 일부 낭인은 궁녀들이 대답을 하지 않자 1미터 80센티미터 높이인 옥호루의 창문 너머로 궁녀 10~12명을 사정없이 던져 버렸다고 한다. 그런데도 궁녀들은 하나같이 단 한 마디도 하지 않았고, 아무런 움직임도 없었다고 하니,[68] 고바야카와의 표현대로 '아수라'[69]의 와중에 죽어 가는 순간까지도 지밀 궁인들의 몸에 밴 철저한 궁중 교육과 충성심이 놀라울 따름이다.

이때 왕후를 지키고 있던 궁내부대신 이경직은 일본 낭인들이 곤녕합의 방으로 들이닥치자 무의식적으로 두 손을 벌려 왕후 앞에 나서서 보호하려 했으나 살해당했다. 그로 인해 자신이 보호하려던 여인이 명성왕후임을 살인자들에게 알려준 결과가 되고 말았다. 일본 낭인들은 칼을 번쩍이면서 이경직의 두 팔을 잘랐다. 이경직이 몸을 가누지 못하고 바닥에 뒹굴자 낭인들은 그를 옆방으로 옮겨 폭행했다. 그리고 이경직이 간신히 몸을 빼내 외부로 도주하려 하자 낭인들은 고종이 보

명성왕후 생가에 모셔진 영정

는 앞에서 그를 향해 총을 쐈다. 이경직은 허벅다리에 총상을 입고 오른쪽 어깨를 칼에 베이고는 쓰러졌다.

시위대 1대대 대대장 참령 이학균은 고종을 보호하기 위해 궁궐시위대 병사들과 함께 낭인들을 공격하려 했으나, 그 순간 누군가에 의해 떠밀려 쓰러졌다. 이때 이학균은 낭인들이 곤녕합 복도를 따라 달아나는 궁녀들을 추격하는 것과 잠시 후 궁녀들이 살해되는 것을 목격했다.[70] 살해된 궁녀 넷 가운데 홍계훈의 누이도 있었다.[71] 이 모든 처참한 살육의 현장을 사바틴과 다이가 생생히 목격했다.[72] 이 대목에서 기쿠치는 자신이 곤녕합에 왔을 때는 이미 궁내부대신 이경직과 신분이 높은 여관女官 한 명의 사체가 안쪽 방에 있었다고 회고했다.[73]

당시 고종은 곤녕합 복도를 따라 도망치는 궁녀들을 일본공사관 소속

장충단獎忠壇

1895년 을미사변 당시 일본군과 광화문 전투에서 전사한 훈련
대 연대장 홍계훈, 영관 염도희廉道希, 영관 이경호李璟鎬를 제향
하는 제단으로 이후 이경직 등을 추가했다. 1900년 고종이 장충
단비와 함께 건립했다. 장충단비 앞면에는 '장충단獎忠壇'이라는
비명이 적혀 있는데, 대한제국 2대 황제 순종(재위 1907~1910)이

장충단비

황태자 시절 쓴 글씨고, 뒷면에는 민영환閔泳煥(1861~1905)이 쓴 비문이 있다. 일
제는 1910년 한국을 강제병합한 이후 장충단을 강제로 폐사시키고, 이 일대를
장충단 공원으로 만든 후 이토 히로부미를 모신 박문사博文寺를 건립했는데, 박
문사 터는 영빈관으로 사용되다가 현재 신라호텔이 자리 잡고 있다.

박문사

순사 와타나베 다카지로渡辺鷹次郎가 추격하는 것을 보았으나, 두려움에 잠시 의식을 잃었다. 이후 정신을 차린 고종은 10여 명가량의 환관들에게 둘러싸인 채 곤녕합 마루에 앉았다. 난리 통에 어지럽고 처량하고 형용하기 어려운 무서움을 불러일으키는 궁녀들의 비명이 온 사방에서 들려왔고, 흰옷을 입은 궁녀 10여 명이 새파랗게 질린 채 와들와들 떨면서 우르르 몰려나왔다. 기쿠치에 따르면 어떤 여인은 기품 있어 보였는데, 그녀의 흰옷은 온통 피투성이였고, 하얗게 질려 혈색이 거의 없는 얼굴의 볼까지 새빨간 피로 물들어 있었다고 한다.[74] 그녀는 세자빈(민태호閔台鎬의 딸, 후일 순명효황후純明孝皇后로 추존)이었다. 이때 누군가 왕후가 도망갔다고 외쳤고, 낭인들은 살기등등하게 왕후를 다시 찾아내기 위해 피투성이 세자빈에게 칼을 겨누면서 "왕비가 있는 곳을 말해라, 말하지 않으면 죽인다"라고 협박했다. 일본어를 알아들을 길이 없는 세자빈은 그저 "아이고, 아이고"라고 소리만 질렀다. 침입자들은 왕후를 찾는 데 혈안이었다.

그때 시위대 연대장 현흥택玄興澤(?~?)은 곤녕합 주변을 포위한 일본인 20여 명을 목격했다. 현흥택은 시위대 군복을 입은 채로 5시 50분경 곤녕합에 들어섰는데, 이때 낭인들의 총격이 소나기처럼 쏟아졌다. 낭인들은 그를 포박하고, 폭행하면서 왕비의 소재를 추궁했다. 그러나 현흥택은 끝까지 왕비의 소재를 모른다고 했다. 그는 겨우 목숨만 붙어서 러시아공사관으로 도망갔다.[75]

6시경. 어디선가 실내에 쓰러져 죽은 여인이 왕후라는 소리가 들려왔다. 낭인들이 곤녕합 오른쪽 끝에 있는, 왕후의 거실인 옥호루에 안치된 여인들의 시신을 확인했다. 그들 가운데 명성왕후가 있었다. 왕후는 대략 5시 45분경 살해된 것으로 추정된다.

그렇다면, 왕후는 정확히 어디서 살해됐을까? 다시 한 번 시간을 되감아 정리해 보자. 낭인들이 건청궁으로 들이닥치자 정시합에 머물던 왕후는 궁녀 셋을 대동하고 궁녀와 같은 복장으로 곤녕합 침실로 이동했다. 낭인들이 곤녕합 침실에 들어와 바로 옆에 고종이 있는데도, "왕비는 어디 있어, 누가 왕비야?"라고 소리치며, 왕후를 비롯한 궁녀 셋을 다그쳤다. 이때 이들은 모두 자신들은 "궁궐을 찾아온 방문객"이라고 대답했다.[76] 그런데 이 순간 이경직이 두 팔을 벌려 왕후를 보호하려 했고, 순간 위기의식을 느낀 왕후는 곤녕합 침실에서 건청궁 복도를 향해 도망쳤다. 고종은 주한 일본영사관 순사 와타나베가 칼을 뽑아 왕후를 쫓아가는 것을 목격했으나, 이내 또 다른 낭인들에 의해 옷까지 찢기고, 두려움에 의식을 잃었다. 왕세자도 달려드는 낭인 셋에 의해 옷이 찢겨 나가고, 상투까지 잡혔다. 낭인들은 왕세자에게 왕후의 소재를 물었고, 세자가 대답을 제대로 하지 않자 칼등으로 왕세자의 목과 턱 사이를 강하게 내리쳐 기절시켰다. 잠시 후 의식을 회복한 왕세자는 고종에게 달려가 목숨을 부지할 수 있었다.[77] 하지만 이로써 고종과 세자는 왕후의 최후를 목격할 수 없었다. 대체로 당시 왕후 살해 과정을 주한 외교관들은 이렇게 기록했다.

일본 자객 중 하나가 도망치는 왕비를 바닥으로 밀어 넘어뜨리고, 발로 가슴을 세 번이나 짓밟고, 칼로 찔러 죽였다.

한편 곤녕합에 들이닥친 낭인들이 왕세자, 궁녀, 사바틴 등에게 왕후의 소재를 물으며 광분하고 다녔을 때 사바틴은 낭인들에게 자기는 외국인이고, 게다가 남자이기 때문에 왕후의 얼굴은 물론 숙소조차도 전혀 알 수 없다고 대답했다. 낭인들은 사바틴을 오카모토에게 데려갔는데, 오카모토에게도 사바틴은 같은 말을 연신 되풀이했다. 오카모토는 사바틴의 변명을 받아들였고, 훈련대 군인 둘을 호위병으로 해 사바틴이 곤녕합에서 나갈 수 있도록 해 줬다.[78] 사바틴은 을미사변 현장을 가장 상세하게 목격한 장본인인데도, 정작 결정적인 왕후 살해의 주범에 대해서는 이후 영원히 함구했다.

왕후의 소재를 알 길이 없는 침입자들은 왕후와 용모가 비슷하다고 판단되거나 혹은 연령대가 비슷하다고 생각되면 마구잡이로 살해했다. 그리고 곤녕합에 침입한 지 30분이 넘도록 왕후를 찾지 못하자 낭인들은 살해된 여인들의 시신을 다시 점검하기 시작했다. 이 과정에서 낭인들이 시신을 모두 옥호루로 옮긴 것으로 추정된다.

황현의 《매천야록》은 명성왕후의 얼굴을 알 턱이 없는 낭인들이 한밤중에 왕후의 얼굴을 확인하게 된 뒷이야기를 전한다.

일본인 고무라 마코토小村實가 서울에 와서 거주했는데 미우라 공사가 고무라의 딸을 궁궐에 출입시켜 왕후의 얼굴을 익히도록 지시했다고 한다. 왕후는 그 아이를 사랑해 양녀로 삼았는데 일본 낭인들이 들이닥쳤을 때, 그 아이가 자객들에게 왕후의 얼굴을 확인해 주었다는 것이다. 또 삼국간섭 후 권세가 조금씩 강해지기 시작한 왕후는 궁중에서 가끔씩 광대들을 불러 연회를 베풀었는데 이를 이용해 미우라 공사가 궁중

연회에 참석하는 일본인들로 하여금 몰래 왕후의 초상 수십 장을 그리도록 해 보관했다는 것이다. 그리고 마침내 거사를 단행할 때 낭인들에게 왕후의 초상화를 각각 한 장씩 주고, 고무라의 딸도 앞세웠다는 것이다.[79]

낭인들은 명성왕후가 '이마 관자놀이 부근에 희미하게 마마 자국'이 있다는 정보를 입수했고, 시신들 가운데 희미한 마마 자국이 있는 여인을 발견했다. 고바야카와는 죽은 여인을 이렇게 묘사했다.

> 절명한 여인을 살펴보니 짧은 흰색 저고리에 흰색 속옷 치마를 입었고, 가슴에서 양쪽 팔까지 절반 정도가 노출된 채 절명해 있었는데, 핏줄기가 흥건히 흘렀다. 작은 몸집에 살결이 흰 여인으로, 아무리 봐도 스물대여섯 살로밖에 보이지 않았다. 죽었다기보다 인형을 넘어뜨린 것처럼 아름다운 자태로 영원한 꿈속에 잠긴 듯 보였다. 손아귀에 조선 팔도를 장악하고 뭇 호걸들을 제어하던 민비라고는 믿어지지 않았다. 웅혼한 기백은 사라지고 유해를 지키는 자조차 하나 없이 처량한 광경이었다. 왕후의 치명상은 이마 위에 교차된 칼자국 두 개였다.[80]

왕후는 누구의 칼에 어떻게 죽었을까? 왕후를 누가 직접 칼로 찔러 살해했는지는 확실하지 않다. 이들이 왕후의 얼굴을 잘 몰랐기 때문에 누가 죽였다고 특정할 수 없는 것이다. 다만 여러 설이 있다.

먼저 와타나베 다카지로설이다. 자객들이 5시 30분경 곤녕합을 장악하고, 5시 45분까지 왕비를 찾아 살해하기 위해 혈안이 돼 난동을 피우고 있을 때 고종과 살해된 명성왕후, 왕세자, 왕세자비 모두 그 현장에 있었다. 고종은 그 자리에서 전 군부고문 오카모토 류노스케와 통역 스즈키 준켄, 일본영사관 순사 와나타베 다카지로가 곤녕합 마루로 올라오는 것을 봤고, 이들 가운데 와타나베가 칼을 빼 들고 달아나는 왕후의 뒤를 쫓아가는 것까지 목격했다. 이를 근거로 김영수는 왕후를 직접 살해한 자로 와타나베를 거론했다.[81]

다음은 데라자키 다이키치寺崎泰吉설이다. 일본 학자 야마베 겐타로山邊健太郎는 육군성 법관부이사理事 이노우에 요시유키井上義行의 보고를 근거로 "왕비 살해의 하수인으로 보이는 사람은 데라자키(또는 다카하시 겐지高橋源次)"라고 지목했다.[82] 당시 왕후의 침실까지 침입한 무리는 나카무라 다테오中村楯雄, 데라자키 다이키치, 구니토모, 후지카쓰 등의 낭인과 미야모토 다케타로宮本竹太郎(1858~1897) 소위와 마키 구마토라牧熊虎 특무조장 등 군인이었다. 그런데 사건 당일, 데라자키가 스즈키 시게모토領木重元에게 보낸 편지에서 "한 친구의 말에 따르면 (내가 죽인 자가) 왕비다"라는 구절에서 데라자키가 왕후를 살해했음을 알 수 있다. 그리고 그 현장을 미야모토와 마키 등 일본군 둘이 지켜봤다는 것이다.[83]

한편 육군 소위 미야모토가 내리친 군도가 치명적이었다는 설도 있다.[84] 재일사학자 박종근은 일본 외교문서와 군사문서를 근거로 당시 주한 일본영사 우치다의 보고서 기록에 주목했다. 우치다는 1895년 11월 5일 자 기록에서 "왕비는 우리 육군 사관의 손에 참살됐다고 하는 사람이 있다"라고 기록했다. 또한 11월 9일 자에서는 "왕비는 처음에 우리 육군 사관이 베고, 다음에 나카무라도 손을 댔지만, 그때 나카무라가 잘못해 육군 사관의 칼끝에 오른손이 부상을 입었다"라고 보고했다. 이어서 박종근은 궁내부대신 이경직을 살해한 인물은 육군 소위 미야모토 다케타로라고 추정하면서 "히라야마 이와히코平山岩彦는 '궁내부대신에게 최초로 충격을 가한 것은 소위고, 그 후에 벤 것은 본인'이라고 자백했다. 다른 사람들의 진술에서도 미야모토 소위가 가장 의심이 된다"라고 밝혔다. 우치다의 기록처럼 진범이 일본군 장교라면 그만큼 일본 정부의 책임은 중대하다. 따라서 박종근은 일본 정부가 '장사將士'풍의 민간인 공을 의도적으로 떠벌리고 소문을 내 일본 정부의 개입을 은폐하려 했다고 설명했다.[85] 한편 도 가쓰아키藤勝顯라는 주장도 있다.

나카무라가 곤녕합에 숨어 있던 명성왕후를 발견해 넘어뜨리고, 곧이어 도 가쓰아키가 칼을 대어 절명시켰다.

위 대목은 일본인 소설가 쓰노다 후사코角田房子(1914~2010)가 쓴《민비암살》(한국어판 제목은《명성황후 - 최후의 새벽》)에 나오는 글로, 데라자키의 편지글 중 하나라고 한다. 도 가쓰아키의 칼에 명성왕후가 절명했음을 알 수 있는 부분이다.

도 가쓰아키는 그날 범행에 사용한 칼을 1908년 구시다櫛田神社 신사(후쿠오카 시내)에 맡김으로써 현재도 이 신사의 유료 역사관에 기증 당시 기록문서와 함께 보관돼 있다. 기록문서에는 "왕비를 이 칼로 베었다"라고 적혀 있다.[86] 전체 길이 120센티미터, 칼날 90센티미터 칼의 나무로 만든 칼집에는 왕후 살해 직후 칼의 주인이 새겨 넣은 글이 선명하다.

구시다 신사

一瞬電光刺老狐　늙은 여우를 단칼에 찌르다.

그날 밤 그들의 작전명 '여우사냥' 명칭 그대로다. 육군 소위 미야모토의 칼이나 주한 일본영사관 소속 순사 와타나베의 칼에 왕후가 살해됐다고 한다면 일본 군인의 칼에 절명한 것이니 일본 정부의 직접 개입이 바로 입증된다. 물론 낭인들의 칼에 살해됐다고 해서 일본 정부의 암살 주도와 개입이 부정되지는 않는다. 누구의 칼에 치명상을 입고 왕후가 절명했는지 판명이 힘들 만큼 그날 새벽 건청궁은 생지옥이었고, 사건 관련자들은 입을 닫았다.

오전 6시경 공사관을 출발한 미우라 공사는 7시에 고종과 대원군을 알현하고 친일 내각을 강제로 수립하게 한 후 사건 현장에서 명성왕후의 시신을 확인하고 처리를 지시하는 등 사건 뒤처리를 도모했다.

낭인들도 궁녀와 왕세자 이척李拓(훗날 순종純宗)을 통해 왕후의 얼굴을 확인했다. 처참하게 베이고 살해된 모후의 시신을 강제로 아들에게 확인시키는 잔인무도함의 극치를 도대체 어떤 말로 표현해야 할까?

미우라도 직접 왕후의 시체를 확인한 뒤 증거를 인멸하기 위해 외무성경부警部 오기와라 히데지로荻原秀次郎에게 급히 화장하라고 명령했다. 오기와라의 지시에 따라 낭인들은 옥호루 동쪽에 있는 녹산鹿山에서 명성왕후와 궁녀 몇의 시신을 태웠다. 우범선이 남은 유해를 연못에 던져 버리라고 지시했으나 윤석우尹錫禹가 차마 그러지 못하고 몰래 정전正殿에서 조금 떨어진 오운각五雲閣 서쪽 산 아래에 묻었다.[87]

새벽의 끔찍하고 처절했던 만행에 가담한 자들은 오전 8시쯤 일제히 썰물 빠지듯 궁궐을 빠져나갔다. 기쿠치와 낭인도 모두 각자의 일본도를 모포에 잘 싼 뒤 근정전을 지나 광화문을 나왔다.

이미 광화문 밖에는 새벽의 총성과 비명으로 구경꾼들이 체신국遞信局 앞에 구름처럼 모여들어 있었다. 종루를 둘러싼 사람들의 얼굴에는 두려움과 놀라움이 가득 차 있었다고 기쿠치는 회고했다. 그리고 기쿠치는 그때까지도 왕후의 생사를 몰랐는데, 그날 오후 1시경이 돼서야 미우라 공사로부터 왕비의 죽음을 전해 들어 알게 됐다고 회고했다.[88] 거짓이다. 이미 왕후 살해와 시신 처리까지 마무리해 놓고, 개선장군마냥 광화문을 빠져나온 기쿠치와 낭인들이었다. 게다가 기쿠치는 궁에서 왕후의 소식을 파악해 대원군에게 전달하는 역할을 담당하고, 건청궁 곤녕합과 옥호루의 왕후 살해 현장까지 들어간 자가 아닌가. 왕후가 살해당한 순간을 기쿠치가 보지 못했을지는 몰라도 죽음까지도 몰랐다는 것은 완전한 거짓말이다. 사건 후 궁을 빠져 나오면서 복잡한 심경을 실토한 그의 글에서도 알 수 있다.

기쿠치는 갑자기 밀려드는 피로와 알 수 없는 걱정, 탄식, 통한 등 복잡한 심정을 느꼈다. 그러나 겉으로는 호기 등등하게 동지들과 환희에 찬 얼굴로 기쁨의 노래를 부르면서 돌아왔다고 회고했다.[89] 환희의 노래를 불렀다는 것은 소기의 목적을 달성한 성취감과 만족감의 표현이다. 그러면서도 한편으로는 엄청난 일을 저지른 뒤의 두려움과 같은 복잡한 감정이 밀려든 것이다.

명성왕후 살해 사건. 지금도 그렇지만, 당시에도 너무나 충격적인 국제 사건이었기에 국내외 파장과 사건을 둘러싼 무성한 유언비어가 끊이지 않았다. 사건을 계획하고 저지른 일본 정부는 끝까지 책임을 은폐하기 위해 증거 인멸을 시도했고, 책임을 흥선대원군과 이주회·우범선 등이 이끌던 훈련대에, 나중에는 일본 낭인들과 주한 일본공사 미우라의 개인 문제로 돌려 버렸다. 따라서 현재까지도 학계에서조차 사건 보고서나 당시 현장 목격자의 진술이나 회고담을 두고 연구의 어려움이 계속되고 있다.

당시 러시아 연해주 군무지사 운테르베르게르P. F. Unterberger의 보고서에는 심지어 명성왕후가 아직 숨이 끊어지지 않았는데 일본 낭인들이 산 채로 화장했다는, 믿기 힘든 끔찍한 기록도 있다.[90]

군인들은 왕비를 판 위에 올려놓고 담요로 싸서 마당으로 질질 끌어내고는 곧바로 가까운 공원으로 옮겼다. 그녀 위에 작은 나뭇가지들을 얹고 등유를 뿌리고 불을 붙였다. 시신 가운데 다 타지 않은 머리 앞부분과 손 끝 뼈가 남아 있었는데, 그것들은 땅속에 박힌 채로 발견됐다. 이 뼈들은 일인들이 왕비를 불태웠는데, 부상당했지만 아직 살아서 불 속에 있던 그녀가 불을 피해 몸을 땅속으로 감추려고 손과 머리를 땅속으로 밀어 넣었을지도 모른다는 추측을 확인시켜 준다. (…) 이 범죄의 추악성 정도를 표현할 수 있는 그 어떤 단어도 존재하지 않는다.

무엇보다도 가장 논란이 되는 대표적인 사례가 명성왕후 '시간설' 문제다. 1964년 야마베는 '에조 보고서'를 근거로 이 문제를 제기했다.[91] '에조 보고서'는 1894년 갑오개혁甲午改革 이후 한국의 내각고문관으로 부임한 이시즈카 에조石塚英藏가 을미사변에 대해 일본 법제국장 스에마쓰 겐조末松謙澄(1855~1920)에게 사변 다음 날인 1895년 10월 9일에 보낸 보고서다. 이 보고서의 다음 문장이 문제가 된다.[92]

참가자들은 깊이 안으로 들어가 왕비를 끌어내고 두세 군데 칼로 찔러 상처를 입히고 나체로 만들어 국부검사局部檢査를 하고 마지막으로 기름을 부어 태워 버리는 등 참으로 이것을 쓰는 것조차 차마 못할 일입니다.

그러나 이 보고서를 작성한 당사자 이시즈카는 을미사변에 직접 가담하지 않았다. 다만 그 일에 대해 "어렴풋이 조선인들에게 전해 들었을 뿐"[93]이라고 본인이 이야기했을 정도의 상황에서 이 내용을 보고서로 작성한 것이다. 즉 무성하고 흉흉한 소문을 현장 목격자도 아닌 제3의 사람들에게 전해 듣고, 검증되지 않은 유언비어를 그대로 보고서에 기록한 것이다. 당시 외교사료나 회고록, 증언에는 이시즈카와 같은 기록이 전혀 없다. 게다가 동이 틀 무렵 급하게 자행된 살인이다. 왕후 살해를 위해 낭인들이 건청궁에 침입해 살해하기까지의 시간은 대략 새벽 5시 30분경부터 6시 사이의 30분간이다. 그동안 그들이 왕후를 찾아 헤매면서 난동을 부렸고, 살해된 궁녀들 가운데에서 왕비의 얼굴을 확인하고, 시신을 처리한 뒤 철수하기까지의 다급함을 고려하면 이 사건에서 시신을 유린할 시간은 없었다. 급하게 시신을 옮기고 화장하는 과정에서 왕후의 옷이나 신체가 일부 노출된 것을 이런 식으로 과장되게 표현한 것을 두고 일본인이나, 뒷날 심지어 한국 학자들조차 일본의 참담한 왕후 살해의 본질을 망각하고 그 죽음을 이야깃거리로 희화화하는 것 같아서 불쾌하고 안타깝다.

명성왕후를 살해하고 나서 미우라는 즉시 대원군과 상의해 정부 개각을 위한 인사 발령을 단행했다. 친미·친러파로 지목되던 학부대신 이완용, 농상공부대신 이범진, 군부대신 안경수, 경무사 이윤용李允用(1854~1939) 등을 해임하고, 을미사변에 적극 가담한 친일파 조희연을 군부대신에, 정병하 농상공부협판을 대신서리에, 법부대신 서광범을 학부대신서리 겸임으로, 권형진을 경무사로, 유길준을 내부대신으로, 이재면李載冕(1845~1912)을 궁내부대신으로 임명했다. 총리대신 김홍집과 외부대신 김윤식, 내부대신 박정양은 유임됐다.[94]

미우라는 당시 사태를 한국 정부의 훈련대 해산 조처에 불만을 품은

알렌

훈련대가 반란을 일으켜 궁문으로 돌입한 사건으로 몰아갔고, 훈련대를 엄벌에 처해야 한다고 주장했다. 또 일본인이 이 난동에 개입했다는 소문을 강하게 부정하면서 진실을 규명해 달라는 위장된 행동까지 했다. 게다가 미우라 자신이 왕후의 시신을 확인하고, 화장시키라고 직접 지시한 장본인인데도, 왕후가 난리 통에 혼자만 살기 위해 궁궐을 탈출한 것이니 그 죄를 물어 폐위시켜야 한다고 고종을 겁박해 10월 10일 명성왕후를 폐위시킨다는 조칙을 발표하게 했다.

그런데 을미사변 현장에 있던 다이와 사바틴 등의 보고를 접한 미국공사 알렌Horace Newton Allen(1858~1932)과 러시아공사 베베르, 영국영사 힐리어Walter Hillier 등에 의해 사건의 전모와 배후에 일본이 있었고, 일본군대와 낭인까지 대규모로 동원된 국제적 테러 행위임이 밝혀지자 일본에 대한 세계 각국의 비난 여론이 거세게 빗발쳤다.

10월 13일

한편 을미사변 직후인 10월 13일 저녁 기쿠치는 흥분과 감격 상태에서 가깝게 지내던 한국 주둔 해군 소좌 니이로 도키스케新納時亮에게 사건 상황을 자세히 설명했다. 그런데 설명을 듣던 니이로 소좌는 기쿠치의 열성적인 사건 설명에 여러 번 감격하고, 탄성을 지르고 통감하는 기색이 가득하면서도 그의 행위 자체에 대해서는 일언반구 찬사의 말을 하지 않았다. 이 때문에 기쿠치는 니이로 소좌를 "표리부동한 태도를 가진 인물이라며 매우 절망스럽게 느꼈다"[95]라고 회고했다. 기쿠치는 자기가 저지른 만행에 대해 만인으로부터 칭송과 공감을 얻고자 했으나 그렇지 못할 경우 상대방을 비난하거나 극도의 실망감을 느꼈다. 자기 행위에 대한 동조를 얻어 한편에 자리 잡은 만행에 대한 두려움을 극복하고, 행위의 정당성을 인정받고자 한 것이다.

자기가 저지른 끔찍하고 천인공노할 범죄행위에 스스로 감격하고 있던 기쿠치는 일본영사관으로부터 소환장을 받았다. 일본 정부는 구미 열강의 비난 속에 사건을 조속히 마무리하기 위해 고무라 주타로小村壽太郎(1855~1911)를 판리공사辦理公使로 한국에 파견해 사건을 조사하는 척했다. 또 이노우에 가오루를 왕실문안사王室問安使라는 이름으로 파견해 사태 수습에 나섰다. 을미사변을 기획한 장본인인 이노우에가 문안 사라니, 어처구니없는 일이었다. 또 한편으로 일본 정부는 열강의 압력에 하는 수 없이 형식적으로라도 살해 가담자들에게 퇴한 명령을 내렸다. 그러나 사건 직후 기쿠치와 그의 집에 모여 있던《오사카마이니치大阪每日》의 나카시마中島,《호치 신문》의 요시다(요시다 유키치吉田友吉을 가리킴),《한성신보》의 사와무라(사와무라 마사오澤村雅夫를 가리킴) 등 일본 언론 기자들은 일본 정부의 조치에 분통을 터트리면서 "제국을 위해 국가 대표자의 권고를 받고, 정부의 명령에 의해 싸운 영웅들을 퇴한 조치시키는 것은 국제적 희극이고, 일본 정부가 이 희극의 배우로 자신들을 이용했다"라고 성토했다.[96] 기쿠치가 밝힌 대로 을미사변은 일본 대표자의 권고를 받아 일본 정부 명령에 따라 자행된 국제 범죄행위다.

10월 14일

기쿠치는 결국 10월 14일 영사관에 출두해 우치다 사다쓰치 영사로부터 '안녕을 방해한 죄로 2년간 한국으로부터 퇴거를 명한다'고 적힌 명령서를 건네받았다. 기쿠치는 명령서에 서명하고, 영사관을 나올 때 다음과 같이 느꼈다고 밝혔다.[97]

> 내가 격앙한 명령서는 이것이었다. 묵묵히 서명·날인하고 나올 때, 무량한 자긍심과 벅찬 기쁨 그리고 쾌감이 나를 타격했다. 나도 금일부터 국가의 수많은 정치 동원의 일원이 됐다. 국가로부터 알려진 국민의 일원이 됐다.

그는 한국의 왕후를 살해한 사건이 자기 국가를 위해 일개 국민으로서 당연한 임무를 수행한 것임을 주장하면서 무한한 자긍심과 심지어 쾌감까지 느꼈다고 했다.

> 이 사건에 의해 30년간 각축 투쟁을 다하고, 격렬한 정쟁을 추구하던 민비와 대원군과의 승패는 결정됐다. 그래서 민비는 이 정변의 환란 중에 조락했다. 일본 국민은 전력을 다해 대원군의 운동을 후원했다. 일본 국민은 국제적 신의를 실행하고, 국민적 순수한 정으로 이웃 국가에 진심을 다한 것이다.[98]

게다가 그는 사변은 명성왕후와 대원군의 정치 싸움일 뿐이고, 결국 그 싸움에서 명성왕후가 패했을 뿐이라고 단정 지었다. 심지어 일본이 이웃 국가의 신의로써 대원군을 진심으로 후원했다는 궤변까지 늘어놓았다. 끔찍한 국제 테러 행위에 대한 일말의 양심의 가책이나 반성은 전혀 찾아볼 수 없다. 구마모토계 낭인들의 극우적이고 호전적 성향이 여실히 드러난다.

10월 17일

기쿠치는 10월 17일 시바 시로에게 여비 200엔을 받았다. 을미사변의 참모장 격이던 시바는 기쿠치에게 돈을 건네면서 "이 적은 돈으로는 군의 노고를 다 변제할 수는 없다"라는 위로의 말을 덧붙였다고 한다.[99] 당시 경제적으로 결핍하게 생활하던 기쿠치에게 200엔은 매우 큰돈이었다. 그런데 기쿠치는 통역 담당 스즈키가 대원군으로부터 무려 7만 엔이 든 돈 가방을 수고비로 받았다면서 "이 200엔은 어디서 나온 돈일까"라는 의문을 제기했다.[100] 즉 기쿠치는 계속해서 일관되게 대원군이 을미사변의 주모자임을 역설하고 있는 것이다. 그러나 기쿠치는 대원군이 경제적 궁핍이 극에 달해 며느리를 죽이게 됐다는 '대원군 주모설'을 계속 논리적으로 설명했다. 그렇다면 극도로 궁핍하던 대원군이 7만 엔이나 되는 거금의 수고비를 어떻게 마련했다는 말일까? 도대체 앞뒤가 맞지 않는다. 대원군이 마련한 돈이 아니라 일본 정부에서 '거사 자금'으로 준 돈이라고 봐야 할 것이다.

그날 저녁, 기쿠치는 함께 퇴한 조치를 당한 나머지 47명과 함께 한국 내 일본 거류민들이 정문루井門樓에서 마련한 송별회에 참석했다. 정문루는 당시 일류 일본식 요정으로, 온 건물을 다 사용해 성대하게 잔치가 열렸다. 총 48명의 퇴한자들은 이 자리를 국민적 송별연으로 생각했다. 이는 그들 스스로 국가적 사명을 수행한 애국지사로 자부했음을 의미한다.

그런데 기쿠치를 비롯한 살해범들은 이 자리에서 자기들이 국가를 위해 위대한 사명을 수행했는데도 추방 조치를 당한 것에 비분을 토해 냈다. 송별연이 한창 진행돼 낭인들의 감정이 한껏 격해지자, 그들은 특히 퇴한 명령서를 교부하고 서명하게 한 우치다 영사를 성토했다. 또한 사변 후 악화된 일본에 대한 국제적 여론 공세와 러시아, 미국에 대한 불평을 쏟아 냈다.

일본 거류민들은 본국 정부에 전보로 이들의 퇴한 명령을 취소해 달라고 요청하고, 우치다 영사의 사직을 권고하기까지 했다. 송별연 분위기는 당시 인천에서 《조선신보朝鮮新報》를 경영하던 호즈미 도라쿠로穂積寅九郎가 재한 일본인 대표로 송별사를 읽고, 시바가 답변을 하면서 한층 더 격앙됐다.

이후 기쿠치를 비롯해 오카모토 류노스케, 시바 시로 등 40여 명은 모두 일본으로 향하는 배에 오르기 위해 용산에 집결했는데, 갑자기 그날이 동학군 수령 전봉준全琫準(1855~1895)이 처형당한 날이라면서 전원이 갑판에 도열해 전봉준의 명복을 빌었다. 또한 배가 용산을 떠나 마포를 지나서 양화진에 가까이 가자 1년 전인 1894년 4월 상하이에서 홍종우洪鍾宇(1854~?)에게 암살된 김옥균의 시신이 효수된 곳이라면서 김옥균의 명복도 빌었다.[101] 어째서 이들은 전봉준과 김옥균의 명복을 빌었을까?

　기쿠치를 비롯한 우익 낭인들은 동학농민운동의 반봉건성이나 반외세성에 주목하지 않고, 대원군과 내통해 민씨 정권 타도를 목적으로 한 운동이었다고 주장했기 때문에 전봉준의 명복을 빌었고, 김옥균의 경우도 그의 친일 개화파로서의 성격 때문에 명복을 빈 것이다.

10월 20일

10월 20일 아침 40여 명의 살인범만을 태운 가코가와 선加古川丸이 인천항을 출발했다. 살인범들 가운데 야마다 레쓰세이는 아무래도 살인죄로 추방돼 벌을 받게 될 것 같다고 불안해 하면서 비관하기도 했지만 기쿠치는 이에 강하게 반발했다.

> 우리는 쫓겨나는 무리지만, 불의를 도모하고, 반역을 저지른 자들이 아니다. 우리는 공명한 마음을 갖고, 순진한 애국심으로 행동한 것이다.

> 우리는 국비國費로 귀국하고, 관금官金으로 승선하고, 정부는 우리의 귀국을 기다려 논공상로論功賞勞를 하지 않으면 안 된다. (…) 우리를 스스로 죄인이라고 하고 의심하는 데 이르는 것은 언어도단이다.[102]

　자기들이 벌인 살인 행위는 절대로 범죄가 아니라 우국충정에서 나온 애국적 행동이었다는 것이 기쿠치의 신념이었고, 을미사변 가담자들

1894년 12월 체포돼 한성부로 압송되고 있는 전봉준

홍종우가 김옥균을 암살했을 당시 일본 신문에 실린 기사와 삽화

의 자긍심이었다. 기쿠치뿐만 아니라 을미사변 가담자인 스기무라 역시 '궁중의 횡포(명성황후의 횡포)'로 인해 정변이 일어났고, 당시로서는 어쩔 수 없었지만, 나중에 돌이켜 보니 일본인이 관여했다는 흔적을 감추지 못한 것이 유감일 뿐이라고 회고했다.[103] 살인자들에게서 일말의 가책이나 뉘우침을 찾을 수가 없다. 그런 그들에게 침략이나 침탈, 식민지 지배 등 이웃에게 저지른 제국주의 시대의 침략전쟁이 죄로 인식될 리 없는 것이다.

히로시마 감옥에서의
호사스러운
휴식

마침내 기쿠치 등을 태운 가코가와 선이 거문도를 거쳐 대마도를 동쪽
으로 해 다음 날 히로시마 우지나 항宇品港 동부 검역소에 도착했다.

　제복을 입은 경관 수십 명이 나열해 호위했고, 낭인들을 보기 위해 수
많은 군중이 모여들었다. 이웃나라 국가원수를 살해한 범죄자를 구경하
러 나온 것이 아니라 국민 영웅을 맞이하는 행사였다. 기쿠치는 을미사
변을 흉악한 범죄라고 보도하는 국제 언론에 대해 사실을 왜곡하는 것
이며 자신과 동지들은 명예로운 임무를 수행했다고 확신했다.[104]

　그런데 기쿠치 앞에 제시된 서류는 '모살죄 흉도謀殺罪 凶徒'죄에 따라
구류한다는 히로시마 검사국의 영장이었다. 그 순간 기쿠치는 인천항을
떠날 때 야마다 레쓰세이가 걱정한, 살인죄로 벌을 받게 될 것이라는 비
관론이 예리했음에 탄복했고, 순간 불길해졌다. 그러나 그러한 기분도
잠깐이었던 것 같다. 기쿠치는 이어서 심경을 다음과 같이 표현했다.

빛나는 국사, 광영의 죄를 짊어졌다고 생각했고, 전에 볼 수 없던 군중들로부터 동정을 받으며, 히로시마 검사국에 출두하게 된 것은 명예고, 환희고, 만족이었다.

나는 만족한다. 나는 결코 죄를 저지른 것이 아니라고 믿는다.

기쿠치와 일행 대부분은 환영장에 들어가는 심정으로 옥문으로 들어섰다. 신체검사를 마치고, 각각에게 푸른색 미결수 옷이 지급됐다. 모두 독방에 수감됐고, 감옥에서는 일체의 대화가 금지돼 누가 어디에 수감됐는지 알 수 없었다. 다만 기쿠치는 독방에 들어가게 된 것을 오히려 "이제 학구의 은거장에서 조용히 지급된 서책을 읽고, 깊이 학문을 탐구할 기회를 갖게 됐다"라고 표현했다.[105] 감옥에서 기쿠치의 죄수 번호는 270호였다.[106]

기쿠치는 이따금 들려오는 목소리로 자기가 있는 독방을 기준으로 왼쪽 첫 번째 방에는 다케다 한시武田範之, 그 다음에는 구마모토 출신의 다나카 겐도우 그리고 오른쪽 첫 번째 방에는 구마모토 사족 출신 가타노 다케오片野猛雄, 그 다음에는 도 가쓰아키가 수감됐음을 알았다.

기쿠치가 수감되고 얼마 되지 않아 《국민신문》의 도쿠토미 소호德富蘇峰(1863~1957, 본명은 도쿠토미 이이치로德富猪一郎)가 영국 브리스톨Bristol에서 활동하던 당시 최고의 일류 변호사 마스시마增嶋를 선임해 주었다. 그는 영국 목사 출신의 법률학자로 당시 국내외에서 유명했으므로, 선임 비용이 어마어마했으리라고 기쿠치는 추정했다.

도쿠토미 소호

수감 중 면회 시간에 마스시마 변호사는 기쿠치에게 명성왕후 시해 사건과 유사한 전례를 찾아보니 마치 과거 유럽에서 일어난 발칸 사건과 비슷해 국제적으로 상당히 주목을 받고 있고, 신중을 기하는 사건이라고 했다. 마스시마 변호사가 말한 '발칸Balkan 사건' 이란 13세기 헝가리의 민족 영웅 반크 Bánk(?~1228) 장군이 학정과 만행을 일삼던 독일 출신 왕비를 시해한 사건이다. 반크 장군은 자기의 민족과 나라를 위해 이민족 출신 독재자 왕비를 살해했는데, 이를 마스시마 변호사가 일본인이 명성왕후를 살해한 범죄 행위와 비교한 것이다. 그리고 기쿠치에게 후일 공판 등의 상황에서 세계의 이목이 집중돼 있는 만큼 언행 등에 주의를 요한다고 당부하기도 했다. 변호사가 돌아간 후 기쿠치는 일류 변호사를 선임한다면 엄청난 비용이 들 것이고, 회사 측에 그러한 부담을 지우느니 변호사를 사절하고 차라리 스스로 진술하겠다고 결심했다.[107]

기쿠치는 독방에 수감돼 있는 동안 네 가지 경우에 한해 독방을 벗어날 수 있었다. 편지를 작성하고 검열받은 후 보내기 위해 서신실로 갈때, 면회인과 면담하기 위해 면회실에 갈 때, 매일 한 번 15분간 보행 운동을 할 때, 목욕을 위해 목욕탕에 갈 때였다.[108]

그는 독방 생활을 한가롭게 즐겼고, 그 와중에 그간 한국에서의 생활

발칸 사건

13세기 헝가리 국왕 앤드레Endre 2세는 왕권 강화를 위해 외세인 독일의 힘을 끌어들이려고 독일 출신 왕비 게르트루트Gertrud를 맞이한다. 그러나 국왕이 십자군 전쟁에 나간 동안 왕비는 측근들과 함께 헝가리의 국토를 황폐화하고 헝가리 국민들의 재산을 약탈하는 만행을 자행한다. 귀족들이 항쟁을 다짐하지만 총독 반크Bánk는 국왕에 대한 충성맹세 때문에 주저하다가 왕비의 사촌 오토Otto가 왕비의 권세만 믿고 자신의 아름다운 아내 멜린더를 능욕하자 왕비를 살해한다. 엔드레 왕이 돌아오자 반크는 자기가 저지른 행동을 고백하며 나라와 민족을 위해 그렇게 했다고 말한다.

위 내용은 헝가리의 실존 역사 인물인 반크 장군의 이야기를 주제로 해 헝가리의 민족주의 작곡가 에르켈 페렌츠Erkel Ferenc(1810~1893)가 요제프 커토너József Katona(1791~1830)의 희곡을 바탕으로 만든 전 3막의 오페라 〈반크 반〉의 줄거리다. 오스트리아 합스부르크가의 지배하에 있던 헝가리에서 검열에 걸려 공연되지 못하다가 1861년 3월 9일 부다페스트 국립극장에서 초연됐다. '왕비 시해'라는 충격적 주제와 '민족주의'라는 모티브로 당시 헝가리에서 큰 반향을 불러일으켰다.

과 자기 행위를 조용히 정리하며 《조선왕국朝鮮王國》(1896)을 썼다.

기쿠치는 예심을 맡은 판사를 요시카와吉川 판사라고 기억했는데, 정확한 이름은 요시다 미히데吉田美秀였다. 요시다 판사는 기쿠치에게 다음과 같은 질문을 했다.

- 당신은 무엇 때문에 왕궁에 들어갔는가?
- 당신은 오카모토 류노스케 혹은 그 누구로부터 명령을 받았는가?
- 당신이 받은 사명은 어떠한 것인가?
- 당신은 어떤 이유로 왕궁 안의 각 장소를 배회하고 돌아다녔는가?
- 당신은 미우라 공사로부터 어떤 특별한 종류의 명령을 받았는가?

이에 기쿠치는 일체의 답변을 하지 않았다. 판사의 질문에 답변을 하기보다는 오히려 자기 스스로 준비한 답변을 했는데, 서울에서부터 마음속에 깊이 품고 있던 심경을 법정에서 토로했다고 한다. 즉 기쿠치는 우국충정에서 국가를 위해 자랑스러운 일을 했다는 자부심을 쏟아 냈다. 결국 판사는 서둘러 심문을 마쳤고, 이후 판사가 자기를 위로하기까지 했다고 기쿠치는 회고했다.

친일 정권을
타도하라,
춘생문 사건

그러던 11월 28일, '춘생문 사건'이 터졌다. 이른바 '정동파'로 불리는 친러·친미 개화파 관료인 이범진, 이윤용, 이완용, 윤웅렬尹雄烈(1840~1911), 윤치호尹致昊(1865~1945), 이하영李夏榮(1858~1929), 민상호閔商鎬(1870~1933), 현흥택 등이 언더우드Horace Grant Underwood(1859~1916), 에이비슨Oliver R. Avison(?~?), 헐버트Homer Bezaleel Hulbert(1863~1949), 다이 등 미국인 선교사와 교사·교관 그리고 미국공사관 서기관 알렌, 러시아공사 베베르 등의 협조를 얻어 친일 정권 타도를 위한 쿠데타를 획책한 사건이다.

남만리南萬里(친위대 제1대대 소속 중대장)와 이규홍李奎泓(친위대 제2대대 소속 중대장)이 군인 800명을 이끌고 안국동을 경유해 건춘문에 이르러 입궐을 기도했다. 그러나 궁문이 굳게 닫혀 뜻대로 되지 않자 삼청동으로 올라가 춘생문에 이르러 담을 넘어 입궐하려 했다. 춘생문은 현재 경복궁 춘

춘생문 사건 관련자들. 이범진, 이윤용, 이완용, 윤웅렬

추관 쪽에 있던 궁의 동쪽 문이다. 그런데 이 계획에 협력하기로 약속한 중추원의관 안경수가 변절해 외부대신 김윤식에게 밀고하고, 친위대 대장 이진호도 서리군부대신 어윤중魚允中(1848~1896)에게 거사를 밀고함으로써 정동파의 시도는 실패하고 말았다.

이 사건으로 체포된 임최수林最洙(1853~1895)·이도철李道徹(?~1895)은 사형, 이민굉李敏宏·이충구李忠求 등은 종신 유배형, 이재순李載純(1851~1904)·안경수·김재풍·남만리 등은 태笞 100대와 징역 3년 등의 처벌을 각각 받았다. 거사가 실패하자 정동파 인사들은 재빨리 미국, 러시아공사관 또는 선교사 집으로 피신했다.

일본은 이 사건을 '국왕 탈취 사건'이라고 하며,[109] 서양인이 직간접으로 관련됐다고 대서특필했다. 일본에는 을미사변으로 쏟아지던 서구 열강들의 일본에 대한 맹렬한 비난을 모면할 수 있는 절호의 기회가 된 것이다.

윤치호, 이하영, 민상호, 헐버트(왼쪽부터)

우리 일본이 왕후를 살해한 것이나, 구미 서양인들이 국왕을 납치하려 한 것이나 결국 마찬가지다.

한마디로 일본은 춘생문 사건을 기회로 미국 등 열강에 대해 서로 쌍 방 간에 피차 잘못했으니, 덮어 두자라는 뻔뻔한 태도로 나갔다. 외교관 이 주재국 내정에 절대로 개입하지 못하도록 하는 미국 정부로서도 이 사건은 미국 정부 자체를 곤란하게 만드는, 극도로 민감한 문제가 될 수 있었다. 결국 춘생문 사건은 일본에는 을미사변에 대한 면죄부가 돼 버 렸다.[110]

한편 어차피 예상됐지만 재판이라는 것은 형식적 절차에 불과했다. 1896년 1월 20일 기쿠치는 물론 사변 가담자 전원이 증거불충분으로 석방됐다. 기쿠치는 출옥해 고향 구마모토로 돌아갔는데, 고향행은 시 바 시로의 부인 기쿠코菊子가 여비 등을 챙기며 도와주었다.

기쿠치는 고향에 도착하자 마중 나온 군중들로부터 10월 8일 사변 주인공들 가운데 한 인물을 낸 것이 자랑스럽고 향리의 명예라는 칭송을 받았다. 그리고 그들 가운데에서 아버지와 숙부의 빛나는 얼굴을 보고는 일체의 번뇌를 씻었다고 회고했다.[111]

기쿠치는 히로시마 감옥 수감 당시 을미사변의 정당성을 주장하기 위해 《조선왕국》을 저술했고, 석방 후 다시 《국민신문》 기자로 복직했다가, 책 출간을 위해 도쿠토미가 경영하던 출판사 민우사로 자리를 옮겼다.[112] 도쿠토미는 기꺼이 《조선왕국》 서문을 써 주었다. 도쿠토미는 기쿠치가 히로시마 감옥에서 석방돼 다시 《국민신문》 기자로 돌아온 날 회사 직원들과 함께 일렬로 도열해 기립으로 열렬히 환영했다.[113] 실제로 당시 을미사변에 가담한 낭인들에 대한 일본인의 동정은 절대적으로 대단했다고 기쿠치는 자기 저술에서 기회가 있을 때마다 강조했다.[114]

을미사변, 즉 명성왕후 살해 사건을 일반적으로 '시해弑害'라고 부른다. 그러나 시해란 사전적 의미에서 볼 때, '신하가 임금을 죽이는 것'이다. 일본인들이 이 사건을 '살해' 혹은 '암살'이라고 하지 않고, '시해'라고 부른 것은 일본인이 아닌 한국인 주모설, 즉 대원군 주모설, 훈련대 가담설을 주장하기 위한 의도라고 혜문 스님은 지적했다. 따라서 혜문 스님은 우리가 지금까지 관행적으로 써 온 '시해'란 용어는 분명 다시 재고해 봐야 한다고 주장한다.[115] 일본인이 시해란 용어를 그런 의도에서 썼을 수도 있다. 또 한편 우리도 왕후, 즉 국모가 아랫사람에게 죽음을 당했기 때문에 그렇게 불러왔을 수도 있다. 그렇지만 용어를 재음미할 필요는 있다.

02

구마모토의
기쿠치,

낭인이
되다

구마모토 국권당과 낭인
도쿠토미 소호와 또 다른 후원자들
기자가 된 기쿠치, 한국에 건너오다

구마모토
국권당과
낭인

기쿠치는 1870년 10월 일본 구마모토 현 야쓰시로 군八代郡에서 태어났다. 교토 혼칸지本願寺(일본 정토진종淨土眞宗의 본산) 관계 학교를 거쳐 1893년 7월에 동경전문학교東京專門學校(현재의 와세다早稲田 대학) 영어정치과를 졸업했다. 그리고 그해 11월 구마모토 국권당의 수령이던 사사 도모후사의 소개장을 가지고 인천에 건너와 호즈미 도라쿠로가 경영하고 아오야마 고헤이青山好惠가 주필로 있던《조선신보》에 입사했다. 그러나 기쿠치의《조선신보》기자 생활은 체 4개월도 안 됐다.[1]

1894년 3월 일본으로 돌아간 기쿠치는 같은 고향 출신의 도쿠토미 소호가 경영하던 민우사에 입사했다.[2] 기쿠치는 민우사에서 운영하던《국민신문》소속 기자가 됐다.《국민신문》은 1894년 동학농민운동 발발 당시 일본군의 한국 출병을 강력히 주장했고, 청일전쟁에서 '이 전쟁은 야만(청)에 대한 문명(일본)의 응징'이라며 호전적인 구호와 논조로 일본 국민을 선동하면서 야만 퇴치에 모든 무력을 동원할 것을 주장하던[3] 메이지 시기 일본 내 대표 극우 보수 언론이었다.

기쿠치는 구마모토 국권당 계열 낭인들과 넓은 인맥 관계를 형성했고, 자신도 구마모토계 낭인이었다. 그가 1893년 한국에 첫발을 디딘 이래 1945년 패전으로 귀국선을 타기까지 무려 52년에 이르는 오랜 한국 생활 동안 이른바 '조선통'으로 일본의 식민 통치 정책 수행과 한국사 왜곡에 전념한 극우 보수 활동의 배경에는 출신 지역인 구마모토의 역사·지리적 특성과 구마모토 국권당의 인맥이 있었다.

한편 일본은 1868년 메이지 유신을 단행해 근대국가의 모습을 갖추면서 막부 체제의 유물을 타파하기 시작했다. 1871년 8월 이전까지 지방 통치를 담당하던 번藩을 폐지하고, 중앙정부가 통치하는 부府와 현縣으로 일원화하는 폐번치현廢藩置縣을 단행했다. 1876년에는 폐도령廢刀令을 내려 대례복 착용자, 군인, 경찰을 제외하고는 칼 휴대를 금지시켰다. 이는 칼을 차고 다니는 무사武士들의 특권을 박탈하는 것으로 신분 제도를 개혁해 종래 지배계급으로서 무사를 국민으로 통합해 가는 사민 평등 조처였다.[4]

무사 계급 중에는 군인이나 관리의 길을 가는 자가 있었는가 하면, '흥업興業'이라고 하며 산업계에 종사하는 자도 있었다. 그러나 이것이 기존 무사 계급 모두에게 해당하진 않았다. 이러한 시대적 전환을 거부하는 자도 있었는데, 특히 메이지 유신의 주역이 아닌 비웅번非雄藩 지역 출신이나 대소의 반란 사건, 특히 사이고 다카모리西鄉隆盛(1828~1877)의 세이난 전쟁西南戰爭에 가담한 자들은 더욱 그러했다.

이렇게 메이지 권력으로부터 낙오, 소외된 사족 출신들은 일정한 직업 없이 낭인으로서 재야 정치인으로 활동했다. 그렇기 때문에 낭인이라는 말뜻 속에는 거처나 주소가 일정하지 않은 부랑자, 실업자라는 부정적 의미와 지식계층 중에서 국가와 민족을 위해 정치 활동을 하는 재야 정치인이라는 긍정적 의미가 혼재돼 있다고 할 수 있다.

흔히 낭인이라 하면 일본 메이지 시대의 정치 깡패가 떠오른다. 그러나 이들은 일반적으로 알려진 것처럼 단순한 정치 깡패나 건달 혹은 룸펜이 아니었다. 또 그들의 정치적 영향력 또한 무시할 수 있는 수준이 아니었다. 일본 국내에서는 비록 메이지 정부의 주류를 형성하지 못했지만 재야 정치인으로서 막강한 지역적·인적 네트워크를 형성해 중앙정부의 정책에 사사건건 간섭하고, 언론계와 지방의회를 움직여 영향력을 증대시켜 갔다.

낭인은 일본 국내를 주요 무대로 활동하는 내국 낭인과 대륙으로 건너가 활동하는 대륙 낭인으로 크게 나뉜다. 대륙 낭인은 대부분 사족 집안 출신으로 메이지 유신 이후 어린 시절을 보내거나 태어난 자들로 '상무정신'과 '애국적 열정'은 투철했으나, 한창 활동할 시기인 1890년대와 1900년대엔 이미 국가의 인적 수급체계가 정비돼 있어 이전 세대에 비해 정치권력에 쉽게 접근하지 못했다. 따라서 이들은 욕구 분출 대상을 한국, 만주 등 대륙에서 찾아 그곳에서 입신출세를 목적으로 정치 활동을 했다.[5]

대륙 낭인의 배출지는 초기에는 규슈 지방이 압도적이었고, 남규슈 구마모토 현의 국권당과 북규슈 후쿠오카 현의 현양사가 주요한 배출

세이난 전쟁

1877년 사이고 다카모리를 수령으로 가고시마鹿兒島의 사족土族들이 일으킨 대규모 반란. 1873년 정한론征韓論에서 패배한 사이고는 정계를 떠나 가고시마에 사학교私學校를 설립해 규슈九州 각지의 사족 자제를 많이 양성하면서 신정부의 무사층 해체 정책에 불만을 품고 있던 전국 사족층으로부터 절대적인 명성을 얻었다. 그는 조선 침략과 사족 특권 보호를 주장하며 중앙정부와 대립했다. 사이고와 함께 정계를 떠난 기리노 도시아키桐野利秋(1838~1877), 무라타 신파치村田新八(1836~1877) 등의 학교 간부들과 혈기왕성한 학생들의 중앙정부에 대한 반감은 더욱 격화됐다. 당시 가고시마 현령 오야마 쓰나요시大山綱良(1825~1877)가 사이고를 지지함으로써 가고시마는 반정부 운동의 최대 거점이 됐다. 메이지 정부는 이런 가고시마의 반정부 동향을 경계해 가고시마에 있던 정부의 무기와 탄약을 오사카로 옮기고자 했다. 그런데 정부 조치를 사학교 학생들이 학교 탄

세이난 전쟁 관련자들. 사이고 다카모리, 기리노 도시아키,
무라타 신파치, 오야마 쓰나요시(왼쪽부터)

세이난 전쟁을 묘사한 그림

압으로 받아들이고 거병했다. 사이고도 이를 제지하지 못하고, 스스로 중앙정부를 문책한다는 명목에 따라 1만 3000여 명의 군대를 지휘해 구마모토 성城을 포위 공격했다. 고치 현高知縣에서는 하야시 유조林有造(1842~1921) 등 릿시샤立志社 일파가 이에 호응하려다가 체포됐다. 정부는 사태를 간과하지 않고 아리스가와노미야有栖川宮, 즉 다루히토 친왕熾仁親王(1835~1895)을 토벌대 대총독으로 삼고 전국에서 모집한 평민을 주체로 꾸린 진대병鎭臺兵을 1877년 4월 구마모토 성으로 파견했다. 다바루자카田原坂 전투에서 패한 후 총퇴각한 사이고는 9월 시로야마城山에서 관군의 총공세 속에 간부들과 함께 자결했다. 세이난 전쟁은 메이지 신정부에 대한 최대이자 최후의 반란으로, 이 전쟁 이후 반정부 운동은 언론 중심으로 전개되는 계기가 됐다.

창구였다. 이 지역은 바다를 끼고 대륙과 인접해 있어 예로부터 대륙과의 교통이 빈번했다는 지리적, 역사적 관계 때문에 대륙과 한반도에 대한 열기가 다른 지방에 비해 뜨거웠다고 할 수 있다.

일본 우익 낭인을 심층적으로 연구한 강창일은 낭인이 한국에서 집단으로 정치 활동을 한 사건을 세 가지 들었다.

첫 번째는 1894년 동학농민운동이 발발했을 때 천우협이라는 낭인단을 결성해 '동학군 토벌'이라는 일본 정부의 방침과 달리 동학농민군을 지원하기 위해 접촉했던 일이다.

두 번째는 1895년 삼국간섭 이후 명성왕후 시해에 가담한 낭인들의 활동이다.

세 번째는 1901년 흑룡회黑龍會를 결성해 대러 전쟁론을 주창하고, 러일전

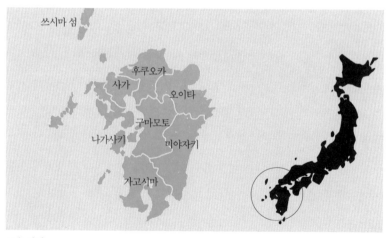

규슈 지역

쟁 이후에는 한국으로 건너와 일진회를 뒤에서 조종하면서 '한일합방' 운동을 전개한 일이다.

이 세 사건은 낭인들이 벌인 '한일합방' 운동의 일환이었고, 일본이 한국을 강제로 병합할 때 매우 중요한 자리를 차지한다. 강창일은 또한 낭인들의 행동 양식을 크게 셋으로 유형화했다.

첫 번째, 행동형으로 만주 마적들과 중국 신해혁명에 직접 투신해 싸운 자들이다.
두 번째, 첩보원형으로 특히 군 당국과 일정한 관계를 맺고 각처를 떠돌면서 정보를 수집·보고하는 자들이다.
세 번째, 이념가형으로 기자 혹은 문필가로서 신문이나 잡지 등에 기고해 각지의 사정을 소개하고, 대륙 팽창 여론을 형성해 가는 자들이다. 다케다 한시, 스즈키 덴간領木天眼, 요시쿠라 오세吉倉汪聖 등을 들 수 있다.[6]

이러한 기준으로 봤을 때 기쿠치는 두 번째와 세 번째에 모두 해당한다. 그는 을미사변 가담자이고, 러일전쟁 직전 한일 국방동맹 교섭과 한국 보호국화, 병합을 위해 실제 침략 정책의 보조 역할을 충실히 해냈다. 《국민신문》, 《한성신보》, 《대동신보大東新報》, 잡지 《조선급만주朝鮮及滿洲》 발행과 대륙통신사大陸通信社라는 출판사 설립 등 언론인으로서 일제의 식민 정책을 보조하고, 대륙 팽창 여론을 형성해 가기도 했다. 따라서 기쿠치는 메이지 일본의 대표 낭인 배출 지역인 구마모토 출신의 가장 전형적인 '조선 낭인'이었다고 할 수 있다.

한편, 1879년 12월 구마모토 국권당은 '동심학사同心學舍'를 설립하고, 1881년 2월 학교 이름을 '동심학교'로 바꿨는데, 종래의 교과과정에 중국어와 한국어를 추가했다. 일본에서 한국어를 정규 교과과정에 넣어 가르치는 학교는 동심학교가 최초였다. 그리고 이 학교에서 한국어와 중국어 통역자를 여럿 배출했다. 선구적으로 학교 교육과정에 한국어와 중국어를 가르친 이유는 과연 무엇일까? 졸업생 가운데 이후 일본이 한국과 중국을 침략할 때 첨병 역할을 수행한 자가 많이 나왔다는 데서 그 의도를 알 수 있다.[7]

국권당은 일본의 국위 신장, 국권 확장을 내건 국수주의 단체 '자명회紫溟會'를 전신으로 한다. 또한 후쿠오카 지방을 근거지로 하는 현양사와 함께 메이지 초기부터 대륙 낭인들을 배출했다.[8] 또 이 지역 출신인 한성신보사 사장 아다치 겐조에 의해 구마모토 낭인들이 대거 명성왕후 살해에 동원되기도 했다.

이렇게 기쿠치가 일본 내에서도 일본의 한반도 및 대륙 침략에 적극적이던 극우 보수 성향이 농후한 구마모토 출신이라는 점과 그가 형성하게 되는 구마모토 인맥은 기쿠치가 한국에서 '조선 낭인'으로서 일제의 침략 정책을 적극적으로 수행하는 데 충분한 정치·사회적 배경이 됐다.

현양사玄洋社

1881년 도야마 미쓰루頭山滿(1855~1944) 등이 메이지 유신으로 몰락한 사족의 불평분자를 규합해 조직한, 후쿠오카에 본거지를 둔 일본의 극우 정치단체. 사이고 다카모리의 정한론을 지지하고, 일본의 한국 국권 침탈 준비, 청일전쟁과 러일전쟁 때는 대외강경론을 주장하며, 군과 밀접히 관련됐다. 러일전쟁 때는 만주의군滿洲義軍을 조직해 게릴라 활동을 하는 등 정치·전쟁·테러를 배후에서 조종했다. 제2차 세계대전 후인 1946년 연합국 최고사령부에 의해 해산됐다.

천우협天佑俠

1894년 동학농민운동 때 일본 우익 낭인들이 만든 침략주의 단체. 이들은 대개 메이지 연간에 옛 무사 계급의 집안에서 태어난 청년들로, 한국이 개항한 이래 한국으로 진출했다. 문화적·민족적 유사성 내지 동질성을 가지고 동문동조론同文同祖論을 주장하면서 한일 연합을 주장했다. 동학농민운동이 일어나자 한국 농민군에게 접근해 민씨 정권을 타도하고 동학 중심의 친일 정권을 수립해 한국을 식민지화하려고 획책했으나, 농민 측의 냉대와 청일전쟁 발발로 실패했다. 그러나 그때의 체험을 기반으로 한국 사정 전문가로 성장했고, 일부는 을미사변에 관여했으며 한국에 계속 거주하면서 낭인 생활을 하기도 하고, 만주·시베리아 방면에서 정탐 활동을 하기도 했다. 특히 러시아와의 전쟁을 위해 한국·만주·시베리아에서 활동하고 있던 낭인들을 규합해 1901년 흑룡회를 조직했다.

도쿠토미 소호와
또 다른
후원자들

기쿠치의 인맥을 좀 더 자세히 살펴보자. 메이지 시기 일본의 극우 보수 언론인이자 역사학자인 도쿠토미 소호, 한성신보사 사장이며 을미사변에 가담한 행동대원의 실질적 총책인 아다치 겐조, 을미사변 가담자이며 하버드 대학과 펜실베이니아 대학에서 경제학을 공부한 미국 유학파 출신 중의원 의원 시바 시로, 중의원 의원이자 국권당 수령으로서 기쿠치의 한국 파견과 대원군과의 관계 형성을 주선한 사사 도모후사 등은 기쿠치의 한국 진출과 한국 내 활동을 지원한 주요 인물이다. 이 가운데 시바 시로만이 후쿠시마 현 출신이지만, 그 역시 동방협회東邦協會 소속 우익 낭인이며, 대륙 진출을 열렬히 주장한 대외 강경 노선의 정객이었다.[9]

기쿠치가 1893년 7월 동경전문학교를 졸업한 후 같은 구마모토 출신의 도쿠토미가 경영하는 민우사에 입사하기까지의 성장 과정이나, 학창 시절 등을 다룬 기록은 찾아보기 힘들다. 또 그가 민우사에 입사하게 된 경위에 대해서도 도쿠토미와 같은 구마모토 출신이라는 것 이외에는 알 수 없다. 그러나 기쿠치가 민우사에 입사해 도쿠토미와의 인연이 시작된 이후로 둘의 관계는 매우 특별하게 발전했다. 도쿠토미는 을미사변으로 히로시마 감옥에 투옥된 기쿠치에게 일류 변호사를 선임해 주었고, 또한 기쿠치가 을미사변의 정당성과 자신의 무죄를 주장하기 위해 감옥에서 쓴《조선왕국》을 자기가 경영하는 민우사에서 출판해 주었을 뿐만 아니라, 직접 책의 서문을 쓸 정도로 매우 각별했다.[10]

　도쿠토미는 일본 언론계의 거물이자 역사학자였다. 그는 1887년에는 민우사를 창립해 신문과 잡지, 출판 사업을 전개하는 한편, 많은 글을 써서 언론사 경영인 겸 논객으로 일본에서는 명성이 높았다. 민우사를 모체로 해 1887년 2월 15일《국민지우國民之友》라는 잡지를 창간하고, 이어《국민신문》(1890. 2. 1),《가정잡지家庭雜誌》(1892. 9. 15),《국민지우》의 영문판으로《The Far East》(1895. 9. 15)를 발행하는 한편 출판 사업도 병행했다.

　도쿠토미는 이토 히로부미를 비롯해 정계와 언론계에 폭넓은 인맥을 형성하고 있었으며, 일본의 한국 침략을 미화하고, 침략이 정당하다고 주장한 대표적 극우파 인물이었다. 1904년 러일전쟁이 일어났을 때 도쿠토미는 일본 정부로부터 전시 언론 통섭의 총책을 부여받았다. 이때 그는 서구 열강의 언론기관 특파원들과 일일이 접촉하고 그들을 회유하고 설득했으며, 지속적 관리를 통해 그들로 하여금 러일전쟁 관련 기사를 일본에 유리하게 쓰도록 유도했다. 또한 도쿠토미는 러일전쟁 후 통감부와 총독부의 식민지 언론 정책을 주도했다. 일제 강점기, 그는 한국인에게 언론의 자유를 준다고 운운하는 것은 '정말로 위험천만한 일'로 한국인의 언론은 혁명 사상의 '온상'이 될 우려가 있다고 주장한 극단적 보수 우익 인사였다.[11]

또 도쿠토미는 제2차 세계대전에서 일본이 패한 이후 동경재판소에서 A급 전범으로 선고받은 인물이다. 최근 일본에서 활동하고 있는 '새로운 역사교과서를 위한 모임'이 바로 도쿠토미 계열의 군국주의를 추종하는 세력이라는 지적도 나오고 있다. 기쿠치가 처음부터 이런 거물이자 극우 보수 언론인이 경영하는 언론사에 입사해 기자 생활을 시작했고, 그와 긴밀한 관계를 가지고 있었다는 점은 주목할 만하다.[12]

한편 초대 조선총독 데라우치 마사타케寺內正毅(1852~1919)는 병합 직전인 1910년 6월 한말 최대의 민족지였던 《대한매일신보大韓每日申報》를 매수해 두었다가 총독이 되면서 《대한매일신보》와 통감부의 기관지 《경성일보京城日報》를 하나의 신문으로 통합해 도쿠토미에게 경영을 맡겼다. 도쿠토미와 데라우치는 오랫동안 교분을 나눈 사이였다. 데라우치는 1894년 청일전쟁 당시 운수통신장관이었는데, 이때부터 도쿠토미와 접촉이 있었다. 데라우치가 1904년 육군대신으로 있을 때는 《국민신문》에 자금을 지원했고, 총독이 된 뒤에는 도쿠토미에게 《경성일보》 경영을 위탁하면서 두 사람은 더욱 가까워졌다.[13]

다음으로 아다치 겐조와의 관계가 주목된다. 구마모토 국권당이 한국에서 처음 발간한 신문은 부산의 《조선시보朝鮮時報》였다. 국권당 중심 인물 중 하나인 아다치 겐조는 국권당 기관지인 《구주일일신문》의 종군

동방협회東邦協會

1891년 소에지마 다네오미副島種臣(1828~ 1905)와 구로다 나가시게黑田長成
(1867~1939)를 중심으로 창립된 단체로 동북·동남아시아와 오스트레일리아, 남
양까지도 관심을 갖고 이 지역들을 조사 연구해 20여 년간 활동한 단체. 일본
내 영향력 있는 정·관계, 군인, 민간 지식인을 총망라해 한국 문제에 관심을 두
었으며, 근대 일본의 대외 팽창을 정당화하는 우익 이념을 가진 아시아주의 단
체였다.

소에지마 다네오미

구로다 나가시게

《경성일보》사옥

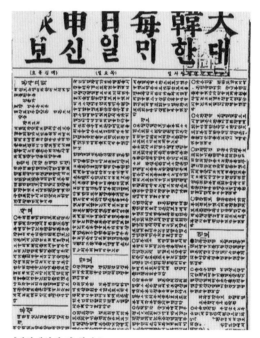

《대한매일신보》 창간호(1904. 7. 18)

특파원으로 한국에 건너와 청일전쟁을 취재한 후 일본으로 돌아갔다가 1894년 10월 5일 다시 부산에 와서 부산 총영사 무로다 요시후미室田義文(1847~1938)와 신문 발행을 상의했다. 아다치는《구주일일신문》에 연락해 기쿠치 세이순菊池景春, 오하다 히데오大烟秀夫 등 식자 인쇄공 둘을 부산으로 불러오고 부산상업회의소에서 재정 지원을 받아 11월 21일 《조선시보》를 창간했다.[14]

1895년 2월 17일 서울에서 창간된《한성신보》도 국권당이 중심이었고, 아다치가 사장을 맡았다.[15]《조선시보》는 국권당이 직접 간여해 민간인들이 만든 소규모 신문이었지만,《한성신보》는 주한 일본공사관을 경유해 일본 외무성으로부터 자금 지원을 받아 창간했을 뿐 아니라 매달 보조금을 받아 운영된 외무성의 비밀 기관지였다. 사장 아다치는 신문 발간에 필요한 공무국 책임자 등을 오사카에서, 기계 조종에 밝은 기술자들은 모두 구마모토에서 불러왔다.[16]

기쿠치는 아다치와 함께 을미사변에 가담했고, 뒤에《한성신보》주필, 사장까지 하게 된다.[17] 아다치는 을미사변 후인 1902년, 제국당 소속으로 출마해 중의원 의원이 된 뒤 14선까지 기록했다. 1925년 가토 다카아키加藤高明(1860~1926) 내각에서 체신상이 되고, 뒤에 내상까지 역임했다. 1932년에는 국민동맹회를 결성해 총재가 됐고, 1948년에 병사했다.[18]

시바는 홋쓰富津에 있던 아이즈會津에서 태어났다. 번교藩校 닛신칸日新館에서 수학했으며, 아이즈 번사로서 1868년 보신 전쟁戊辰戰爭에 형 시바 겐스케와 함께 종군했다가 체포돼 도쿄에서 근신했다. 사면 후 도쿄에서 공부를 계속했으나, 학비를 대지 못해 일본 곳곳을 전전했다.

1877년 세이난 전쟁에 별동대로 참전했을 때, 구마모토 병영 사령장관 다니 다테키谷干城(1837~1911)와의 인연으로 미쓰비시三菱 재벌인 이와사키岩崎 가문의 자금 원조를 받아 미국 펜실베이니아 대학, 퍼시픽 비즈니스 칼리지에서 경제학을 공부한 뒤 졸업하고 1885년에 귀국했다. 1886년 농상무성대신 다니 다테키의 비서관이 됐고, 1885년부터 1897년까지 정치소설《가인지기우佳人之奇遇》를 써 작가로도 유명해졌다.

또한 그는 동방협회 회원으로 대외 강경노선의 정객이었다. 1892년 제2회 후쿠시마 현 중의원 선거에 당선된 뒤에는 김옥균을 후원했다. 을미사변 직전 주한 일본공사 미우라 고로의 수행원으로 한국에 온 것은 낙선해 낭인 생활을 하고 있을 때였다. 을미사변에서는 한국인 주모자 이주회와 빈번하게 접촉하면서 명성왕후 살해 사건의 행동 책임자 역을 맡았다.[19] 그는 일본 극우 낭인 단체인 천우협과 현양사 소속의 낭인과 매우 가까웠고, 1898년에도 중의원 의원으로 당선돼 10선 의원이 됐다. 1914년에는 내각 외무성참정관을 지냈다. 기쿠치와의 관계를 보면 두 사람 모두 을미사변에 가담하면서 사건의 경위를 니이로 도키스케 소좌에게 설명하는 자리에 동석했고, 한국에서 을미사변 가담자들이 퇴한 조치 당할 때 기쿠치에게 급히 마련한 여비 200원을 주면서 충분히 챙겨 주지 못한 것을 무척 미안해 할 정도로 가까웠다. 그리고 시바는 기쿠치의 을미사변 변명서인《조선왕국》의 서문도 써 주었다.[20] 기쿠치가 히로시마 감옥에서 증거불충분으로 무죄 방면돼 고향 구마모토로 돌아갈 때 시바의 부인 기코쿠가 여비를 챙겨 돌봐 줄 정도로 시바와의

세이세이고우

관계는 각별했다.[21]

  또 사사 도모후사는 구마모토 사족 집안 출신으로 세이세이고우濟濟黌라는 학교의 교장이었던 관계로 아다치 겐조와는 사제지간이었다. 아다치가 동학농민운동이 일어났을 때 한국에 건너와 부산에서 《조선시보》를 발행한 것은 국권당의 수령이던 사사의 명을 받았기 때문이다.[22] 기쿠치 역시 민우사에 입사하기 전, 즉 《국민신문》 기자가 되기 전인 1893년 11월 사사의 소개장을 가지고 한국에 건너왔고, 그의 소개로 인천의 《조선신보》에 입사하게 됐다. 그리고 역시 사사의 주선으로 대원군과 면회를 처음으로 하게 됐다.[23] 결국 국권당 수령이던 사사와 구마모토 출신 언론계의 거물 도쿠토미를 정점으로 아다치와 기쿠치 등 구마모토 출신 낭인들이 한국에 파견되고, 인적 네트워크를 형성해 갔다고 할 수 있다.

보신 전쟁

메이지 유신 때 막부 타도파와 막부파 간에 벌어진 전쟁. 1868년 1월 3일 오사카에서 교토로 진격한 아이즈·구와나桑名 두 번藩의 군대는 도바鳥羽·후시미伏見에서 사쓰마薩摩·조슈의 양군과 싸워 패배했다(도바-후시미 전투). 신정부는 다루히토 친왕을 동정군東征軍의 대총독으로 임명하고 오사카에서 에도로 철수한 구막부 세력을 뒤쫓아 도쿠가와 토벌의 군대를 일으켰다. 같은 해 2월 사쓰마·조슈 번의 군대를 주력으로 하는 스무 곳 번 이상의 병사가 도카이 도東海道·도산 도東山道·호쿠리쿠 도北陸道 세 방면으로 나눠 출발했다. 이에 도쿠가와 요시노부德川慶喜(1837~1913)는 순순히 근신하는 태도를 보이고, 구명救命을 조건으로 에도 성을 자발적으로 열겠다고 약속했다.

한편 도바-후시미 전투에서 역적 누명을 쓴 아이즈·구와나 두 번에 대한 토벌령이 내려져 8월 아이즈 번이 항복했다. 정부군이 1869년 5월 하코다테函館로 진격함으로써 하코다테 전쟁이 시작됐지만, 18일 고료카쿠五稜郭가 함락되고 에노모토 등이 항복해 보신 전쟁은 종결됐다. 이 내전 결과 구막부 체제는 붕괴하고 메이지 절대주의 국가 확립의 길이 열렸다.

하코다테 전쟁을 묘사한 그림

기자가 된 기쿠치,
한국에
건너오다

1893년 11월 15일 기쿠치는 나가사키에서 대한해협을 건너 일주일 만에 인천항에 도착했고, 사사의 소개를 받아 호즈미 도라쿠로가 운영하는 인천의 《조선신보》에서 잠시 일했다. 호즈미는 아이치 현 사람으로 권력과 돈에 대한 집착이 강했고, 공명심도 강해 이를 좇아 한국까지 왔다. 당시 서울에 있던 일본인회 회장이었다. 기쿠치의 회고에 따르면 청일전쟁 당시 일본을 위해 대활약을 펼쳤다고 한다. 또한 오카모토 류노스케, 시바 시로 등과 교류하며 국사를 위해 진력했다고 하는 것으로 봐 보수 우익 낭인들과도 성향이 같았다고 할 수 있다. 실제 호즈미는 1894년 7월 23일(음력 6월 21일) 일본군이 경복궁을 점령할 때 오카모토 등과 함께 대원군을 직접 경복궁으로 대동한 장본인 중 하나였다.[24]

기쿠치는 1894년 1월 5일 인천을 떠나 서울로 근거지를 옮겼다. 당시 《조선신보》 주필이던 아오야마 고헤이가 신입 기자인 기쿠치가 입사하자 강한 질투심과 경계심을 보이면서 자신의 영역을 기쿠치가 침범했다고 견제했기 때문이다. 그러나 아오야마 주필도 호즈미의《조선신보》에서 오래 근무하지는 못했고, 결국《오사카아사히 신문大阪朝日新聞》으로 자리를 옮겨 갔다.

비록《조선신보》를 떠나기는 했어도 기쿠치는 여전히 호즈미의 사저에 머물렀다. 그리고 호즈미의 집에서 자기처럼 그의 집에 기탁해 있는 청년을 만나게 되는데, 그가 바로 스즈키 준켄이다. 두 사람은 처음 만난 순간 한마디 말도 없었지만 기쿠치는 순간적으로 이상한 쾌감을 금할 수 없었다고 회고했다. 그리고 고향을 떠나 먼 해외에서 이러한 지기知己를 얻게 된 것은 축복이고, 기쁨이라고 했다. 그런데 기쿠치가 서울로 근거지를 옮긴 것은 당시 서울에 주재하던 일본인을 비롯해 대원군과 교류하면서 단순한 기자 생활을 넘어 한국에서 본국 일본의 정치적

일제강점기 인천항

세력 침투와 입지 강화를 위한 활동을 본격화하려는 움직임으로 볼 수 있다. 실제로 기쿠치는 호즈미의 집에서 서울에 주재하던 일본 언론인, 정치가, 경제인 들과 만난다. 기쿠치가 회고하기를 당시 서울 주재 일본인은 공사관원, 영사관원, 우편국원, 기타 육해 군인과 경찰관을 포함해 총 460명이었다고 한다. 이때 그가 만나 교분을 쌓은 일본인은 군부 겸 궁내부고문관으로 와 있던 낭인 오카모토 류노스케, 미우라 공사의 수행원 시바 시로, 공사관 일등서기관 스기무라 후카시 그리고 경부철도 부설 사업에 참여한 대자본가 다케우치 쓰나竹內綱, 오미와 조베에大三輪 長兵衛 등이었다. 특히 이 시기부터 기쿠치는 스기무라 서기관과는 자주 만나 한국의 풍속과 실정에 대해 의견도 교환하고, 교류를 가지며 꽤 가까워졌다.

기쿠치는 다시 거처를 사쓰마 번薩摩藩 출신의 일본공사관부 해군 소좌 니이로 도키스케의 집으로 옮기게 됐고, 거기서 사쓰마 번벌閥 군인들과도 친밀해졌다. 이들 사쓰마 번벌 군인들은 당시 서울에 근거지를 마련하고 모임을 가졌는데, 34명 정도였고, 낭인으로 일종의 양산박梁 山泊이었다. 그뿐만 아니라 기쿠치는 이들과의 교류를 기반으로 당시 경성에 있던 소위 '지사志士'들과 인맥을 넓혀 갔는데, 천우협의 절반이 경성에 있었다고 한다. 그러면서 기쿠치는 김익승金益昇이라는 한국인을 통해 한국어까지 공부했다.[25]

이 무렵까지 기쿠치는 한국에서 본격적으로 기자 활동이나 외무성 특별촉탁의 특수 임무를 수행하지는 않은 듯하다. 그러나 한국에 와서 대략의 사정을 파악하는 차원에서 먼저 자리를 잡고 있던 일본공사관

보신 전쟁에 참여한 사쓰마 번 군인들

직원들이나, 혹은 경제계 인사들 그리고 소수의 일본 군인들과 교류하기 시작했다.

그러던 중 기쿠치는 사사의 주선으로 스즈키 준켄과 함께 흥선대원군을 알현하게 됐다.[26] 기쿠치는 대원군과의 첫 만남 이후 소감을 이렇게 술회했다.

백면서생으로 아직 사리를 헤아리지 못하고 단지 이 노옹老翁의 영자英姿를 접견하기를 바랐고, 당일에는 특별한 의도가 없는 두어 가지 담화를 나누고 돌아왔다.

이제 막 사회생활을 시작한 스물네 살의 젊은 일본인 신입 기자 기쿠치를 대원군 측에서 특별한 의미를 두고 만난 것 같지는 않다. 국권당 당수 사사가 향후 대원군 측과의 교류를 지속하기 위해 기쿠치와의 면담을 주선한 것이다. 여러 정황으로 볼 때 기쿠치가 한국어를 공부한 것이나 대원군과 만남의 기회를 갖게 된 데는 이른바 '조선통'으로 그를 키워 내고자 한 배후 세력, 즉 구마모토 국권당의 영향력이 적지 않게 작용한 것으로 보인다.

기쿠치는 1894년 3월 일본으로 돌아가 도쿠토미가 경영하는 민우사의 《국민신문》 교토 통신원으로 활동하다가 그해 동학농민운동과 청일전쟁 발발을 계기로 종군기자로서 재차 한국에 오게 된다. 이때 그는 외무성 특별촉탁을 겸직했다.[27]

기쿠치는 동학농민군 동정을 살피기 위해 수차례에 걸쳐 아산, 당진, 안흥安興, 천수만, 보령, 염포鹽浦, 서천, 군산群山 등 충청도와 전라도 서해안을 상세하게 정탐하고 다니면서 1894년 7월부터 12월까지 《국민신문》에 특집 형태로 기사를 실었다. 그런데 과연 기쿠치가 단순히 취재 목적으로만 한국의 서해 연안을 다녔을까? 당시 그가 속한 《국민신문》은 일본에서 대외강경론을 주장하던 대표적 극우 보수 언론이었다. 따라서 그의 취재 활동은 결국 일본의 전쟁 수행을 위한 첩보 활동이었고, 특히 이 무렵 기쿠치가 일본 해군의 '군사 밀정'이던 니이로 소좌 집에 거처하면서 니이로와 함께 충청도와 전라도 지역을 여행하고 다닌 정황이 이를 증명한다.[28] 기쿠치가 1894년 다시 한국에 올 때 외무성 특별촉탁을 겸하게 됐다는 점은 바로 그가 정보 수집책이었다는 이야기다.

한편 기쿠치는 당시 국제법과 한국의 국내법을 동시에 위반한 불법 침략 행위인 1894년 7월 23일 일본군의 경복궁 쿠데타에도 가담한다. 이때 일본군 혼성여단이 경복궁을 점령하는 과정에서 한국에 와 있던 일본인들이 적극적으로 협조했다.[29] 일본군 참모본부의 밀명을 받고 청일전쟁 도발을 위해 한국에 건너와 스파이 활동을 하던 오카모토와 함께 기쿠치는 고종을 포로로 삼고, 대원군을 섭정으로 억지 추대하는 일종의 쿠데타를 일으키는 데 참가한 것이다. 당시 오카모토는 주한일본 임시대리공사인 스기무라의 지시를 받아 스즈키 준켄, 기타가와 기라사부로北川吉三郞 그리고 기쿠치 등을 대동하고 입궁을 거부하고 있던 대원군을 설득했고, 마침내 대원군을 움직일 때는 호즈미까지 동원해 경호했다.[30]

도쿠토미는 "7월 23일의 경성사변 같은 것은 군(기쿠치를 가리킴 - 필자)이 실제로 경험한 활극이었다"라고 표현했다.[31]

기쿠치는 이미 한국에 처음 온 1893년부터 대원군과 안면이 있었고, 동학농민운동과 청일전쟁이 발생했을 때는 오카모토와 함께 대원군을 자주 찾아 한국의 현안을 의논했고, 중요한 일이 있을 때마다 대원군이 앞장서야 한다고 주장하면서 대원군과의 친분을 돈독히 쌓았다.[32]

이어서 그는 청일전쟁 취재를 위해 파견된 특파원인 관계로 직접 일본 군대를 따라 전쟁 상황을 생생히 취재하고, 일본군에 적극 협력하기까지 했다. 특히 6월 14일 일본군과 함께 군산에 상륙한 다음 8월에는 평양까지 함께 진격했다.[33] 이때 기쿠치는 "나가타永田 소좌가 이끄는 포병대에 소속됐으며, 나가타 소좌의 포고문과 서면 문안을 기초했다"라

청일전쟁 당시 평양 전투를 묘사한 그림

고 밝혔다.[34] 단순한 종군기자가 아니라 군인 역할까지 한 셈이다.

기쿠치는 특히 청일전쟁을 일본의 승리로 결판 짓는 데 결정적 전투가 된 평양 전투에 대해서 "300년 전 고니시 유키나가小西行長(?~1600)의 부대가 조명연합군에게 참패해 병력 6000을 잃고 패전 도주한 통한(임진왜란 당시 평양성 전투를 가리킴 – 필자)에 마침내 복수를 했다"라며 벅차오르는 감격을 토로했다.[35] 또한 청일전쟁을 한국을 식민지화하려는 청국에 대해 좋은 이웃(善隣) 일본이 막대한 희생을 무릅쓰면서까지 대신 치러 준 대리전으로 평가하면서 실제 전쟁의 참혹한 실상과 한국의 피해 상황, 일본의 한반도 장악과 대륙 진출을 위한 실제 침략 의도에 대해서는 단한 마디의 평가도 하지 않았다. 청일전쟁을 두고 한국의 독립을 위해 일본이 청과 대신 싸워 줬다는 주장은 오늘날 일본의 중학교 역사 교과서에서도 그대로 반복되고 있다. 일본 우익의 역사 인식이 장기지속성을 갖고 이어지고 있는 셈이다.[36]

03

돌아온
기쿠치,

한국 내 일본
언론계의
거물이 되다

《한성신보》와 《대동신보》 사장이 되다

통감부와 총독부 식민 통치의 보조 활동

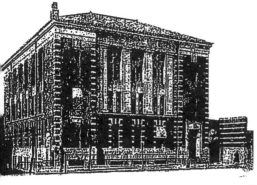

《한성신보》와
《대동신보》
사장이 되다

기쿠치는 1898년 《한성신보》 주필로 한국에 다시 돌아온다. 그리고 을
미사변으로 기쿠치와 함께 퇴한 조치를 당한 아다치도 돌아와 함께 《한
성신보》 개량 작업에 착수했다. 《한성신보》는 1896년 4월 《독립신문獨
立新聞》이 창간되자 경영 곤란을 겪기 시작하면서 일본 외무성으로부터
연간 3600원에 달하는 보조금을 받고 있었다. 또한 1898년 이후 《제국
신문帝國新聞》이나 《황성신문皇城新聞》 등의 민족지가 여럿 등장하면서
일본 외무성 기관지의 성격을 지닌 《한성신보》의 경영난은 가중됐다.
따라서 뭔가 적극적으로 변화를 모색해야 할 단계에 이른 것이다.[1]

기쿠치가 주필을 맡게 되면서 《한성신보》는 이전과 다르게 자극적이
고 강경한 어조로 민족지들과 치열한 논전을 전개한다. 1898년까지 《독
립신문》과는 크게 논전을 벌이지 않던 것에 비하면 여러 민족지가 등장
한 1898년 이후엔 비교적 격렬한 논전을 전개한다. 예를 들어, 《제국신

《독립신문》창간호   《황성신문》창간호

문》이 한국 내 일본인의 횡포를 비난하거나, 마산 조계지를 둘러싼 일본
과 러시아의 경쟁을 비판하면《한성신보》는 극력 일본인의 권익을 싸고
돌거나 일본의 경제적 침탈을 정당화하는 논설로 대응했다. 이는 주필
기쿠치의 구마모토 출신 극우 보수 언론인으로서의 성격을 잘 보여 준
다. 게다가 이 시기 기쿠치는 매일 두 차례 일본공사와 만나 보도와 관
련된 협의를 하는[2] 등,《한성신보》는 주한 일본공사관의 관변지적 성격
을 띠었다.《한성신보》가 일본 거류민의 이익을 보호하고, 일본의 경제
적 침략을 정당화하는 논조를 보이는 등 재한 일본 어용 언론 역할을 톡
톡히 해낸 것이다.[3]

기쿠치는 1900년 마침내《한성신보》사장에 올라 1903년까지 경영을 담당했다. 사장 임기 중인 1901년 4월, 화재로 신문사가 전소돼 일본 외무성 보조금 3000원, 거류민 기부금 516원, 전 사장 아다치와 기쿠치 출자금 900원으로 간신히 신문을 복간하는 일도 겪었다.[4]

그런데 1903년 들어서서 외무성은《한성신보》가 논조에서 충분히 제역할을 하지 못하고, 운영에서 문제점이 많다는 이유를 들어 그해 6월 기쿠치를 해임했다.[5] 기쿠치는 1898년 주필로 있을 때 민족지들과의 격렬한 논전을 일으킬 정도로 한국 내 친일 세력 형성과 일본 거류민단의 이해를 대변했고, 일제 침략의 정당화라는 기본 운영 목적에 충실했으므로 실제 해임 사유는 후자인 경영난으로 보인다. 또한 러일전쟁에서 승리한 일본이 이제까지와는 차원이 다른 관변 어용 언론이 필요했으리라 추정된다.

여하튼 기쿠치는 1904년 4월 18일《대동신보》라는 민간 신문을 창간하고, 이 신문을 통해 한국 내 일본 세력의 부식에 더욱 협조했다.[6] 발행인은 무라사키 주타로村崎重太郎, 편집인은 에토 도시히코衛藤俊彦였다. 그러나《대동신보》의 실제 사장 겸 소유주는 기쿠치였다. 기쿠치는 1903년 11월부터《대동신보》발행을 준비했는데, 1904년 1월 25일 자《황성신문》에 따르면 기쿠치는 이미《대동신보》를 설립한 상태였다.

《대동신보》는 창간 4개월 만인 8월 13일 주한 일본헌병대의 정간 명령으로 5일간 발행 정지됐다가 18일에 정간이 해제됐는데 정확한 정간 사유는 알려지지 않았다.[7] 그러나 기쿠치의 성향으로 봤을 때 일본 입장에 반하는 기사를 썼을 것 같지는 않다. 어쨌든 일본이 우리나라에서 처음으로 정간 처분을 내린 필화筆禍 사건이다. 1906년 6월 고종은 사옥으로 쓰던 저동苧洞의 궁내부 소유 건물을 《대동신보》에 특별히 하사했다.[8] 그러나 바로 다음 달에는 통감부가 이 신문을 매수했다. 정황으로 봤을 때 고종이 특별히 하사했다기보다 통감부의 압력으로 궁내부 소유 건물이 무상으로 소유권 이전됐다고 봐야 할 것이다. 기쿠치는 이어 3000원을 받고 통감부에 신문을 매도했다.[9]

통감부는 1906년 《한성신보》를 1만 원에, 《대동신보》를 3000원에 각각 매수하고,[10] 기타 군소 신문 다섯 종을 통폐합해 결국 1906년 9월 1일 통감부 기관지 《경성일보》를 창간했다.[11] 이렇듯 통감부가 일본 외무성 기관지 성격을 지닌 《한성신보》를 폐간, 흡수해 《경성일보》를 창간한 것은 본격적으로 한국을 식민지화하는 데 체계적인 관변 언론이 필요했기 때문이다.[12] 일제 식민 통치 기구의 관변 언론지인 《경성일보》가 탄생하는 데 기쿠치가 주필을 맡거나 사장으로 경영한 두 신문이 모태가 된 셈이다.

한편 1908년 3월 일한서방日韓書房 사주 모리야마 요시오森山美夫는 한국 내 일본인 잡지 발간이 필요해지자 잡지 《조선朝鮮》을 창간했다. 모리야마는 자본을 출자한 것에 불과했고, 주간 기쿠치와 편집장 샤쿠오 슌조釋尾春芿(1875~?)가 잡지의 편집 등 실제 운영을 했다.[13]

창간 1년 후인 1909년 3월부터 모리야마는 일한서방의 사업을 확대한다는 이유로 잡지사 경영과 편집을 전적으로 샤쿠오에게 위임했다. 이에 잡지 제3권 제2호부터 발행처가 일한서방에서 조선잡지사朝鮮雜誌社로 변경됐다. 초기 주간이던 기쿠치는 잡지를 창간한 그해 말부터 이미 글쓰기를 그만두었으므로, 실질 편집과 운영은 새 주간 샤쿠오가 했다. 기쿠치가 이때 주간을 그만둔 이유는 1908년 통감 이토로부터 한국 근대사에 관한 저술을 요청받았기 때문이다. 또한 기쿠치는 1909년 조선통신사朝鮮通信社를 창립해 사장에 취임했고,[14] 샤쿠오와 함께《조선급만주》를 창간했다고 하는데, 사실 잡지《조선》이 1912년 1월(통권 47호)부터《조선급만주》로 제목을 바꿔 1941년 1월(통권 398호)까지 발간된 것이다.[15] 비록 주간이라는 자리를 그만두기는 했어도 기쿠치는《조선》과 그 이후로 이어지는《조선급만주》에 종종 글을 실었다. 샤쿠오와 정치 성향이 상당히 비슷했기 때문이기도 한데, 샤쿠오는 일본의 대륙 팽창이라는 제국주의적 지향성을 강하게 표방하는 대표적 대외 강경론자였다. 또한 한국인에 대한 일본인의 '종주 국민'으로서의 자부심과 제국의식, 우월감이 강해 자신이 주관하던 잡지의 논설에서 지속적으로 한국인을 열등한 민족으로 바라보는 인종주의적 편견과 왜곡된 역사관, 일본의 한국 강제병합 정당성 등을 피력하던 극우 인물이었다. 또 샤쿠오의 인적 네트워크가 통감부와 총독부 관리, 동아동문회東亞同文會, 동양협회 등 관계 인사들이나 보수 우익 단체 계열 위주였는데, 이는 기쿠치와 일치했다.

한편 기쿠치는 1908년 무렵 아오야나기 쓰나타로靑柳綱太郎 등이 설립한 조선연구회朝鮮硏究會에도 참여해 한국의 역사와 고서 연구, 번역 작업에서 지속적으로 활동했다.[16]

통감부와
총독부 식민 통치의
보조 활동

기쿠치는 정치 활동도 매우 활발히 했다. 1900년부터 논의되던 한일 국방동맹 교섭의 사무를 부여받아 한국과 일본을 수시로 왕래하며 교섭 타결에 관계했다. 대한제국 수립 후 고종은 여러 경로를 통해 일본의 침략 정책에 대해 꾸준히 경계하며 한반도를 둘러싼 열강의 세력 균형을 통해 한국의 독립을 유지하려 했다. 일본 역시 러시아에 대해 국가적 차원에서 총력을 기울인 견제 외교를 추진하는 한편 고종의 대일 견제책에 대해서는 일본으로 망명한 친일 성향의 한국 관료들을 담보로 이용하려 했다.[17]

이런 상황에서 고종은 을미사변에 연루돼 일본으로 건너간 이주회·우범선·이두황 등 사변 가담자는 물론, 그 외 상당수의 일본 체류 망명자들의 동태와 이들을 이용하려고 하는 일본의 동태를 크게 우려했다. 그래서 이들 일본 망명자들의 송환 문제가 당시 한일 사이의 중요한 외교 이슈였다.[18] 을미사변 관련자들 이
외에 이 시기 일본 체류 망명자를 보
면, 박영효가 1895년 7월 6일 왕비 폐
위 음모 기도 사건으로 다음 날 일본으
로 망명했다. 1896년 2월에는 아관파
천俄館播遷으로 친러 정권이 수립되자
체포령이 내려진 유길준과 조희연 등
이 일본으로 갔고, 1898년 7월 황태자
옹립 사건으로 10월 안경수·윤효정尹

의화군

孝定(1858~1939)·윤치호 등이 의화군義
和君 이강李堈(1877~1955, 의친왕義親王)과 함께 도일했다.

그런데 1900년 1월 자진 귀국한 안경수가 고문으로 사망하자,[19] 한
일 양국 관계는 크게 악화됐다. 안경수 사건 이후 정부는 조병식趙秉式
(1823~1907)과 신기선申箕善(1851~1909)을 정식으로 일본에 보내 조희연,
유길준, 권동진, 이준용 등의 소환을 요청했다. 그러나 일본은 이를 거
절했고, 이 와중에 중국 산둥 성에서는 반기독교 민중운동인 의화단義和
團 사건(일명 '북청北淸사변')이 발생했다.

이때 의화단 사건을 진압하기 위해 출병한 러시아 군대가 압록강을
건너 한반도로 내려올지도 모른다는 소문이 퍼졌고, 실제로 서울 주재
러시아공사 파블로프Aleksandr Ivanovich Pavlow는 간도間島 조차를 한국 정
부에 요구했다. 게다가 마산 조차까지 요구하기에 이르렀고, 러시아는
간도에 측량 본부를 설치하고, 블라디보스토크에서 랴오둥반도 남단의

의화단 사건

중국 청나라 말기인 1900년 6월 일어난 외세 배척 운동으로 백련교白蓮敎 일파
로 불리는 종교적 비밀결사인 의화단이 사회 모순·기독교 포교·독일 진출 등
에 반감을 품고, '부청멸양扶淸滅洋'을 부르짖으며 전개한 무력 사건이다. 당시
베이징에서 교회를 습격하고 외국인을 박해하는 따위의 일을 한 의화단을 청나
라 정부가 지지하고 대외 선전포고를 했기 때문에, 미국을 비롯한 8개국 연합
군이 베이징을 점령·진압했다. 이후 1901년 9월 북경의정서北京議定書 체결로
사건은 마무리됐지만, 엄청난 배상금 지불을 포함한 의정서 내용 때문에 중국
은 독립국의 면모를 잃었고, 식민지화는 가속화됐다.

의화단 사건을 묘사한 그림

달리니Dal'nii(뤼다 시旅大市, 지금의 다롄大連)까지 전선을 가설하고, 간도에서 랴오둥 방면까지 각종 기반 시설을 마련해 압록강 일대 삼림 채벌을 위한 기반을 조성했다.[20]

이에 긴장한 고종은 궁내부시종 현영운玄暎運(1868~?)을 일본에 파견해 한일 국방동맹안을 제안했다.[21] 때마침 기쿠치는 동아동문회 회장을 맡고 있던 보수 우익 고노에 아쓰마로近衛篤麿의 명령에 따라 고종과 대한제국 정부의 외교 방향을 일본에 유리하게 움직이게끔 여론을 조성하는 임무를 부여받았다. 기쿠치는《한성신보》지면을 상당 부분 할애해 간도는 본래 한국 영토이며, 고구려 때 랴오둥이 한국 영토였다고 설명했고, 영토 회복론 등을 거창하게 논하면서 고종의 공명심을 자극했다. 이로써 그는 고종과 대한제국 각료들의 환심을 산 것은 물론 러시아에 대한 한국민의 저항감과 일종의 공포심까지 조장했다.[22]

그러자 대한제국 외부대신 박제순朴齊純(1858~1916)을 비롯한 궁내대신 이지용李址鎔(1870~1928), 군부대신 겸 내부대신 김영준金永準 등이 하루가 멀다 하고 기쿠치를 찾아와 일본과의 한일 국방동맹 가능성을 타진했다. 기쿠치는 이들과 접촉하면서 수시로 일본을 왕래하며 동맹 교섭을 추진하기 시작했다.[23] 한편 박제순은 기쿠치를 찾아가 다음과 같이 말했다.

《한성신보》의 랴오허 강遼河 이동 랴오둥 회복론은 명론名論이다. 황제께서 군의 논설을 읽으시고는 너무나 기쁘게 받아들이셨다. 만약 러시아가 압록강을 건너 침입하면 이를 어떻게 방어해야 하겠는가?

박제순

이지용

그런데 당시 고종은 한일 국방동맹 가능성을 타진하면서도 한편으로는 또 다른 외교적 타개책도 고려했다. 당시 궁내부고문이던 샌즈W. F. Sands가 제시한 '미국으로부터 차관을 얻어 행정·교육의 개혁을 단행하고, 한국이 러일 양국 간 대립의 장이 되는 것을 방지하기 위해 중립화하자'는 '영세국외중립화안'을 심도 있게 고려한 것이다.

기쿠치도 이런 상황을 알고 있는 터라 박제순의 질문에 대해 다음과 같이 호언장담했다.[24]

샌즈의 방안도 있겠으나, 지금 시기에 계획할 만한 오직 하나의 외교 수단은 일본과 국방을 함께해 강대한 세력을 방어할 동맹을 체결하는 일이다. 세상에는 공수攻守 동맹하는 나라가 있는데, 금일 한일 국방동맹을 체결한다면 압록강의 지계地界를 보호할 수 있고, 랴오둥 회복도 어렵지 않다.

그러자 박 외상은 오랫동안 침묵하더니 화제를 다른 곳으로 돌렸고, 며칠이 지난 뒤 궁내부대신 이지용이 다시 기쿠치를 찾아왔다. 같은 날 군부대신 겸 내부대신 김영준도 기쿠치를 찾았다. 그리고 박 외상도 다시 답방 차원에서 기쿠치를 찾아왔다. 다음 날에는 기쿠치가 박 외상의 집을 찾아갔다.

박제순의 집은 서울 북쪽, 곧 양반들 집이 모여 있던 북촌의 34칸짜리 기와집이었는데, 당시 둘의 만남은 비밀 회합이었다고 한다. 기쿠치와 박제순은 한일 국방동맹의 진전을 논의했는데, 이때 통역을 담당한 사람이 기쿠치의 오랜 친구이자 을미사변 가담자 중 하나인 스즈키였다.

기쿠치는 박 외상과의 협의 내용에 대해서는 하야시 곤스케林權助 공사에게도 일체 보고하지 않았고, 다만 고노에에게 직접 보고했다. 고노에도 진행 상황을 다시 본국의 외상 아오키靑木 자작에게 알렸는데, 아오키 자작은 정식으로 대한제국 정부가 일본제국 정부에 공식 절차를 밟아 동맹 요청을 하는 것이 제1의 순서이고, 다음으로 주한 일본공사인 하야시 공사를 통해 아오키 외상에게 제안해 오는 것이 제2의 순서라고 해 고노에를 통한 비공식 통로가 아닌 공식 수순을 밟아 한국 정부가 공개적이고 공식적으로 일본에 동맹을 요청하라고 제안했다.[25]

이에 고종은 조병식을 일본에 특파했다. 기쿠치는 조병식을 완고파의 우두머리로 평판이 자자한, 매우 예민한 외교관이며 친프랑스파라고 평가했다. 고노에는 일본에 온 조병식을 극진하게 대접했는데, 기쿠치는 이에 대해 아오키 외상과 고노에 사이에 모종의 약조가 있었으리라는 의문을 제기했다.[26] 그도 그럴 것이 아오키 외상이 그간 고노에를 통한 비공식적 동맹 성사가 아닌 공식적이고 공개적인, 그것도 대한제국의 요청에 의한 동맹 성립을 강조해 온 입장이었는데, 대한제국의 공식 사절인 조병식을 고노에가 접촉하는 상황이 전개되니 기쿠치로서는 아오키와 고노에 간의 모종의 합의를 의심할 수밖에 없었을 것이다.

그런데 기쿠치나 일본 정부 입장에서 한일 국방동맹안을 협의하기 위해 파견됐다고 판단한 조병식이 돌연 대한제국은 영세중립국을 희망한다고 주장해 일본을 당황케 만들었다. 이를 두고 기쿠치는 대한제국 황제가 겉으로는 마치 한일 국방동맹을 체결할 듯이 연극하더니, 실제 속으로는 교묘한 외교 술수를 부려 국외중립국을 선언해 러시아와 일본으로부터 벗어나고자 음모를 꾸몄고, 그 술책의 배후는 미국인 샌즈라고 맹렬하게 비난했다.[27]

실제로 고종은 을미사변 직후 일본으로 망명한 사변 가담자들의 송환과 처분을 위해 일본의 협조가 필요했고, 따라서 한일 국방동맹안 체결을 수락해 주는 대신 죄인 송환 문제를 처리하려고 한 것도 사실이었다.[28] 그러나 샌즈의 국외중립화안으로 마음이 기울어진 것이다. 결국 기쿠치의 한일 국방동맹안 체결 활동은 한국 정부의 중립화 정책으로 무산되고 말았다.[29]

기쿠치는 한일 국방동맹안이 결렬된 핵심에 내장원경內藏院卿 이용익 李容翊(1854~1907)이 개입해 프랑스 차관을 도입한 운남雲南 신디케이트, 평양 무연탄 채굴 문제 등의 이권 문제가 연관돼 있음을 비난하면서 대한제국은 전기와 철도는 미국에, 경부철도와 망명자 처분 문제는 일본에, 삼림 채벌권과 영세중립국안은 러시아에 매달리는 외교로 결국 일

본과의 교섭 문제는 실패했다고 비난
했다.[30]

한편 기쿠치는 1906년에는 통감부
촉탁을 받아 한국 통치에 필요한 전국
각지 사정을 면밀히 조사해 통감 시설
에 참고가 되는 자료를 수집했고, 또한
통감부로부터도 반도 통치를 위한 표
면 활동에서 활약이 대단했다고 치하
받았다.[31]

이용익

기쿠치는 1911년에는 경상북도 대
구민단장大邱民團長에 임명됐고, 지방 공공사업을 맡아 병합 직후 식민
통치에 대한 한국민의 저항을 무마시키기 위해 벌인 한국민과의 접촉
융화 사업에 힘썼다. 한국에서의 오랜 언론 활동과 일제 침략 정책 보조
활동 경력을 병합 직후 십분 활용해 민간인으로서 강점 이후 원활한 식
민 통치 정착을 위해 활약한 사례다. 그 공로를 인정받아서 그는 1912년
8월 한국병합기념장韓國倂合記念章을 받았다. 또한 그해 9월 메이지 천황
장례식 때는 경북민총慶北民總 대표로 참석했다. 기쿠치는 1914년까지
계속 민단장으로 활동했는데, 해임 당시 조선총독부로부터 지방 공공
사업에 관한 공로로 은배銀杯 1조組를 받았다.

이어서 1920년 7월 다시 조선총독부로부터 식민지 사정의 조사를 위
촉받아 1922년 종료될 때까지 각종 조사에 착수해 시정에 참고가 될 자
료를 수집했다. 이미 통감부 촉탁으로 이와 동일한 사무를 수행한 경험

이 있으므로, 그가 적격이었다. 한편 그는 같은 해 조선총독부 경무국 정보위원 자격으로 서울과 지방 유생 88명을 모아 '유도진흥회儒道振興會'라는 친일 유생 단체를 조직했다. 당시 상하이 임시정부에 영남 출신 유림들이 다수 참가한 관계로, 주로 경상·충청 지방 유생을 중심으로 조직했는데, 유도진흥회는 이들을 임시정부의 유림 출신들과 내통시켜 임시정부를 붕괴시킬 의도에서 조직한 어용단체였다.[32] 기쿠치는 이처럼 민간인이면서 촉탁받은 위원 자격으로 꾸준히 식민 통치에 적극 협조했고, 비중 있는 역할을 한 거물급 '조선통'이었다.

1922년 11월에는 다시 언론계에 돌아와 대륙통신사를 설립하고, 각종 집필 업무에 주력했다. 대륙통신사는 일본 외무성 당국과 조선총독과의 협조로 설립된 언론사였다.[33] 여기서 기쿠치의 외무성과의 긴밀한 관계 그리고 한국 내 일본 언론을 담당하고 이끌어가는 전문가로서의 위상을 알 수 있다. 또한 총독부 촉탁으로 한국 사정을 조사한 자료를 근거로 이후《조선제국기朝鮮諸國記》등을 저술했다.[34] 그리고 이렇게 식민 통치 이면에서의 보조 활동으로 1928년 일본 내각상훈국內閣賞勳局으로부터 대례기념장大禮記念章도 받았다.

1930년 4월에는 정통 역사학자도 아니면서 이왕직李王職으로부터 실록편찬자료모집위원實錄編纂資料募集委員으로 위촉받아 1935년 3월 종료될 때까지 활동했는데, 이때 그는 방대하고도 생생한 자료를 직접 열람·조사했고, 이를 바탕으로《근대조선사近代朝鮮史》(상·하)를 출간했다.[35]

기쿠치는 1939년《근대조선사》하권을 저술한 이후 1945년 귀국선을

이왕직 李王職

일제강점기 조선 왕실과 관련된 일체의
업무를 관장하던 일본 궁내성 소속 기구.
1910년 병합과 함께 대한제국 황실이 이왕
가로 격하됨에 따라 대한제국의 황실 업무
를 담당하던 궁내부를 계승해 설치됐다. 이
왕직의 수장은 장관으로, 대신급이었으나
일본 본국의 궁내부대신의 지휘를 받았다.
일제는 대한제국 구황실을 일본 천황가의
하부 단위로 편입, 고종과 순종에게 왕의
작위를 수여해 고종을 덕수궁이태왕德壽宮
李太王으로, 순종을 창덕궁이왕昌德宮李王으

1911년부터 1919년까지
제1대 이왕직 장관을 역임한
민병석閔丙奭(1858~1940)

로 봉작했다. 이왕직은 이왕가에 관련된 문서 업무를 관장해,《고종실록》과《순
종실록》을 편집했고, 이왕가 족보를 작성했으며, 고종과 순종에 관련된《일성
록日省錄》을 편집하기도 했다.

타고 일본으로 돌아갈 때까지, 약 6년간 주로 《김옥균전》, 《이용구전》, 〈우치다 료헤이內田良平〉 등 친일파 한국인이나 한국에서 활동한 일본인에 대한 저술을 가끔씩 잡지에 싣는 정도의 활동을 한다.[36] 1870년생인 기쿠치가 1939년 무렵 거의 70세였으므로, 사실상 대외 정치 활동이나 집필 활동을 지속하기에는 무리였을 것이다. 이처럼 제2선으로 물러나서도 호소이 하지메細井肇와 같은 식민지 어용 문필가들에게 큰 영향을 끼치고, 양성해 냈다. 그는 일제의 패망과 함께 일본으로 돌아가기 전까지 한국의 성동구 신당정新堂町 432번지에 거주했다.[37]

한편 1945년 일본으로 돌아간 후에도 한국에서의 50여 년에 달하는 경험을 바탕으로 한국 관계 글을 몇 편 썼다. 대개 분단된 남북한 문제와 그 전망, 이승만 정권의 배일관排日觀, 만주 문제 등에 관한 것으로 당시 한반도를 둘러싼 현안과 일본에 대한 한국 정부의 태도를 분석한 단편적인 글이다. 패전국 일본이 냉전체제 당시 한반도 정세에 민감하게 주의를 기울이고, 특히 그것이 일본에 미치는 영향 등 시세 분석과 전망을 기쿠치라는 핵심적 지한知韓 지식인으로부터 기대한 것은 어쩌면 당연한 일이었다.[38]

04

'조선통'
기쿠치,

한국사를
유린하다

《조선왕국》, 한국사 왜곡을 시작하다
《대원군전》, 픽션을 논픽션처럼

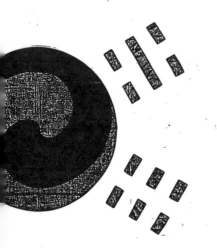

《조선왕국》,
한국사 왜곡을
시작하다

일본이 한국사에 본격적으로 관심을 갖기 시작한 것은 청일전쟁 무렵부터다. 이전까지는 일본 조야를 들끓게 하던 강렬한 정한론征韓論에도 운요호 사건(1875), 강화도조약(1876), 임오군란(1882) 등의 중요 사건이 발생할 때 간단한 전단지 성격의 소책자를 발행하던 수준이었다. 그러나 청일전쟁을 전후로 하야시 다이스케林泰輔(1854~1922)의 《조선사朝鮮史》(1892), 요시다 도고吉田東伍(1864~1918)의 《일한고사단日韓古史斷》(1893), 니시무라 유타카西村豊의 《조선사강朝鮮史綱》(1895) 등이 출간됐는데, 주로 고대사에 치중됐다.

근대사에서는 1896년 기쿠치의 《조선왕국》을 기점으로 해 쓰네야 세이후쿠恒屋盛服의 《조선개화사朝鮮開化史》(1901)와 시노부 준페이信夫淳平(1871~1962)의 《한반도韓半島》(1901)가 가장 선구적인데, 이를 가리켜 보통 '침략 3서'라고 한다.[1]

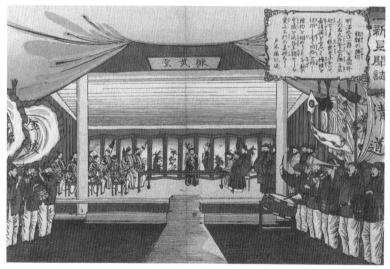

운요호 사건(위)과 강화도조약(아래)을 묘사한 일본 그림

일본은 청일전쟁에서 승리한 후 한국에 대한 침략사를 체계적으로 정리할 필요를 느꼈다. 또한 10년 후의 러일전쟁을 준비하기 위해서도 당시 시점에서의 한국사에 대한 이해가 정책적으로 필요했다. 침략 3서는 이러한 일본의 정책 필요성에서 나온, 일본인에 의한 초기 한국 근대 연구서로, 역사뿐만 아니라 종합지 성격을 띤 일종의 한국 안내서 같은 것이었다.[2]

침략 3서의 한국사에 대한 공통된 결론은 '반개半開 혹은 미개未開, 침체성沈滯性, 사대성事大性, 반도성半島性, 당파성黨派性, 일선동조론日鮮同祖論' 등이었고, 그것들이 복합적으로 혼재해 있다는 것이 특색이다. 또한 사학사적 위치에서 볼 때 그때까지 일본 학계의 관심이 고대사에 머물고 있던 것을 근대사에도 주목하게 만든 계기가 됐다는 점에서 중요한 역할을 했다.

침략 3서의 저자들은 역사학을 전공한 정통 역사학자가 아니다. 따라서 제국주의자의 논리로 학문 검증 단계를 거치지 않고, 책임 없이 토해 낸 서술에 불과하다. 하지만 그것이 후일 역사 이론으로 다듬어지면서 식민사학이 됐고, 그 식민사학으로 한국인의 정확한 역사적 사실 파악과 합리적 역사 인식의 기회를 차단시켰다고 보면 절대로 경시할 바는 아니다.[3] 기쿠치가 고종, 대원군과 명성왕후에 대한 근거 없는 역사 왜곡과 폄하를 해 놓은 것이 현재까지도 거의 여과 없이 그대로 한국인의 일반 역사 인식에 투영되고 있고, 이에 대한 역사적 사실과 위상 회복이 최근에서야 진행되고 있다.[4]

19세기 말부터 20세기 초에 걸쳐 일본인에 의한 한일관계사 내지 한국사 연구는 정치외교사나 경제사가 주류였다. 또한 실학적 요청, 통치 방침의 추세에 따른 농업사·기술사·고고미술사·민족사·법제사 등의 분야도 대체로 '관학' 혹은 '관변 사학' 영역에서 연구되었다. 한편 사상·문화·민속·종교 연구에서도 역시 관官 측의 기록에 의한 정보 축적이 압도적이었다. 또 한편으로 관학에서 다루기 어려운 분야는 이 시기까지는 이른바 '조선통'인 재야 언론인에 의해 연구됐고, 오히려 실증주의에 기반한 '관학'이 나중에 따라오게 된 것이 하나의 특징이다. 그 대표적 인물이 기쿠치다.

기쿠치가 바로 관학에 속하는 정통 역사학자도 아니면서 자기와 비슷한 비전문 역사가인 이마무라 도모今村鞆와 함께 한국 식민지화 이전부터 한반도에 거주하던 일본인 집단에 의한 '사담회史談會'적 활동을 해온 대표적 '조선통 재야 역사가'였다.[5]

기쿠치의 첫 역사서는 《조선왕국》이다. 이를 시작으로 그는 웬만한 관학 역사학자 이상으로 방대하고 상세한 당대 한국사를 집필했다. '현장성'은 어떤 정통 일본 관학자들도 경험할 수 없던 기쿠치 최대의 강점이었다. 기쿠치의 말이 증언이고, 자기 자신이 사료였다. 후일 경성제국대학 국사학과 교수면서 실증사학의 대표적 학자로 손꼽히는 다보하시 기요시田保橋潔(1897~1945)조차도 기쿠치의 조악하고 검증되지 못한 2류 역사서에 대한 폄하는 했지만, 한편으로는 기쿠치의 한국 근대사 서술 인식에서 크게 벗어나지 못하고 오히려 기쿠치의 글에 실증의 옷을 입혀 주는 작업을 했다.[6]

기쿠치가 역사서 저술의 물꼬를 튼 《조선왕국》은 그가 직접 행동대원으로 가담한 1895년 10월 8일 을미사변을 합리화하고 정당성을 주장하기 위해 히로시마 감옥에서 집필한 변명서다. 그리고 두 번째 저서인 《조선최근외교사 대원군전 부 왕비의 일생朝鮮最近外交史 大院君傳 附 王妃の一生》(이하《대원군전》)은 통감 이토의 명령에 따라 쓴 것으로 병합을 목전에 두고, 한국 망국론 입장에서 한국 근대사의 주역인 대원군·고종·명성왕후의 정치적 무능력과 부패상에 초점을 두고 의도적으로 저술했다.

따라서 기쿠치의 역사서 저술 배경은 일본의 한국 침략과 식민지화 과정에서 침략 행위와 의도를 왜곡·합리화시키고, 나아가 일본의 한국 지배를 정당화시키기 위한 일본 정부의 국가적 요구와 침략의 보조 역할을 충실히 수행한 기쿠치 개인의 침탈 행위에 대한 변명이라는 개인 필요성이라고 할 수 있다.

한편 기쿠치는《조선왕국》의 자서自序에서 "극동의 당시 상황은 조선 반도에 있어서 러시아 세력을 몰아내는 것이 국시"라고 강조했다. 그러

기쿠치의 한국사 저술 목록

출판 연도	제목	출판사	비고
1896	《조선왕국》	민우사	저술
1910	《조선최근외교사 대원군전 부 왕비의 일생》	일한서방	저술
1931	《조선잡기》1·2	계명사鷄鳴社	저술, 지리·보부상 등 포함
1936	《근대조선이면사》	조선연구회, 동아척식공론사 東亞拓植公論社	〃. 다우치 스마야 공저
1937	《근대조선사》 상	계명사	〃
1939	《근대조선사》 하	계명사	〃

* 기쿠치의 저술(단행본)만 기재. 잡지 기고문 등은 생략.

면서 "조선의 지리적 형세는 이탈리아와 같아서 러일 간 협상과 평화 유지에 있어 조선을 일본이 제대로 연구할 필요가 있기 때문에 이 책을 쓴다"라고 밝혔다.[7] 청일전쟁 이후 일본 전체를 풍미하던 러시아에 대한 적개심과 군비 확장, 전쟁 분위기가 기쿠치의 심중에도 예외 없이 크게 자리했음을 확인할 수 있는 부분이다.

책을 좀 더 자세히 살펴보면, 《조선왕국》은 지리부·사회부·역사부의 3부 체제로 돼 있다.

- 지리부 : 백두산계白頭山系, 백두의 배경, 백두산의 서남계, 육대강六大江, 두만강豆滿江, 낙동강洛東江, 압록강鴨綠江, 대동강大同江, 한강漢江, 금강錦江, 중원中原, 삼면三面, 인천론仁川論, 부산론釜山論, 원산론元山論

- 사회부 : 사회의 타락, 왕실, 귀족, 상민, 노예, 도성, 촌락, 무녀 및 음사淫祠敎, 불교, 유교, 사회정태情態, 정치제도

- 역사부 : 7조사개요七朝史槪要, 고조선古朝鮮, 동방의 가장국家長國, 삼국 분립, 남북인쇠장南北人消長, 고려, 대원군집정(상), 대원군집정(하), 외척과 대원군, 17년의 변, 동방의 번병藩屏, 동방의 2제국, 독립부식獨立扶植(상), 독립부식(하), 10월 8일, 11월 28일, 11일 사변 및 일러협정, 동아에 있어서 조선, 세계에 있어서 조선

책의 서문은 도쿠토미와 시바 두 사람이 썼다. 도쿠토미는 서문에서 기쿠치가 "한반도의 문제에 정통한" 우수한 인재로 "1894년 7월 23일

데니

위안스카이

경성사변만 해도 군(기쿠치를 가리킴)이 실제로 역사 현장에서 활약한" 생생한 역사라며 책을 극찬했다. 또한 도쿠토미는 청일전쟁 당시 기쿠치를 《국민신문》 특파원으로서 뿐만 아니라 대일본제국의 '지사'로서 자기 임무를 충실히 수행한 훌륭한 인물이라고 치켜세웠다.

시바는 "한반도 문제가 일본의 외교상 매우 중대함을 강조하며, 예전에 미국인 데니Owen Nickerson Denny(1838~1900)가 《청한론淸韓論, China and Korea》을 저술해 위안스카이袁世凱(1859~1916)와 청의 조선에 대한 속방 정책을 비난한 것처럼 지금 한러 관계에서 이 책이 매우 필요"함을 강조했고, 아울러 일본이 대러 정책을 결정하는 데도 이 책이 필요하다고 평가했다. 곧 시바는 서문에서 일관되게 러시아를 주적으로 설정해 동아시아에서 러시아의 세력 팽창에 대한 우려를 표현했다. 이는 을미사변의 정당화를 위해서도 필요했고, 앞으로 다가올 러일전쟁을 준비하기 위해서도 꼭 필요한 작업이었다.

기쿠치는 이 책의 역사부에서 고조선 역사를 서술하면서 기원전 1070 년 주周 무왕武王이 기자箕子를 조선 왕으로 책봉했으며, 이때 홍범의 서책을 저술해 교화하고 조선을 다스렸다고 설명했다. 그리고 기자가 고조선에서 시행한 8조법은 지극히 엄하면서도 간단명료한 법이라면서, 8조법을 기자가 시행했다고 설명했다. 또한 기자 이래 조선 영역이 랴오둥·발해·대동강에 이르렀는데, 산융山戎이 침범해 도읍을 빼앗기고, 남쪽으로 쫓겨나 평양 지역으로 옮겨가게 됐고, 세력이 점차 약해졌다고 설명했다. 기쿠치는 《조선왕국》 외에 《조선독본朝鮮讀本》에서도 조선을 한마디로 3000년 전부터 중국의 속국 신세였다고 강조했다.[8]

식민사학에서 한국사 왜곡의 첫머리에 항상 강조되는 소위 '기자조선'설, 곧 한반도의 역사는 단 한 번도 자율적이고 독립된 적이 없는 '타율성'의 역사로 국가 성립 초기부터 대륙의 영향력 아래 놓인 식민지였다는 논리다. 일본은 이 논리에 근거해 19세기 말, 20세기 초 동아시아 국제 관계에서 힘의 쏠림이 대륙에서 해양으로 세력이 기우니, 이제 한반도가 해양 세력의 식민지가 되는 것은 당연한 역사의 귀결이라는 식의 침략 정당화 논리를 폈다.

한편 연燕나라 장수 위만衛滿(?~?)이 무리 수천을 끌고 들어와 고조선은 공포에 빠지고, 서쪽 영역 수백 리를 빼앗기고, 결국 준왕準王은 추방됨으로써 조선은 망했다고 설명했다. 위만에 의한 정권 교체를 고조선의 멸망으로 설명해 위만조선이 조선의 역사가 아니라, 중국 세력에 의해 정복됐다는 식으로 왜곡한 것이다. 이어 위만조선은 곧 한漢 무제武

帝의 공격을 받아 무너짐으로써 조선에는 낙랑군을 비롯한 대륙의 통치 기관이 수립됐다면서 고조선의 역사를 다음과 같이 평가했다.

> 고조선 900년의 역사는 오로지 독립된 적이 없고, 국민사라고도 할 수 없
> 는 막연하고도 근거가 없는 과장된 이야기일 뿐이며 중국사의 외곽사로서
> 알려져 있을 뿐이다. 그 교섭은 만족蠻族의 외교사이고, 그 전투는 부락의
> 소규모 전투에 불과하고, 제도의 유례가 없으며, 그 예악이 존재하지 않는
> 다. 생각건대 온유한 은殷의 망명민 기자와 그 자손의 자손은 몇 세대에 불
> 과했고, 이후로는 산융, 동호東胡의 오랑캐와 섞여 버렸다. 고조선이란 것
> 은 춘추전국시대 대륙 문화의 파편에 불과하다. 나는 차라리 고조선을 조
> 선 반도와 대륙의 사이에 있어서 이주민사라고 보는 것 이외에는 가치가
> 없다고 생각한다.[9]

후일 식민사학의 기본 개념인 반도성론, 타율성론의 원론적 이론을 강조하고 있다. 단 한 번도 독립된 역사를 가진 적이 없는 조선의 역사 라는 것을 강조하기 위해 한국사의 시작인 고조선부터 독립된 적이 없 는 막연한 신화이자 중국사의 주변사일 뿐이며, 그 파편에 불과하다고 왜곡해 버렸다. 기쿠치는 고조선의 역사적 성격을 아예 중국인의 이주 민사라고 해 고조선이란 나라 자체를 한국사로 인정하지 않았다.

그러나 위만조선은 이미 역사적으로 밝혀졌듯이 위만이 중국 연나라 사람이었는지 연나라에 살던 고조선계 유민이었는지 알 수 없으며, 또 한 그가 설사 연나라 사람이었다고 하더라도 위만은 집권 후 기존 고조

선의 통치 체계와 지배 집단을 그대로 인정했다. 더욱 중요한 것은 위만과 그의 후계자들은 한나라가 침공했을 때 대항했다는 역사적 사실이다. 따라서 지배자 한 사람의 국적을 두고 고조선이 마치 중국의 속국이돼 버린 것처럼 역사를 호도한 식민사관의 논리는 다분히 의도가 빤히들여다보인다. 이 주장대로라면 1990년 페루에서 당선된 일본계 알베르토 후지모리Alberto Fujimori(1938~) 대통령의 사례를 두고 페루가 일본의 속국 내지 식민지가 됐다고 할 수 있을까?

한편 삼국의 시조를 설명하는 부분에서는 신라의 석탈해昔脫解(?~80)가 일본인이라는, 어이없는 왜곡을 서슴지 않는다.[10] 기쿠치는 기자가조선을 통치했다는 소위 '기자조선설'뿐만 아니라 단군, 신라의 박혁거세와 석탈해, 금관가야의 김수로가 모두 일본인으로, 한반도로 건너가나라를 세워 주었다고 했다.[11] 그러면서 "섬나라 일본인과 한반도가 주민이 서로 상호 귀화하고, 번영한 자손도 적지 않으니, 금일 '동문동종의 일가同文同種一家'임이 상고사에서 명확하다"라고 주장했다.[12] 바로일본과 조선의 조상이 같다는 식민사학의 '일선동조론' 논리다.

백제에 대해서는 진구神功 황후가 설치했다고 하는 소위 임나일본부任那日本府와 백제가 서로 동맹해 신라의 국경을 침범했다고 주장했다. 임나일본부가 낙동강 이남, 경북 상주에서부터 전라도에 이르는 일대를모두 영유했다고 주장하면서 아예 임나일본부를 역사적 실체로 확신했다. 또한 백제가 고구려와 신라의 동맹 침공을 두려워해 위魏(북위)에 병사를 청했고, 일본에 속방적 예우를 받아서 공수맹약을 맺고 왕자를 인질로 삼아 신라 침범을 도모했다면서 백제가 일본의 속국이었다는 식으로 서술했다. 역사적 사실은 백제 개로왕蓋鹵王(재위 455~475)이 북위에 국서를 보낸 것은 분명하나, 5세기 고구려 장수왕長壽王(재위 412~491)의 남하 정책에 따라 백제가 위협을 느꼈기 때문이다. 그리고 5세기 당시 백제를 왜의 속국으로 규정한 것은 분명 기쿠치의 역사 왜곡이다.

또한 기쿠치는 고구려가 신라를 지원해 백제와 왜·가야의 연합 부대를 격파한 시기를 6세기 진흥왕眞興王(재위 540~576) 때로 설명했는데, 이는 4세기 후반 내물왕奈勿王(재위 356~402) 시기 고구려 광개토대왕廣開土大王(재위 391~412)과의 관계를 잘못 기술한 것이다. 또한 백제가 멸망에 이르기까지도 일본과 관계가 깊어 조선왕조 말까지도 금강 하류에는 수천의 일본촌日本村이 존재했다고 주장했다.[13]

고려시대 서술에서는 왕조 자체가 정권 쟁탈과 암살과 참극의 시대고, 승려 무리의 부패와 몽고족의 압박과 수탈의 시대, 여진과 왜구의 환란의 시대라고 단정 지었다. '조선망국론'의 입장에서 부정적 역사 인식을 총동원해 나열하고 있는 셈이다. 특히 고려 초기 부분에서는 경종이후 성종, 목종, 현종조에 이르는 천추태후千秋太后(964~1029, 고려 제5대 경종의 비인 헌애獻哀왕후, 제7대 목종의 생모)와 김치양金致陽(?~1009)의 왕실 스캔들만을 부각시켜 서술했고, 또한 인종仁宗(재위 1122~1146) 이후 문벌 귀족 사회 시기 궁중의 문란한 성생활, 퇴폐한 승려들의 궁정 출입 등 주로 검증되지 않은 흥미 위주의 야사 서술로 일관했다. 또 이후로는 무신정권 시대를 겪으면서 고려가 불교의 부패와 무신정권의 권력 쟁탈전으로 결국 국가 멸망의 길로 치닫게 됐다고 했으며, 묘청妙淸(?~1135)의 서경천도운동과 무신정권기의 수많은 민중 저항에 대해서는 모두가 단

순한 민란일 뿐 결코 혁명적 성격을 가진 움직임이라고 볼 수 없다고 평가절하해 버렸다.[14]

기쿠치는 이 책에서 고려 부분을 약술한 데 이어 조선시대 부분은 아예 생략하고 곧바로 대원군 집정기로 넘어간다. 역사를 전공하지 못한 언론인으로, 그저 한국에 관한 얄팍한 지식으로 저술한 탓에 한국사 전반을 다룰 능력이 없었던 것이다.

한편 대원군 집정기와 을미사변 당일의 과정은 매우 상세히 서술했다. 청일전쟁을 두고 일본으로 인해 한국이 청의 지배에서 독립하게 됐다고 했고,[15] 을미사변 부분은 대원군의 뜻에 따라 일본 유지자들이 동원돼 사변을 일으킨 것으로 장황하게 설명하면서, 을미사변의 주범이 대원군이라고 강조했다.[16] 그러면서 을미사변을 일으키면서까지 일본의 세력 밑에 묶어 둔 한국을 아관파천으로 러시아에 빼앗긴 책임을 일본 정부의 외교 정책이 정립되지 못한 데 있다고 책망했다.[17]

사회부 역시 한국은 필연적으로 쇠망할 수밖에 없었다는 식으로 서술했다. 왕실·귀족·상민·노예·도성·촌락·무녀와 음사교·불교·유교, 사회정태, 정치제도 등으로 나눠 일관되게 부패와 타락에 초점을 맞춰 설명했고, "조선의 쇠망은 고려 조정부터 한성의 백성에 이르기까지 패덕敗德이 쌓인 1000여 년"이라고[18] 혹평했다.

기본적으로 《조선왕국》은 후일 식민사학의 정체성론과 타율성론의 기본 골격을 제공한 원류가 된 책이라고 할 수 있다.

《대원군전》,
픽션을
논픽션처럼

《대원군전》[19]은 1910년 일한서방에서 출간됐다. 일한서방은 기쿠치가 주간으로 있던 잡지 《조선》을 발간한 모리야마 소유의 출판사다. 모리야마는 1909년경부터 일한서방 경영에 주력하면서 잡지 경영에서 거의 손을 뗐고, 기쿠치 역시 같은 시기부터 잡지 주간 자리를 그만둔다. 《대원군전》 집필에 주력하기 시작했기 때문이다.

사실 《대원군전》은 기쿠치가 1910년에 출간하기는 했어도, 을미사변의 혐의에서 풀려나 《한성신보》 주필로 다시 한국에 온 직후인 1898년부터 쓰기 시작했다. 《대원군전》 편찬의 유래에서 다음과 같이 저술 동기를 밝혔다.[20]

2년 뒤(을미사변 재판에서 1896년 1월 증거불충분으로 석방된 지 2년 후 – 필자) 허락이 돼 다시 조선으로 돌아온 다음 오로지 언론 경영에 종사한 것이 전후 10년이

됐다. 그동안 지난날의 구의舊誼를 잊을 길 없어 사사로이 운현궁에 출입했으며, 노웅老雄(홍선대원군 – 필자)이 가장 사랑하던 손자인 이준용 씨와 친교를 맺은 인연으로 망명 중인 준용 씨와 운현궁 사이에 내왕하는 서신을 전달하며 피차의 중개 역할을 담당했다. 그러는 동안 대원군의 사전史傳을 편찬해 우리 나라 사람들에게 읽힌다면 최근 외교사를 논의할 수 있을 뿐만 아니라 많은 우리 동지들이 고심하면서 경영한 사실을 소개할 수 있을 것이라고 생각했다. 그리해 점차 조선 사정을 연구함에 따라 대원군이라는 한 정치가가 어떻게 조선인의 특색을 잘 발휘했으며, 오랜 정치적 생애에 어떠한 기발한 점이 있었는지 알게 됐으므로 하나의 영웅사전英雄史傳 같은 기록을 작성하고자 해 비로소 대원군 전기의 편찬을 생각하게 된 것이다.

기쿠치는 1898년 한국에 다시 돌아온 이후 대원군과 기존부터의 인연을 이어서 일본에 망명 중이던 이준용과 연락을 담당하면서 운현궁雲峴宮에 자주 출입했다.

이준용은 홍선대원군의 맏아들인 이재면의 아들로 대원군에게는 맏손자이고, 고종에게는 큰조카가 된다. 대원군이 가장 아긴 손자 이준용은 1894년 6월 일본군이 경복궁을 점령하고 대원군이 섭정직을 맡았을 때 국왕으로 옹립될 계획이 추진됐다. 그러나 실패로 돌아갔고, 이후 대원군은 유학을 명분으로 이준용을 일본으로 도피시켰다. 이때 기쿠치가 수시로 운현궁을 출입하면서 대원군과 망명 중인 이준용과의 서신 왕래를 담당했고, 그 친분을 이용해 틈틈이 대원군을 인터뷰했다.[21]

흥선대원군의 가계

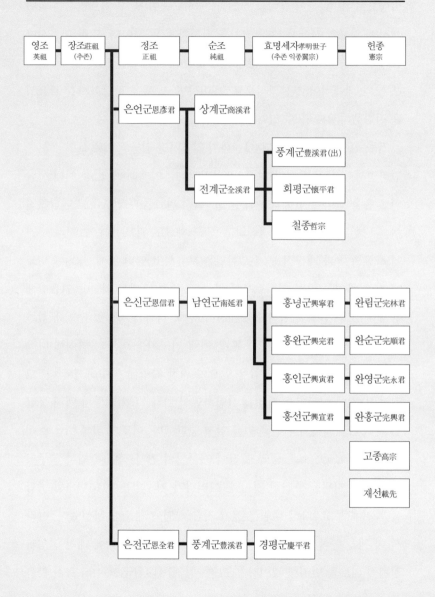

영조英祖	장조莊祖 (추존)	정조正祖	순조純祖	효명세자孝明世子 (추존 익종翼宗)	헌종憲宗

은언군恩彦君 — 상계군商溪君

전계군全溪君 — 풍계군豊溪君(出) / 회평군懷平君 / 철종哲宗

은신군恩信君 — 남연군南延君 — 흥녕군興寧君 — 완림군完林君

흥완군興完君 — 완순군完順君

흥인군興寅君 — 완영군完永君

흥선군興宣君 — 완흥군完興君

고종高宗

재선載先

은전군恩全君 — 풍계군豊溪君 — 경평군慶平君

기쿠치는 인터뷰와 그간 자기가 한국에서 직접 겪은 일련의 사건들을 바탕으로 해, 일본이 한국을 경영하는 데 도움이 될 수 있으리라는 판단에서 대원군의 생애를 다룬 전기를 편찬하게 된 것이다. 또한 히로시마 감옥에서 쓴 을미사변의 변명서이자 첫 한국사 저술인《조선왕국》에 비해 보다 체계적이고 본격적으로 '을미사변' 만행을 정당화시킬 필요성을 절감했다고도 볼 수 있다.

기쿠치는 1900년부터 1902년까지 약 3년간 집중적으로 운현궁을 출입하면서 한국인 박제만朴齊晩, 윤의필尹義弼, 이계태李啓泰 등 서너 사람의 도움을 받아 운현궁과 관계된 전·현직 관료들과 접촉하고 면담하면서 상당한 자료를 수집·정리하고 구술 자료도 확보했다. 그러나 중간에 사료 부족과 재정적 문제로 집필을 보류하고 있던 차에 1908년 도쿄에 간 기쿠치는 마침 이토로부터 한국사, 특히 근대사 편찬을 권유받게 됐다. 이토는 한국 병합을 목전에 두고 한국 역사가 자멸할 수밖에 없는 망국의 역사임을 쓰도록 요구했고, 이에 기쿠치는 이토의 명령에 따라 통감부로부터 정식으로 봉급을 받으며 편찬 작업에 착수하게 된다. 그러나 1909년 이토가 통감직을 사임하면서 그해 11월 기쿠치 역시 통감부 관리 아래에서의 편찬 작업을 일시 중단했다. 이토의 뒤를 이은 소네 아라스케曾禰荒助(1849~1910) 통감이 기쿠치의 편사 작업에 의미를 두지 않고 재정 지원을 중단한 것이다. 그러다가 기쿠치는 1910년 3월 병합을 목전에 두고, 다시 대원군 전기 저술 작업에 착수해 완성했다. 따라서 이 책은 한국 식민지화를 추진한 일본 수뇌부의 한국에 대한 인식과 정치적 의도를 반영한 것이다.[22] 그는 제목을《대원군전》이라고 한 것은

책의 중심인물이 대원군이기 때문이라고 스스로 밝혔다. 그리고 출간 목적을 다음과 같이 썼다.[23]

소네 아라스케

근세의 거인 대원군이나 기략이 뛰어나고 명민하고 활발한 외교술에 능한 왕비나 국왕 등도 그 사적事跡을 살펴보면 모두 일상에서 목격할 수 있는 평범한 조선인의 비범함에 불과할 뿐이고 (…) 인류의 복지를 존중하고, 국민의 진보와 행복을 이상으로 하는 숭고한 이상이 있는 것이 아니며, 부도덕해 티끌만큼도 영웅과 위인으로서 존경을 받을 만한 고상한 성정을 찾을 수 없을 뿐만 아니라 조선인들은 이들 거인에 의해 자국의 국력을 증진시키고, 민력의 번영을 가져온 것이 아니기 때문에 이러한 전기傳記를 찬술하더라도 그들 역사에서 교훈을 얻을 수 있는 것은 아니다.

다만 일본과 청국이 어떻게 반도에서 세력을 확대시키기 위해 경쟁했으며, 또 조선인들은 어떻게 강대국에 대항하는 수단을 강구했고, 그들 정치가 어떻게 전개됐는가를 설명한다면 저자의 목적은 거의 성공한 셈이다.

한마디로 기쿠치의 주장은 한국 역사에서 배울 것이 전혀 없다는 것이다. '조선멸시관'이 그의 기본 한국관이었다. 책의 편찬 목적을 다만 한국 근대사에서 청일 양국의 세력 다툼과 그 전개 과정에 대한 이해에

만 둔다는 식으로 한국사를 폄하했다. 청일 양국의 세력 다툼을 다루면서도 청의 조선에 대한 종주권에 맞서 일본이 대리전을 치러 주면서까지 조선을 독립시켜 줬다는 식으로 서술해 침략의 자기합리화 논리를 분명히 했다.

한편 기쿠치는 《대원군전》 서두에서 "조선은 3000년의 역사를 지녔는데도 단 한 번도 영웅이 등장하지 않았으며, 백성이 복을 누리거나 나라의 문물 창달이 이루어진 시기가 없는 한심한 나라였다"라고 설명했다. 또 "정치권은 붕당 투쟁에 집중해 국민과 국가의 흥망을 돌보지 않았다"라면서 "불쌍한 것은 바로 반도의 백성이다"라는 극단적 표현까지 써 가며 한국 역사를 폄하했다.[24]

> 가련한 것은 반도의 백성들이다. 그들은 조상 때부터 오랜 세월을 보내 왔으나, 한 번도 자립한 강국의 백성이 된 때가 없었다. 그들은 옛날부터 고상한 문화와 선량한 교훈을 받아들였으나, 이것을 전해 주고 교훈을 준 대륙은 약탈과 침략을 감행해 파괴했기 때문에 그들의 자손들은 마침내 강대국을 섬기고, 이용하는 지술智術로써 복택福澤을 받는 것을 최선의 국시國是로 삼았던 것이다.

조선의 역사는 한 번도 독립한 적이 없는 타율적 역사였음을 강조하면서 조선이 중국의 속국이었다는 논리의 식민사관을 서슴없이 강조했다. 소위 식민사관의 타율성론, 사대주의 사관 등의 왜곡 논리가 그대로 반영된 것이다.

또 기쿠치는 한국 근대의 역사를 대원군과 명성왕후 양자가 벌인 대결 구도로만 파악했고, 고종은 그 틈바구니에서 우왕좌왕하는 나약한 군주라는 틀 속에서 망국의 필연성을 강조했다. 이런 식의 근대사상像은 이후 한국 근대사의 표준상이 됐다. 《대원군전》에서 만들어진 고종, 명성왕후, 대원군의 뒤틀어지고 왜곡된 인물상과 망국적 한말의 정치상은 오늘날까지도 일반의 역사 인식 속에서 크게 달라지지 않았다. 망국의 책임을 상당 부분 왕실에 돌리는 상태에서 무능한 왕, 권력욕에 불타는 왕비가 망국의 원인 제공자라는 인식이 강하게 자리 잡고 있는 것이다.[25] 《대원군전》의 구성은 다음과 같다.

- 왕위계승과 제1차 섭정
- 왕비 및 왕비당의 발흥
- 대원군 제2차 섭정
- 제3차 섭정
- 대원군의 말로
- 후後 10년
- 왕비의 일생

기쿠치의 근대사 서술에서 내용과 인식은 이후 나온 《근대조선이면사代朝鮮裏面史》(일명 《근대조선의 횡안近代朝鮮の横顔》)나 《근대조선사》(상·하)에서도 크게 달라지지 않고, 기본적으로 《대원군전》을 바탕으로 했다. 물론 《근대조선이면사》와 《근대조선사》는 인물사 위주의 서술이 아닌 근대 개설서이므로, 주요 사건 일지별로 설명했으나, 궁극적으로《대원군전》의 내용과 인식의 틀을 그대로 반영했다. 따라서《대원군전》은 한국 근대사에 대한 기쿠치의 인식과 역사 왜곡상을 가장 여실히 볼 수 있는 저술이라고 할 수 있다.

기쿠치의 세 번째 역사서라고 할 수 있는《근대조선이면사》는 1930년 4월부터 1935년 3월까지 이왕직의 촉탁에 의해《고종·순종실록》편찬위원으로 참여해 근대사 자료를 열람하는 동안에 흥미 있고, 중요한 장면과 등장인물을 묘사해 1933년 5월부터 100여 회에 걸쳐《경성일보》에 연재한 것을 모으고, '메이지 말년 조선에서의 다우치 스야마田內蘇山의 노트'라는 한 항목을 덧붙여 간행한 것이다. 기쿠치와 다우치의 공저라고 하지만 실상은 기쿠치의 저서나 마찬가지다.

기쿠치는 서문에서 책의 명칭이 일명《근대조선의 횡안》이라고 한 것은 서술된 내용이 한국 근대사의 전모를 밝힌 것이 아니고, 말 그대로 '횡안橫顔', 곧 이면의 역사이기 때문에 부쳐졌음을 밝혔다. 또한 아오야나기 쓰나타로가 사망한 후 조선연구회 주재를 승계했으므로, 이 책은 조선연구회에서 편찬하게 된 것이다.[26]

《근대조선이면사》는《대원군전》이 명성왕후와 대원군의 양대 인물을 집중적으로 다룬 것에 비해 비교적 당대의 중요 사건을 시간순으로 일목요연하게 정리했고, 특히 동학농민운동 부분에서 매우 상세하게 전개 과정을 소개했다.[27] 그러나 기본적으로《대원군전》에서와 마찬가지로 망국론·부패·사치·향락·미신·무능·정쟁 등을 한국 근대사의 기본 요소로 설정해 자멸론의 논리를 주장하고, 특히 을미사변 부분에서 대

"을미사변의 전날 밤 오카모토 류노스케, 아다치 겐조, 이주회 등의 일한 유지자(뜻있는 자들)
40명이 회합한 대원군의 별저 아소정의 전경"이라는 설명과 함께 《근대조선사》 하권에
실린 사진 속 기쿠치 겐조(왼쪽)와 스나가 하지메須永元(1868~1942)

원군의 근본 책임론을 강조한 점은 동일하다.

　기쿠치의 한국사 저술은 《근대조선사》에서 거의 마무리됐다. 1926년
경부터 《근대조선사》 편술에 뜻을 두고, 성과를 내기 위해 데라우치 마
사타케 총독과 경성제국대학 교수이자 조선사편수회 위원이었던 이마
니시 류今西龍(1875~1932)에게 도움을 청했는데, 마침 이왕직으로부터 실
록 편찬위원을 촉탁받아 1930년부터 1935년까지 사료 수집 임무를 수
행했다. 그리고 1935년 3월, 사업이 종료된 후 당초 자신이 계획한 근
대사 집필 작업에 들어갔다. 마침내 박문사에서 기거하며 원고를 정리
한 결과 1937년 10월에 총 669쪽에 달하는 상권을 탈고했고, 1939년에

584쪽의 하권을 완성했다.

　책은 근대 조선을 총 세 시기로 구분하고, 제1기는 대원군 섭정부터 강화회의江華會議까지, 제2기는 고종 친정부터 청일전쟁까지, 제3기는 을미사변부터 러일전쟁까지로 했다. 그는 책의 자서에서 밝히기를 이미 자신이 너무 늙어 이 책은 기존 저술인《근대조선이면사》를 재검토한 것에 불과하다고 했다.[28] 그러나 책의 내용과 분량에서 기존의 어떠한 한국 근대사 저술보다도 방대하다. 그리고 도쿄제국대학 문학부 국사 학과를 졸업해 경성제국대학 교수가 된 다보하시의《근대 일선관계의 연구》(1940)보다도 앞선 저술이었다. 물론 기쿠치는 근거가 되는 사료를 각주로 처리하지 않아 후일 다보하시 같은 관학자 계열에서 기쿠치 등 과 같은 재야 학자들의 저술에 사료적 근거를 제시해야 하는 숙제를 떠 안게 되기도 했다.

05

이류 사학자
기쿠치,

'망할 수밖에
없는 나라,
한국'을 쓰다

오류 투성이의 역사

며느리를 죽인 흥선대원군과 '악녀 민비'

부패와 타락, 미신과 무당의 정치를 한 '민비'

'을미사변', 그날의 왜곡

고종, 무능한 왕궁의 나무 인형

동학농민운동은, 폭동 청일전쟁은 조선의 독립을 위한 의전

오류 투성이의
역사

기쿠치의 한국사 저술은 《근대조선사》에 이르기까지 거의 《대원군전》
과 《근대조선이면사》를 골간으로 한다. 따라서 기쿠치의 역사서 저술에
서 나타나는 한국사 왜곡의 실태와 의도적이거나 혹은 사료 검증을 제
대로 하지 못한 데서 초래된 역사적 사실의 오류를 《대원군전》을 분석
하면서 살펴보고자 한다.[1] 먼저 단순한 역사적 사실의 오류다. 그는 연
도와 인물명 등에서 많은 오류를 범했다.

단순 연대 오류

> (…) 조선군을 지휘한 어재연魚在淵은 이 전투(병인양요 - 필자) 초기에 전사했
> 기 때문에 전군의 조기의 패퇴가 있었던 것이다.[2]
>
> 일본과 통상조약이 체결, 조인된 것은 1875년이나 김기수金綺秀가 사절로

일본에 간 것은 1878년이었다. 하나부사 공사가 일본 국기를 공관公館에 게양한 것은 다음 해였다.[3]

(…) 왕비는 일본에 수신사를 파견하기로 결정했다. (…) 대원군은 일본과의 수교에 격분해 양주에서 덕산德山으로 갔고, 다시 석파石坡 산장으로 돌아와 번민의 나날을 보냈다. 그는 울분 끝에 폭약이 장치된 선물함을 민승호閔升鎬 집으로 보내 민승호 부자를 살해했다.[4]

한러조약은 갑신정변이 일어난 다음 해(1885)에 조인되기에 이르렀다. 러시아가 요구하던 두만강 무역조약이 3월 조인됐다.[5]

기쿠치는 신미양요辛未洋擾(1871) 당시 광성보 전투에서 전사한 어재연魚在淵(1823~1871)을 병인양요 때로 잘못 표기했다. 어재연 장군이 병인양요와 신미양요에 모두 참전한 것은 사실이다. 장군은 1866년 프랑스 로즈 Pierre Gustave Roze(?~?) 제독이 이끄는 함대가 강화도를 침략한 병인양요 당시 광성진廣城鎮을 수비했고, 1871년 신미양요 때도 진무중군鎮撫中軍에 임명돼 광성보에서 미군과 싸우다 전사했다.

또한 1876년에 체결된 강화도조약을 1875년으로, 1876년 김기수金綺秀(1832~?)가 1차 수신사로 일본에 파견된 것을 1878년으로, 1880년 하나부사 요시모토花房義質(1842~1917) 공사가 서울에 공사관을 설치한 것을 1879년으로 잘못 표기했다. 기본적인 연도조차 제대로 파악하지 못하고 마구잡이로 서술한 조잡한 수준의 역사 지식을 보여 준다.

어재연 장군 수자기帥字旗

민승호閔升鎬(1830~1874) 일가의 폭사 사건 부분도 잘못됐다. 사건은
1874년 11월 28일 일어났는데, 민승호와 어린 아들 그리고 명성왕후의
생모인 한창부부인韓昌府夫人이 사망했다. 기쿠치는 사건 원인으로 민씨
정권이 집권한 이래 일본과 수교를 체결한 것에 대해 대원군이 울분한
끝에 일으켰다고 설명했다. 그러나 사건은 강화도조약보다 1년여 전에

일어났다. 도대체가 앞뒤가 맞지 않는 설명이다.

한러수호조약(13조)과 통상장정(3조)은 1884년 윤5월 체결됐고, 육로통상장정(9조)이 체결된 때는 1888년 7월 13일인데, 한러조약을 1885년에 체결된 것으로 잘못 썼고, 두만강 무역조약이라는 것은 존재하지 않는다.

한편 기쿠치는 병인양요와 신미양요 등 대원군의 쇄국정책을 평가하면서 대원군이 서양 세력뿐만 아니라 동문동족同文同族인 일본과 3000년간이나 이어온 교린의 관계까지도 배제하려 했다고 하면서 어이없게도 조선과 일본이 동문동족이라고 표현했다.[6] 이는 식민사관에서 내선일체론內鮮一體論이나 일선동조론과 동일한 논리다. 기쿠치는 조선과 일본은 같은 뿌리니, 결국 식민지화의 결과도 분리됐던 같은 동족이 하나로 다시 합쳐진, 원상태로의 복귀라는 왜곡된 사관을 식민지 시기 이전부터 일찌감치 주장한 것이다.

최익현의 상소와 대원군의 하야 부분에 대한 오류

유생의 거두巨頭며 재상인 최익현崔益鉉으로 하여금 대원군의 쇄국정책을 비난하는 상소문을 올리게 한 것은 왕비당이었다. (…) 상소문이 조리가 명석해 쇄국·양이정책이 불리하고, 일본과 수교가 유리하다고 한 것을 보면 그는 북경 정부가 왕비당에게 지휘한 외교정책에 입각해 탄핵한 것이다.[7]

일찍이 민승호는 그(최익현 - 필자)의 성
품이 고풍하다는 소식을 듣고 왕비에
게 천거해 후례로 대접하니 최익현은
깊이 그 은덕에 감격해 마침내 죽음을
무릅쓰고 대원군 집권의 전횡을 탄핵
하고 그 시정의 잘못된 점을 지적하기
가 장장 수천 언에 달했다.[8]

최익현 초상, 보물 1510호,
국립중앙박물관 소장

최익현 상소 사건은 대원군으로 하여
금 실망의 제1막으로 물러나게 한 것
이다. 다음으로 등장한 것이 홍재학洪在學이다. 그는 최익현과 같이 시폐時
弊를 논하고 섭정을 비판했다. 그는 최익현의 아류가 돼 제주로 유배당하
고 연도에서 시민들이 환송하며 뒷날 왕비의 상전이 내릴 것을 기대해 이
러한 상소문을 올렸으나 즉시 체포돼 서소문 밖에서 참형에 처해졌다.[9]

기쿠치는 최익현崔益鉉(1833~1906)이 왕비당이라고 설명했다. 심지어
최익현이 왕비당이 된 계기를 민승호가 최익현의 성품이 고고하다는 소
식을 듣고 왕비에게 천거해 후하게 대접하고자 했고, 최익현이 그 은덕
에 감복해 죽음을 무릅쓰고 대원군과 대립하면서 전횡을 탄핵하는 수천
언에 달하는 장문의 상소를 썼다고 황당한 주장을 했다.

또 최익현이 왕후의 사주를 받아 대원군의 쇄국양이정책을 비난하고,
일본과의 수교도 주장했다고 서술했다. 또한 최익현의 뒤를 이어 홍재

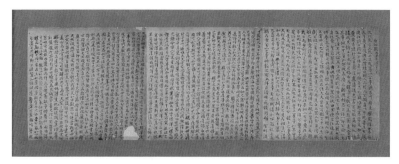

최익현의 '지부복궐척화의소' 일부, 대전역사박물관 소장

학洪在鶴(1848~1881)이 그 아류가 돼 다시 대원군의 섭정을 비판하는 상소를 올림으로써, 서소문 밖에서 참형에 처해졌다고 했다. 그러나 최익현은 왕비당이 아닐 뿐 아니라, 대원군의 쇄국정책을 비난하고, 일본과의 수교를 주장한 개국론자는 더더욱 아니었다. 기쿠치의 어이없는 역사 왜곡에 실소를 금할 수 없다. 잘 알려져 있다시피 최익현은 개국을 앞두고, '왜양일체론倭洋一體論'을 주장하며 도끼 자루를 짊어지고 궁궐 문 앞에 엎드려 개국을 결사반대하는 상소문 '지부복궐척화의소持斧伏闕斥和議疏'를 올렸다가 유배형에 처해진 인물이다.[10]

최익현이 1868년 10월 10일에 올린 상소문은 대원군의 경복궁 중건을 위한 무리한 토목공사 중단과 물가 폭등 등 경제 혼란을 초래한 당백전當百錢 혁파를 건의한 것이었고,[11] 1873년 10월 25일에 동부승지同副承旨로서 올린 상소와 호조참판戶曹參判으로서 올린 11월 3일의 상소는 대원군의 내정의 문제점을 비판한 것이지 외교 문제를 언급하진 않았다.[12] 더군다나 기쿠치는 1874년 6월 29일 영의정 이유원李裕元(1814~1888)이

올린 상소문을 최익현이 올렸다고 둔갑시켜 제시했다. 당시 이유원은 상소문에서 대원군의 대일 수교 거부를 비판하고, 특히 교섭 실무자 안동준安東晙(?~1875)의 처벌을 요청했다. 최익현은 11월 3일 상소 후 1873년 11월 12일 제주목에 위리안치됐는데 기쿠치는 그런 최익현을 왕비당으로 설명하는 어처구니없는 역사 왜곡을 한 것이다.

홍재학이 참형을 당한 이유는 이른바 1881년의 신사척사운동辛巳斥邪運動에 앞장서 죄를 받은 것이지[13] 대원군의 섭정을 비판하다가 처형당했다는 설명은 역사적 사실과 전혀 다르다.

완화군 그리고 세자 책봉 문제 부분 오류

때마침 궁인 이씨가 왕자 완화군完和君을 탄생했고, 대원군이 이 왕자를 매우 사랑해 왕세자로 삼을 뜻이 있음을 이 총명한 왕비가 눈치채게 됐다. 이 놀라운 애증이 섭정왕의 마음속에 있음을 간파한 왕비는 이때부터 심기가 완전히 바뀌어 대원군과 30년에 걸친 알력과 투쟁을 벌이게 되니 그 원인이 바로 여기에서 발생한 것이다. 어떤 부류에 속하건 가정에서 변동이 일어나는 것은 실로 이러한 문제에서 벗어나지 않는다.[14] (…) 지금까지 궁중 내에서 인내하고 조용히 생활하면서 다른 사람들에게 인혜仁惠를 베풀던 왕비는 마치 성난 맹호같이 사납고 거칠게 행동하기 시작한 것이다.[15] 궁인 이씨의 왕자 완화군은 신미년에 죽었다. 대원군이 매우 슬퍼했다. (…) 국왕과 민비 사이는 금슬이 점차 좋아져 (…) 마침내 왕세자 탄생을 보았고, 모든 문무백관이 세자 탄생을 기뻐하는데, 대원군만이 홀로 슬퍼했다.[16]

기쿠치는 궁인 이씨 소생 완화군을 대원군이 매우 총애해 세자로 책봉하려 하자 명성왕후가 이전까지 전혀 정치 문제에 관여하지 않다가 갑자기 본색을 드러냈다는, 거의 소설에 가까운 설명을 했다. 또 왕비는 자신이 왕자를 낳자마자 자기 소생의 왕자를 세자로 책봉하기 위해 중국에 이유원을 파견해 외교전을 펼쳤다고 했다. 그리고 새롭게 강대국으로 부상한 일본에 대해서도 수교 관계를 수립해 도움을 받으려 했다는 것이다.[17]

기쿠치는 한국 근대사를 대원군과 명성왕후, 양자의 갈등 구조로 인식했고, 그들의 파행적이고 치열한 정쟁으로 결국 나라가 망하게 됐다는 식의 역사 구도를 설명하기 위해 대원군과 왕후 사이의 갈등이 완화군 문제에서부터 시작됐다면서 장황하게 설명한 것이다. 그러나 이러한 억지 설정을 사실화하기 위해 서술상 많은 오류를 범했다.

당시의 사실 관계를 살펴보자. 명성왕후는 1866년 3월 중전으로 간택돼 입궁했다. 그런데 그 이전부터 이미 고종의 총애를 받던 궁인 이씨가 1868년 윤4월 10일 왕자 선墡을 중전보다 먼저 낳았다. 그러나 명성왕후가 아직 젊었으므로, 당시 조정에서는 원자에 대해 전혀 논의하지 않았다.

1874년 2월 8일 명성왕후는 원자 척坧을 낳았다. 중전 소생 왕자 척의 세자 책봉 절차는 1875년 1월 1일부터 준비하기 시작해 7일에 이름(척)이 정해지고, 이유원이 세자 책봉을 위해 진청사奏請使로 파견됐다.[18] 그런데 같은 달 청나라 동치제同治帝(재위 1862~1874)의 국상이 발생해 당시로서는 세자 책봉에 관해 왕비 측이 중국과 접촉하기가 거의 불가능했다.

일단 1875년 세자 책례가 먼저 마무리된 후인 1876년 4월 10일에야 궁인 이씨 소생의 왕자 선이 완화군에 봉해졌고, 관례에 따라 후궁 소생의 왕자는 1876년 윤5월 궁에서 나갔다.[19] 이때 호조에서는 완화군이 거주할 집을 마련하고 유지 경비를 위해 왕실 규정에 따라 면세전 800결에 대한 은자 2000냥과 제택 구입용으로 별도의 은자를 줬다.[20] 완화군은 1877년 12월 열 살이 돼 관례冠禮까지 치렀지만,[21] 1880년 1월 12일 병사했다.[22] 기쿠치는 완화군이 신미년에 죽었다고 했는데, 1880년 1월은 음력설 이전이므로 기묘년에 죽은 것이다. 기쿠치는 자기 논지를 위해 역사적 사실조차 필요에 따라 뒤죽박죽으로 시간을 무시하고, 마구잡이로 서술했다.

이처럼 역사적 사실관계를 보면 완화군은 고종의 서장자로서, 또한 왕실의 예에 따라 군에 책봉되고, 관례까지 치렀고, 중전 소생의 왕자 척이 세자에 책봉된 것은 당연한 절차였다. 그런데도 기쿠치는 당시 명성왕후의 원자가 출생하기 이전부터 있던, 고종의 친청 체제 수립을 위한 서양 문물 수입과 일본과의 관계 개선 계획 등, 당시 한국 정부의 독자적이고 능동적인 개국 움직임 등 모든 것을 오로지 명성왕후가 자기 소생의 왕자를 세자로 책봉하려 하고, 후궁 소생의 왕자를 견제하려는 데 총력을 기울여 일어난 것처럼 연관 지었다.

다음은 명성왕후가 자기 소생 왕자 척을 세자로 책봉하기 위해 청에 이유원을 파견해 청탁을 넣었고, 청의 이홍장은 한국에 대한 간섭을 강화하고 대원군을 견제하기 위해 이를 승인했다는 식으로 서술한 부분이다.

왕비당은 (…) 재상인 이유원에게 명해 대원군 심복인 정현덕鄭顯德, 안동준을 파직시키고, 또한 은밀하게 북경 조정에 손을 써 대원군을 견제하는 방략을 강구하고 왕비가 출생한 왕자를 세자로 책봉하는 데 성공했다. (…) 이러한 사태가 전개된 것은 명치 7년(고종 11, 1874)의 일이다. (…) 왕비당은 이 형세의 변화를 이용해 북경 조정에 대해서는 섭정의 횡포를 호소하면서 사대의 구의舊誼를 다할 것을 다짐하고 일본에 대해서는 수교를 맺어 화평 관계를 유지함으로써 강력한 인방을 자기편으로 삼아 대원군의 섭정을 실질적으로 물러나게 한 것은 매우 기민한 정략이었다고 할 수 있다. (…) (이홍장은) 이유원을 통해 주청한 세자 책봉 문제는 각별히 허락하는 유지諭旨가 내리도록 협조해 왕비에게 은혜를 베풀고 그 대신 속방 관계를 공고히 하려고 했다.[23]

(…) 왕비는 세자를 탄생했고, 궁인 이씨는 완화군을 탄생했다. 대원군이 완화군을 세자로 삼으려는 의향이 있음을 보고 왕비는 성격을 일변시켜 결단을 내려 이를 저지시키려 했다. 그리해 역대 관례에 따라 북경 조정에 밀사를 보내 왕위 계승의 정통을 내청內請하니 북경 조정의 힘을 이용해 완화군을 배척하고 정통의 혈통으로 세자를 책립할 것을 간청했다. 이 중요한 임무를 띠고 북경에 파견된 밀사는 이유원이었다. 그는 춘추입공春秋入貢의 명목을 취해 북경에 도착했으며, 북경에서 대관 이홍장을 만나 후하게 예를 갖추고 아울러 조선의 실정에 관해 우선 대원군의 집권과 전횡이 극심해 왕실이 위기에 놓여 있다는 것과 완화군이 서복임을 밝혔다. 이어서 왕비는 현명하고, 어질고 정숙하며, 왕위 계승은 왕비가 탄생한 왕

자여야 한다고 주장하며 청원했다. 당시 북경 조정은 여러 차례에 걸쳐 대외적 어려움이 발생해 세계의 강대국이 남북으로부터 위협을 가하고 있어 동양의 평화는 유지되기 어려운 상황이었다. 따라서 조선의 섭정이 강화 전투 이후 분명하게 쇄국정책을 강하게 하고 있는 것을 보고 깊이 우려했다. 그리해 이 세자 책봉 승인을 이용해 조정의 종속 관계를 유지하고, 또한 왕비를 도와 대원군의 권력을 억제하려고 했다. 따라서 이유원의('조선 정부'를 이유원으로 잘못 표기함 - 필자) 요구('청원'을 잘못 표기함 - 필자)는 쉽게 성공됐고, 그(이홍장을 가리키는 듯 - 필자)는 왕세자의 탄생('책봉'을 잘못 표기함 - 필자)을 축하했으며, 세자 책봉 승인서를 휴대하고 귀국했다[24]

왕비는 곧 밀사를 북경에 보내 종주국의 환심을 사 놓아 후일 세자 책봉 문제에 대한 토대를 마련했다. 얼마 지나지 않아 완화군의 생모인 이상궁이 갑자기 죽으니 사람들이 모두 의심했으며, 설상가상 완화군 또한 죽었다.[25]

이 자료들도 도무지 앞뒤가 맞지 않는다. 왕세자 출생은 1874년이고, 책봉은 1875년이다. 그리고 일본과의 수교는 1876년이다. 고종의 친정으로 인한 대원군 하야는 1873년으로 일본과 수교하기 이전의 일이다. 그런데 왕비당이 일본과의 수교를 맺어 이를 이용해 대원군을 섭정에서 물러나게 하려 했다는 기쿠치의 설명은 도대체 무슨 말일까? 이미 정치에서 물러난 대원군을 고종과 왕후가 견제하기 위해 개항을 추진했다는 기쿠치의 설명은 상식적으로도 이해되지 않는 억지다.

또 왕비가 이유원을 밀사로 파견했다고 했는데 당시 이유원은 이홍장을 만난 사실이 없다. 또 청에서 세자 책봉 문제를 빌미로 종속 관계를 유지하려 하거나 왕비를 도와 대원군을 억제하려 한 사실은 전혀 없다. 청에서 대원군의 존재를 알게 된 것은 임오군란 직후였다. 그런데도 기쿠치는 이유원이 청과 접촉한 시기를 1875년이라고 했다. 1875년이라면 대원군은 이미 고종의 친정으로 하야한 뒤였으므로, 왕비당이 대원군을 물러나게 하려고 일을 도모했다는 식의 설명은 말이 되지 않는 억지며 역사적 사실 오류다.

청 광서제光緒帝(재위 1874~1908)가 명성왕후 소생 왕자를 세자로 책봉한 것은 1875년 10월이고, 이 책봉서는 이듬해인 1876년 1월 11일에야 고종에게 전달됐다. 더군다나 기쿠치는 완화군과 생모의 죽음을 두고, "세상에서 모두 (명성왕후가 죽였다고 - 필자) 그 죽음을 의심했다", "가련한 궁녀와 왕자는 마침내 두 영웅(대원군과 명성왕후 - 필자)의 희생이 돼 유명을 달리했다"[26]라며 전혀 근거 없는 삼류 소설 같은 이야기를 꾸며 내기까지 했다. 완화군은 열세 살이 되던 1880년 홍역으로 죽었다. 게다가 생모 영보당永保堂 이씨는 1928년 12월에 별세했다.[27] 그런데도 민간에서는 명성왕후와 대원군, 궁인 이씨 그리고 완화군의 와전된 이야기가 마치 사실인 양 전승되고 굳어져 버렸다. 흔히들 질투심에 눈이 먼 왕후가 홍역을 앓던 완화군에게 삼을 달여 먹여 열을 돋우어 죽게 했다고 하는, 확인되지 않은 이야기를 마치 역사적 사실인 것처럼 확신해 명성왕후의 표독하고 부정적인 이미지를 강조하려고 한 일본인들의 의도를 무비판적으로 받아들인 것이다.

임오군란 부분 오류

(…) 그들의 한 무리는 흥인군興寅君(흥선대원군의 형 - 필자)의 저택을 습격해 그를 살해하고, 집을 불태웠고, 뒤이어 김보현金輔鉉, 민겸호, 민태호閔台鎬 등의 저택도 습격하고 살해했다.[28]

임오군란에 대한 중국 정부의 조치는 매우 기민했다. 이보다 앞서 왕비는 국망산 중에서 밀사를 왕궁으로 보내 그의 무사함을 국왕에게 알림과 동시에 시국에 관해 하루 속히 북경 정부의 구제·보호를 요청하도록 조언했고, 사신으로는 어윤중이 적임자라고 했으니 왕비의 의기가 얼마나 장열한가. (…) 왕비의 조언은 곧 실행되고 왕은 밀사로 어윤중을 북경으로 급행시켰고, 사변의 전말을 보고하도록 했다.[29]

(…) 임오군란에서 왕비는 심상훈沈相薰에게 업혀 궁문을 빠져나가고 왕비는 왕궁 형세를 정탐하고, 그의 생존 사실과 대응책을 건의하기 위해 윤태준을 밀사로 한성에 보냈다. 왕비는 다음과 같이 건의했다. 즉 왕이 직접 사신을 청국에 보내 보호를 요청할 것, 대원군은 이홍장이 가장 싫어하는 인물이니 속히 청국군 출병을 요청하고, 실천되면 쉽게 왕권이 회복되고, 난민도 곧 해산할 것이니 (…) 이경하李景夏 등은 사형에 처해졌다. (…) 성기운, 박제순, 어윤중 등은 청국 유학생으로 파견되니 이들에게 왕비가 내린 특별 명령은 대원군 동정을 살피는 것이었다.[30]

임오군란 당시 일본공사관 주변

　　기쿠치는 임오군란 당시 국망산國望山에 피신한 중전이 밀사를 보내
고종으로 하여금 어윤중을 북경에 보내 보호를 요청할 것을 제안했고,
그 때문에 청군 4000명이 파병돼 대원군을 잡아가게 됐다고 설명했다.
이런 식의 해석은 오랫동안 정설로 받아들여졌으나, 명성왕후가 고종에
게 이런 선후책을 건의한 일이 없고, 또한 청병 요청이나 어윤중을 파견
한 일이 없었음이 최근 밝혀졌다.[31] 당시 어윤중은 1882년 4월 조미수호
통상조약 체결 후 사후 논의를 위해 이미 톈진에 파견됐고, 6월 임오군
란이 터졌을 때, 청은 종주국으로서 정변 주모자를 징벌할 의무가 있다
고 주장하며 고종의 의사를 무시하고, 일방적으로 파병했다. 지난 2006
년 대전광역시향토사료관에서 공개한 임오군란 당시 명성황후 〈피란일

기〉는 왕후가 궁궐을 빠져나온 6월 13일부터 환궁한 8월 1일까지의 피란 했을 당시, 왕후를 직접 모신 민씨 일가 중 한 사람으로 추정되는 사람이 왕후의 일거수일투족을 상세히 기록한 것이다. 그런데 이 일기를 보면 왕후가 피란 생활로 인한 피로감 등으로 피란 첫날부터 환궁하는 날까지 인후병과 다리 부스럼병 등을 앓고, 심신이 매우 지쳐 있던 상황이었다. 따라서 왕후가 피란하는 데 급급한 상황에서 청군 개입은 명성왕후의 요청이라기보다는 그들 자체의 필요에 따른 파병이었다고 해석된다.[32] 그런데도 왕후가 고종을 움직여 어윤중을 청에 밀사로 파견해 청국 병사를 끌어들인 것처럼, 기쿠치는 역사적 사실을 왜곡했다. 이러한 잘못된 인식은 지금까지도 일반의 역사 인식 속에 사실처럼 받아들여져 좀처럼 바로 잡히지 않는 식민사학의 폐해 중의 대표 사례라고 할 수 있다.

또한 기쿠치는 중전이 심상훈沈相薰(1854~?)에게 업혀 피란을 갔다고 했으나, 사실은 시어머니인 부대부인 민씨의 사인교를 타고 궁궐을 빠져나갔다. 일단 궁궐을 빠져나간 중전은 홍계훈의 도움으로 경기도 광주와 여주를 거쳐 충청북도 충주에 있는 민응식閔應植(1844~?)의 향재에 은신할 수 있었다. 그런데 민간에 전해 내려오는 이야기에는 홍계훈이 일단 부대부인 민씨의 사인교에 탄 중전에게 도성을 빠져나간 후부터는 주목을 받기 쉬우니 걸어서 도망쳐야 한다고 했고, 걸어서 도망을 치다 보니 중전을 업기도 했다는 일화가 있다. 사실을 확인할 수 없는 부분이다. 기쿠치가 이러한 민간의 이야기들을 마구 섞어서 서술한 듯하다.

기쿠치는 민태호閔台鎬(1834~1884)가 임오군란 당시 살해된 것으로 썼는데, 당시 김보현金輔鉉(1826~1882)과 민겸호만 살해됐고, 민태호는 1884년 갑신정변 당일에 살해됐다.[33] 역사적 사실조차도 제대로 검증하지 않고 주먹구구식으로 쓴 조잡한 야사가 아닐 수 없다.

대원군 귀국 부분 오류

한편 기쿠치는 임오군란 때 청의 보정부에 연금돼 있던 대원군의 환국도 왕비와 대립 관계의 일환으로 설명했다.

> (…) 조선 왕비의 외교를 견제하기 위해 그의 대적인 대원군을 귀국시킨 것이다. (…) 즉 만약 왕비가 그 이상 중국을 배반하고 다른 나라와 결탁하려고 할 경우 언제라도 이를 제압할 수 있는 대상으로 대원군을 귀국시킨 것이다. 대원군은 귀국에 즈음해 북경 조정에 사은하기 위해 알현한 바 올 때는 인사도 하지 않았다가 떠날 때는 백배를 했으니 그는 어디까지나 조선인이고, 조선 최대의 정사가다. 대원군이 귀국할 때 청 황제로부터 조선 국왕에게 보낸 문서는 오만하고, 매우 무례한 내용으로 종래 태도에 전혀 변화가 없었다.[34]

즉 왕비가 러시아를 끌어들이자 이를 견제하기 위해 보정부에 연금된 대원군을 환국시켰다는 것이다. 그러나 사료상 근거는 어디에도 나타나지 않으며, 임오군란으로 빚어진 불리한 외교적 형세를 만회하려는 노력은 군주 고종에 의해 추진된 것으로, 고종이 진주사進奏使 민종묵閔種

默(1835~1916)을 청에 보내 대원군의 환국을 요구했다. 이때 귀국한 대원군은 정부 정책에 관여할 수 없었고, 거처에 위폐돼 지낸 정황으로 볼 때 과연 왕후에 대한 정치적 견제 세력으로서 역할을 청이 대원군에게 기대했다고 볼 수 있을까? 고종은 청의 내정 간섭 등 지나친 영향력 확대에 위기의식을 느끼고 이에 대한 해결 방안 중 하나로 우선 볼모로 잡혀 있는 대원군 귀국을 도모

보정부 연금 당시 흥선대원군

한 것이다. 그렇지만 대원군이 임오군란 때처럼 다시 권력 전면에 나서는 일은 막고자 했다. 따라서 귀국 직후 대원군은 곧바로 거처에 위리안치되다시피 했다. 그런데도 기쿠치는 대원군과 명성왕후의 갈등 구조에만 초점을 맞춰 군주 고종의 존재를 완전히 실종시켰다.[35]

　이상은 《대원군전》에 나타난 역사적 사실 오류 부분이다. 그 유형을 보면 단순히 역사적 사실 오류인 경우도 있고, 나머지 사례는 한국 근대사를 대원군과 명성왕후 양자의 대결 구도로 규정짓고[36] 서술하다 보니, 전혀 관련 없는 인물이나, 상소문, 사건의 시간 착오 등 오류를 범한 경우가 허다하다.

며느리를 죽인
흥선대원군과
'악녀 민비'

1897년 10월 12일 '대한제국'이 선포되고, 칭제건원稱帝建元 조처에 따라 군주는 황제로 호칭이 격상되고, 을미년에 돌아가신 왕후에게는 '명성황후明成皇后'란 시호가 내려졌다. 그런데도 일본인뿐만 아니라 한국인도 '민비'란 비칭을 계속 써 왔다. 역사 속에 조장된 '민비' 이미지는 권력욕에 불타는 간악한 여인으로, 시아버지와 권력 싸움을 일삼다가 나라를 망하게 한 '악녀', 말 그대로 '집안을 망친 암탉'이 됐다. 일반적 인식에서 망국의 책임 가운데 상당 부분을 왕실로 돌리고 있는 상태에서 무능한 왕, 권력욕에 불타는 왕비가 나라를 말아먹은 장본인이란 인식이 강하게 자리 잡은 것이다. 이러한 역사상이 누구에 의해 어떤 의도로 만들어졌는지에 대한 의문도 없이, 그대로 역사적 사실이 돼 버렸다.

대원군과 '민비'의 권력싸움, 그 틈바구니에서 우왕좌왕하는 나약한 군주, 이 관계를 처음 제시한 사람이 바로 기쿠치다. 그가 을미사변 직후 히로시마 감옥에서 쓴《조선왕국》과 더불어 병합을 목전에 두고, 한국 식민지화의 책임을 일제가 아닌 한국 집권층으로 돌리기 위해 이토의 권유에 의해 쓴《대원군전》에서 만들어진, 뒤틀어지고 왜곡된 한국 근대사의 이미지다.

기쿠치는 을미사변 직접 가담자이기 때문에, 명성왕후에 대한 서술은 을미사변을 합리화하기 위한 변명과 그에 따르는 근거로 명성왕후에 대한 부정적 평가로 일관돼 있다. 그는 이 시기를 "죄악으로 가득 찬 부도덕한 역사", "복수에 대한 복수가 행해졌기 때문에 유혈, 유배, 형벌, 축출 등 실로 대원군과 명성왕후의 40년간의 투쟁"의 역사라고 했다.[37] 이러한 역사 서술에 따르면 한말의 정치 상황은 결국 자멸할 수밖에 없는 망국의 역사가 된다.

이렇게 형상화된 명성왕후 이미지는 시아버지와의 권력 쟁탈전에서 유혈 정쟁을 일삼고, 끊임없는 권력욕으로 정치를 좌지우지하면서 내정에서는 사치와 낭비·민씨 척족의 부패와 타락·무능함으로 일관했고, 외교에서는 청·러시아·미국 등의 외세에 부합해 사대 외교를 추진해 결국 어느 나라로부터도 도움을 받지 못하고 몰락했다는 식의 평가로 이어졌다. 왕비의 대외 정책은 결국 "세계정세를 통찰하고, 근대 문물을 수용하기 위해 단행한 것이 아니라 대원군 정권을 타도하기 위한 수단이었을 뿐이며, 기본적으로 강대국을 이용해 자기 나라의 안전을 도모하는 조선 고래의 전통적 사대 외교였을 뿐"[38]이라면서 개항 당시 개화사상이나 고종의 개국 의지에 대한 부분은 완전히 논외로 삼았다.

특히 명성왕후가 정치를 장악한 일은 "일반적 조선 부녀자들의 전형

典型"[39]이고, "고종이 궁인 이씨에게 빠져 있는 동안 외로운 왕비는《좌전左傳》을 애독"했는데, 여성이《좌전》을 애독했다는 것을 강조해 "그 저의가 무엇이겠느냐, 바로 이를 바탕으로 후일 대원군과의 정쟁에서 기발하고 민첩한 종횡책을 쓸 수 있었고, 고통을 참고 세력을 집결하고, 인심을 교묘하게 이용할 수 있었다"라고 했다.

기쿠치는 명성왕후의 성격을 마치 정확하게 파악하고 있는 것처럼 묘사했는데 온갖 부정적 표현을 다 동원해 악녀 이미지를 만들어 냈다.

피를 보는 것을 서슴지 않는 잔인한 성정을 타고났고 허영심이 많았다.

왕후가 천성적으로 권력을 좋아한 것은 일찍이 조실부모해 친척집에서 자란 성장 과정으로 인해 내면에 인심과 이해관계를 통찰하는 명민함을 지니게 됐다.

일단 궁안에 들어오자 궁인들을 자기편으로 만들어 이용했고, 힘이 유약할 때는 시부모를 유순하게 대해 동정을 사는 등 정권학을 몸에 익힌 여걸이었다.[40]

마치 소설가가 작품 속 등장인물의 심리를 묘사하듯이, 전혀 근거 없는 서술을 단정적으로 했다. 기쿠치가 묘사한 왕후는 권모술수의 화신이고, 이중인격자이며, 거의 '악의 화신'이다.

또한 기쿠치가 명성왕후 집안이 어려워 친척 집에 얹혀 자랐다고 서술한 부분이 이후 정설화돼 버렸는데, 이 역시 사실과 다르다. 명성왕후 집안은 여흥驪興 민씨 집안으로 아버지 민치록閔致祿(1799~1858)은 숙종의 두 번째 계비인 인현왕후仁顯王后(1667~1701)의 아버지인 민유중閔維重(1630~1687)의 5대손이다. 민치록은 철종哲宗(재위 1849~1863) 때 음서蔭敍로 관직에 진출한 후 왕후가 여덟 살 되던 해 죽었다. 이후 왕후는 어머니와 함께 고향인 경기도 여주를 떠나 서울의 감고당感古堂에 기거했다. 감고당은 민유중이 소유하고 있던 서울의 집으로 대대로 상속돼 온 민씨 집안의 서울 본가라고 할 수 있다. 이러한 상황으로 볼 때 결코 집안이 한미하거나 가난했다고 볼 수 없다. 게다가 왕후의 집안에 아들이 없어 양자로 들인 민승호는 당시 최고 권력자인 흥선대원군의 부인 부대부인 민씨의 친남동생이으므로, 정치적 인맥이나 경제적 형편으로 봤을 때, 기쿠치가 왜곡했듯이 불우한 어린 시절을 보냈다고 할 수 없다. 그런데도 기쿠치는 사실관계 자체를 왜곡해 극적인 효과를 더하려 했는지, 없는 이야기까지 꾸며 내 명성왕후의 성장 과정을 허구로 그려 냈다.

또 기쿠치는 명성왕후를 러시아의 예카테리나Ekaterina 대제에 비교하면서 다음과 같이 표현하기도 했다.

참담한 사변의 연속이고, 냉혹한 성격과 권력에 대한 열정으로 왕비의 왕궁에서 유혈, 참극이 빈발했으며, 그녀는 여성 특유의 신경과 약점을 유감없이 발휘해 병란의 신과 같은 일생을 보냈다.[41]

왕비가 청신하게 보이는 것은 혈관의 피가 적은 탓이며, 침묵을 고수하는 것은 항상 모략에 잠겨 있었기 때문이다.[42]

그녀의 심혈은 실로 야심, 허영, 권세욕으로 가득 차 있었다.[43]

기쿠치는 이처럼 근거 없고 저속한 인신공격 표현을 책의 전체에서 여러 번 반복한다. 더욱더 황당한 표현은 "혈관의 피가 적다"라는 부분이다. 도대체 이런 표현을 역사 서술에 사용한다는 것이 기가 막힐 따름이다. 여하튼 기쿠치는 왕후에 대한 부정적 이미지를 지속해서 강조함으로써 을미사변을 정당화시키고, '조선망국론'의 필연성을 부각시킬 수 있었다.

기쿠치는 명성왕후와 대원군의 정쟁에 대해 당파성론을 강조하면서 마침내 명성왕후가 비참한 최후를 마친 것은 왕후 자신이 실덕한 탓이라고 주장하며 왕후 살해의 정당성까지 역설했다. 살인자가 죄 없는 사람을 무참히 죽여 놓고, 네가 죽음을 자초했다고 죄를 뒤집어씌우는 적반하장 논리다.

대원군과 왕비는 극단적인 조선인 남녀를 대표할 심각한 투쟁을 되풀이했으니, 만약 세력이 무너져 변란이 일어나면 그들은 극단적 수단을 동원할 뿐이었다. 고래로 조선인들은 골육 간에, 친우 간에 그리고 사제 간에도 이런 일을 행할 수 있는 민족이기 때문에 역대의 정사가 중에서 살육, 유배형을 면한 사람이 매우 드물다.[44]

국난에 직면하고 병란을 겪은 것이 전후 3회이고, 열강의 대표자들을 항상 이용하며 많은 정치가를 마치 어린아이와 같이 조종한, 총민하기 이를 데 없는 여걸도 마침내 일생을 마침에 비참한 최후를 맞이하게 된 것이다. 만약 왕비가 왕궁의 가정에 원만하고 화목한 꽃을 피우고, 현명하고 정숙한 부덕婦德으로 시아버지의 공업功業을 후손에 남기려고 내조하며 외척들로 하여금 우애를 존중하고, 힘을 합치되 정권에 관여하지 못하게 했다면 대원군은 흔쾌히 섭정의 권력을 버리고, 조선왕조 중흥의 대업을 성취했을 것이다. 그러나 모든 것은 다른 방향으로 움직여 왕비는 마지막 순간까지 정권을 남편과 그의 가정보다도 더욱 사랑했고, 양순한 덕을 잃어 무뢰하고 간사한 무리를 총애하고, 잡류들을 모아 왕실의 존엄을 상실했으며, 외척을 편중해 왕족의 영락을 기뻐하는 등 조선왕조의 쇠망을 불러오게 한 것은 왕비의 실덕에 연유한 바가 적지 않다.[45]

결국 왕비는 마지막 순간까지도 남편과 가정보다 정권을 사랑해 정쟁을 일삼아 왕실의 권위를 상실케 했다는 식으로, 한마디로 죽어 마땅하다는 식의 논리다. 또한 왕후가 외척을 이용해 나라의 멸망을 자초했다는 자멸론으로 왕후 살해를 합리화시켰다. 조선이 무능하고, 망국의 길로 치달아 결국 식민지화의 길을 걷게 됐다는 식민지 합리화론까지 주장한 것이다.

명성왕후는 자신을 살해한 살인자에 의해 또 다시 억울한 불명예 죽음을 당했다. 역사에 다시없는 죄인으로 낙인찍혀 버렸다. 죽어 마땅한 망국의 죄인이 된 것이다.

부패와 타락,
미신과 무당의 정치를 한
'민비'

기쿠치의 명성왕후에 대한 부정적 이미지 만들기는 이범진과 진령군眞
靈君(혹은 신령군神靈君)이라는 무당을 다루는 부분에서 파렴치하고 저질스
러운 왜곡이 최고조에 달한다.

기쿠치는 왕후가 점쟁이·무녀·승니 등을 궁중에 출입시키고, 왕자
의 건강을 위해 전국 사찰과 산천에 기도를 올림으로써 국고를 엄청나
게 탕진했다고 여러 차례 언급했다. 척족만이 아니라 왕비 자신의 낭비
벽이 심해 백성을 도탄에 빠트리는 학정의 주체가 됐다고 묘사해, 외교
에서의 총명함에 비해 내정의 치적은 모두 악덕과 부패로 꽉 찼다는 표
현까지 썼다. 왕비의 이런 악정 때문에 임오군란이 일어나고, 동학농민
운동이 일어났다는 것이다.

기쿠치는 특히 진령군이란 무당을 자세히 소개했다. 진령군은 임오
군란 당시 왕후가 충주로 피신했을 때 왕후의 무사 귀환을 점친 무녀

라고 한다. 왕후는 군란이 끝나고 환궁할 때 그녀를 동행했고, 이후 이 무녀가 왕실의 거의 모든 행사에 관여하고 전횡했다고 한다. 그러면서 진령군 휘하의 세력으로 이범진과 이유인李裕寅, 홍계훈, 고영근高永根 (1853~1923), 윤태준尹泰駿(1839~1884) 등을 지목했다. 이들이 일개 무당 휘하에서 부림을 받았을 리 없는데, 무슨 근거로 이러한 서술을 했는지 모르겠지만 검증도 없이, 거침없이 왜곡을 계속했다. 또 진령군이 청일 전쟁이 일어나기까지 10년간 경복궁을 지배해 온 나라에 가렴주구가 끊 이지 않았다고 했다.[46] 게다가 진령군과 명성왕후를 가리켜 "정신병에 걸린 이상한 조선 부인의 대표자"라고까지 했다. 곧 두 여자 정신병자 가 나라를 말아먹었다는 논리다. 그 극단적인 표현을 보면 다음과 같다.

(…) 이 와중에 왕비는 허영과 타락에 휩싸였는데, 그녀의 외교가 비교적 총명하게 이루어진 반면 내정은 온갖 악덕과 부패의 총본산으로 매일 밤 늦게까지 연회를 베풀고 기도와 무당 소리를 즐기니 낮이 되면 피로해 잠 을 자고, 밤이 되면 환호해 즐겼다. 세자가 어릴 때부터 항상 안락宴樂의 자 리를 함께 해 "해가 뜨면 자고 해가 지면 놀았다"라는 말을 한 것으로 보아 당시 왕궁의 상황을 능히 짐작할 수 있다.[47]

왕비의 전성시대 궁중의 풍기는 완전히 무너졌으니, 그 원인은 왕비의 미 신에서 비롯된 것이다. (…) 그녀의 정신을 위로할 만한 고상한 신앙은 없 었고, 편안하게 잠들 만한 위안도 없었으며, 반면 궁전의 도처에는 참변을 당한 정적의 그림자와 총애했던 당여黨與의 비극이 서려 있었다. 왕비는

1886년 진령군이 지었다고 전하는 백운암白雲庵. 충청북도 충주시 소재

정치가나 일개 여성에 불과하다. (…) 정신적 불안이며 지난날 참극뿐이
었다.

복자ㅏ卜筮가 입궐해 궁전의 흉사를 말하면 왕비는 흔쾌히 제를 지냈으며,
무녀가 입궐해 원귀를 지적하면 이를 쫓기 위해 기도를 행하니 왕비 스스
로의 죄악을 뉘우치고 위안하기 위해 거의 정신병자와 같이 됐다. 이러한
미신을 벗어나기 위해 신령군이라는 무녀를 궁중에 불러들였다. (…) 이때
부터 신령군의 세력은 대신보다 강해졌고, 그녀는 왕비의 첫째가는 고문
이 됐으니, 그녀의 알선을 통해 매관매직됐고, 그녀의 주관으로 대소 기도
회가 열렸고, 그녀를 평해 "당시 왕비는 국가의 최대 권력자였다면 궁전의
권력자는 신령군이었다"라고 말하는 사람도 있었으니, 아마도 이 두 여성

은 이상한 정신병에 걸린 조선 부인의 대표자였을 것이다.[48]

기쿠치는 허영과 타락, 부패로 얼룩진 왕후가 진령군이란 무당과 함께 밤낮으로 놀아 풍기 문란을 일으키고, 정무는 무당에게 맡겨 조선 최고 권력자는 마침내 이 무당이었다고까지 설명했다. 이쯤 되면 역사서가 아니라 삼류 소설이라고 할 것이다. 더욱더 황당하고 어이없는 것은 기쿠치가 이범진과 왕후를 치정 관계로 설정해서 왕후를 부정한 여인으로 매도한 부분이다.

> 이범진은 소리를 잘해 왕비의 총애를 입고, 침구寢具를 범하나 탓하는 사람이 없었고, 이유인은 무당으로서 왕궁을 출입했으며, 진령군은 무녀의 우두머리로 궁정의 신과 같이 존중됐다. 모든 관직과 지위를 얻고자 하는 자들은 모두 이러한 잡인의 문을 출입해 성공했다. 민응식, 민영휘, 민영익 등 외족은 맹호와 같이 양민의 피와 백성의 기름을 끊임없이 착취했다. 일찍이 당화를 탕평하고 왕궁의 부패를 일소시킨 대원군의 공업은 모두 사라지고 이전에 보지 못한 부패와 학정을 당하게 됐다. 그리고 마침내 이것을 개혁하지 않고, 10년의 세월을 보낼 수 있던 것은 열강들이 옹호해준 덕분이니 왕비는 결국 열강과의 교섭을 잘 이용해 10년 동안 태평을 유지했다고 할 수 있다.[49]

기쿠치는 이범진이 왕후의 침구를 범해 치정 관계에 있었고, 이유인이란 무당도 왕궁을 출입하면서 진령군이란 여자 무당과 함께 궁정의

헤이그 특사. 이준, 이상설, 이위종(왼쪽부터)

신이 돼 모든 관직을 농단하고, 매관매직으로 온 나라의 정무를 관장했다고 설명했다. 그리고 끊임없이 백성의 고혈을 짜내고, 당파 싸움을 일삼았는데 다만 왕비는 열강의 보호 덕에 10년 동안 간신히 태평을 유지할 수 있었다고 주장했다.

이범진은 훈련대장 이경하李景夏(1811~1891)의 아들로 1879년 문과에 급제해 국왕 중심 개화정책을 적극 지지하면서 1897년 미국, 1900년 러시아(독일·오스트리아·프랑스공사 겸임)에서 주재 공사를 차례로 역임한 요인이다. 또한 아관파천에 참여한 친러파이기도 하고, 헤이그 특사로 파견된 이위종李瑋鍾(1887~?)의 아버지다.

그리고 이범진은 일제에 의해 국권이 피탈되자 1911년 1월 러시아의 상트페테르부르크에서 순국 자결했다. 고종이 보내 준 활동비와 공관 건물을 판 돈은 모두 한인 학교와 한인 의병 조직에 기부하도록 유언을 한 후였다.

일본인 입장에서 봤을 때 끝까지 독립운동을 하다가 순국한 반일 애국지사인 이범진을 긍정적으로 묘사할 리가 없겠지만 기쿠치는 해도 너무할 정도로 왜곡했다. 기쿠치는 이범진을 왕후와 부정하게 놀아난 불량한 시정잡배로 날조해 이범진은 물론 명성왕후의 명예도 또 한 번 짓밟아 버렸다.

'을미사변', 그날의 왜곡

기쿠치는 을미사변에 가담한 행동대원 낭인 중 한 사람이고, 그로 인해 한국에서 추방된 후 히로시마 감옥에서 사변의 정당성과 변명을 위해 《조선왕국》을 쓰고 《대원군전》까지 저술했기 때문에, 을미사변은 그가 가장 섬세하고, 정밀하게 왜곡한 부분이다. 특히 사변 직후 며칠간의 상황과 퇴한 조치되는 상황, 일본으로 소환돼 투옥되기까지의 심정 등에 관해서는 《조선잡기朝鮮雜記》 제1권에서 상세히 다뤘다. 자기 고백이며 변명의 사건 회고록 같은 글이다. 그리고 그 뒤를 이어 본격적으로 역사서 저술을 통해 명성왕후를 폄하하고, 대원군과의 갈등을 부각시키면서 살해의 주범으로 대원군을 전면에 내세우는 작업은 《대원군전》에서 거의 이뤄졌다.

기쿠치는 사변의 정당성을 강조하기 위해 《대원군전》에서 대원군의 국내 개혁 정책에 비교적 높은 점수를 줬다. 또한 '을미사변'에 대해서는 훌륭한 대원군의 업적을 며느리 명성왕후가 하루아침에 무너뜨리자 마침내 대원군이 마지막 결단을 내린 것이라고 주장했다. 을미사변은 며느리에 대한 대원군의 복수였다는 것이다. 또한 기쿠치는 명성왕후가 러시아 세력을 끌어들여 한국 정부가 급격하게 친러화됐기 때문에 일본 공사 미우라를 자극해 사변이 터진 것처럼 설명했다.[50] 한마디로 일본 정부 개입설을 일축해 버렸다.

> 을미사변은 대원군 주도의 사건이었다. 그것을 미우라 공사가 도운 것이다. 그리고 사변의 원인도 명성왕후에게 있었다.

사건은 대원군이 주도했고, 미우라는 도왔을 뿐이고, 명성왕후는 죄가 많아 스스로 죽음을 자초했다는 논리다. 살인자가 살해의 책임을 피해자에게 고스란히 떠넘기고, 살해를 정당화시킨 꼴이다.

살해의 정당화를 위한 기쿠치의 변명은 도가 지나쳐 왕후를 살해한 것은 며느리에게 핍박받는 대원군을 도와준 행위로, 이를 '중종반정'에 비교하는 말도 안 되는 억지 주장까지 했다.

> (…) 예전 왕모王母(폐비 윤씨 - 필자) 참사의 변으로 인해 연산왕에게 핍박받는 대비를 위해 신하들이 정변을 일으켜 연산왕을 살해하고, 그 관료들은 충신이 됐다. 대원군의 분통함에 마침내 침묵하던 일본공사가 대원군과 정변의 암묵적 약속을 한 것이다.[51]

연산군燕山君(재위 1494~1506)이 자신의 생모 폐비 윤씨가 사사된 참변을 알게 된 후 자신을 키워 준 대비(성종의 계비인 정현왕후貞顯王后 윤씨)를 핍박하자 신하들이 이를 바로잡기 위해 정변을 일으켜 연산군을 몰아내 살해하고 중종中宗(재위 1506~1544)을 내세워 충신이 된 것처럼, 며느리 명성왕후에게 핍박받던 대원군을 위해 을미사변을 일으켰으니 결국 그 행위가 충절이라는 황당한 논리를 펴는 것이다. 또한 기쿠치는 청일전쟁을 일본이 한국을 청으로부터 독립시켜 주기 위해 대신 치러 준 전쟁인데, 왕후가 그 은혜를 몰랐기 때문에 책임을 묻기 위해 응징했다고 주장했다.

일본공사는 왕비에 의해 폐지되기 시작한 정치 개혁을 회복시키려 했다. 한국을 청으로부터 벗어나 자유 독립국이 되게 한 것은 실로 청일전쟁의 은혜인데 왕궁(명성왕후 - 필자)은 이러한 선린善隣(일본 - 필자)의 호의와 은혜를 파기하니 그 책임을 묻기 위해 미우라 공사가 본국의 훈령 없이 대원군의 입궐을 비호했다. 미우라 공사는 본국의 형세보다, 국제적인 명령보다 한일 관계의 도덕적 권위로서, 당연히 왕비와 같은 파괴자를 주멸할 권리가 있다고 믿고 자국(일본 - 필자)의 주위에 존재하는 국제 관계를 고려하지 않았다.[52]

기쿠치는 명성왕후는 시아버지를 핍박한 무도한 악인이었고, 또 이웃을 위해 전쟁까지 치러 가며 독립을 지켜 준 선한 이웃 일본의 호의와 은혜를 저버린 배은망덕한 자로, 미우라 공사에겐 왕후를 제거할 당연한 권리가 있고, 그 행위는 정당했다고 역설했다.

또 일관되게 을미사변에 대한 일본 정부 개입을 부정했다. 대원군이 주도하고 미우라가 지원했다고 설명했다. 하지만 이런 서술은 스스로 살인을 자인하는 꼴이다.

그 행동이 과격했다 하더라도 그가 목적으로 한 것은 자국의 세력을 무너 뜨리려는 행동을 저지시키고자 한 것으로 일본은 추호도 조선의 독립과 평화를 교란시킨 것이 아니다. 오히려 조선의 독립을 보장하는 개혁적인 정무와 평화를 유지시킨 선량한 우의를 보존하기 위해 대원군의 입궐과 집정을 보호하려고 결심한 것이다. 이른바 10월 8일의 사변은 이 결심의 결과다. 이 사변의 내용이나 발생 과정을 보면 실로 조선의 2대 정치가의 투쟁에 불과하며 이 사건의 핵심인 왕비 살해는 대원군이 처음부터 기도 한 수단이었다.

기쿠치는 1882년 임오군란이 일어났을 때 사례를 들며, 이미 그때 "조선의 백성들이 자신들의 왕비를 죽이려 했고, 대원군은 왕후의 시신 도 없이 장례까지 치른 적도 있는데, 이제 와서 왕후를 죽인 것이 무엇 이 문제가 되냐"는 식의 정당화 논리까지 폈다.

정권 경쟁의 경우 만약 그 경쟁이 궁중 내에서 일어났을 때, 국왕 또는 그 가족이 살해된 예가 조선조에서 없던 것이 아니다. 하물며 왕비와 대원군 의 정권 투쟁은 30년간 계속된 것으로 지략이 전 왕조에서는 찾아보기 어려운 여걸인 왕비와 강기剛氣가 준엄한 공전의 위인 대원군과의 정권 투쟁에 있어서 10월 8일 사건의 발생은 조금도 이상할 것이 없다.

임오군변 때도 많은 난민이 한 궁녀를 왕비로 잘못 알고 선화문宣化門 앞으로 끌고 와 살해하고자 하지 않았던가. 대원군은 왕비에 대해 가장례식까지 거행하지 않았던가. 따라서 10월 8일 사변에 있어서 왕비 시해의 사건이 핵심이기 때문에 왕비 시해가 일본공사의 목적이었다고 판단하는 것은 큰 잘못이며, 또한 일본 국민들이 포악한 인류의 적이라고 부르짖는 것도 큰 오해다.[53]

기쿠치는 한국 역사에서 정쟁 중 국왕 또는 그 가족이 살해당하는 것이 적지 않았으니, 이번 사건도 대원군과의 정권 투쟁에서 터진 것으로 조금도 이상하지 않다고 강변했다. 게다가 대원군이 며느리를 죽일 수밖에 없던 상황을 더 극적으로 표현하기 위해 대원군의 빈궁이 가련해 그림을 팔아 생계를 유지할 정도였다고까지 하면서 일본은 한국의 독립을 보장하기 위해 가련한 대원군을 위해 도움을 줬을 뿐이라는 궤변을 늘어놓았다.[54]

결론적으로 기쿠치는 왕비가 왕궁의 원만함과 화목을 위해 현명하고, 정숙했다면 그런 일은 없었을 텐데, 마지막 순간까지 권력을 더 사랑해 결국 나라를 망쳤다는 결론으로 사변을 정당화했다.[55]

한국 근대 정치사에서 막강한 정치적 영향력을 미쳤다고 평가되는 명성왕후. 그러나 여성의 정치 참여가 극히 제한돼 있던 전통 사회에서 왕비가 아무리 총명하더라도 영향력을 행사하기에는 많은 제약이 따랐을 것이다. 그런데도 왕후가 정치적으로 지지 세력을 규합해 정치 여건을 조성해 갈 수 있었다는 것은 최고 권력자이자 결정권자인 고종의 의지와 지원이 있었기 때문에 가능했다. 결국 고종과 명성왕후의 정치 노선과 개혁 의지, 방향은 같았다고 봐야 할 것이다. 따라서 명성왕후의 개인 성격이나 성향에 초점을 맞출 것이 아니라, 당시 시대적 상황과 정치 세력과의 관계 속에서 고종과 왕후 그리고 대원군의 관계를 조명해야 한다.

기쿠치는 대원군과 명성왕후의 정치적 야망과 극단적 갈등이 결국 망국을 초래했다고 했지만, 고종 자체가 이미 1870년대 초부터 강한 친정 의지를 보이면서 외가와 처가 세력을 기반으로 친정 체제를 구축하려 준비했다. 무엇보다도 최고 통치자인 고종의 의지였다. 게다가 아직 아버지의 권세에 비해 독자적으로 지지 기반을 갖추지 못한 고종은 명성왕후를 통해 민씨 척족을 전면에 내세움으로써 성리학적 윤리관에서 최고의 덕목으로 손꼽는, 또한 최고의 존엄인 왕에게도 반드시 섬겨야 할 가치인 '효孝' 윤리관에 따라 자기가 직접 나서지 않아도 되는 우회 전략을 썼다고 할 것이다. 대원군이 고종에게 직접 도전한다면 그것은 '충忠'의 윤리에 어긋나고, 반면에 고종이 대원군을 직접 내친다면 '효'의 윤리에 어긋나기 때문이다. 결국 고종은 개국 문제와 친정 문제 등 복잡한 국내외적 현안을 명성왕후와 민씨 척족 그리고 개화파들의 지원을 받아 풀어냈다.

명성왕후의 정치 참여는 자신의 정치적 야망과 역량에 기인하기는 했지만, 무엇보다도 시아버지 흥선대원군의 지나친 정치적 야망에 대한 남편 고종의 친정 의지 속에서 고종을 위한 난국 타개의 방파제 역할을 해준 것이었고, 그 역할은 일본에 의해 자기가 참혹하게 살해되는 그 순간까지 계속됐다. 따라서 명성왕후의 정치적 기반은 곧 고종의 지지 기반이고, 결국 고종의 세력으로 왕권을 강화시키는 역할이었다고 할 수 있다. 그리고 대원군 시대에 비해 서구 근대 문물을 적극 수입하고 대외 관계에서 일본을 철저히 견제하고, 열강의 세력 균형 속에서 존립을 도모하려는 시도 등은 긍정적으로 평가할 수 있다.

그러나 근대화에 대한 전문 지식이 결여되고, 준비가 철저하지 못한 상황에서 근대화의 길은 오로지 부국강병에만 있다고 집착했을 뿐, 궁극적으로 민생 안정과 민권 확립에서 나올 수 있다는 점을 고종과 명성왕후는 미처 깨닫지 못했다. 분명한 한계점이라고 할 것이다. 체제 변혁이 없는 봉건적 틀 내에서의 근대화는 한계를 노정할 수밖에 없었다. 또한 일본 세력을 견제해야 한다는 투철한 반일 의식에서, 우리에게 도움을 줄 수 있는 제3의 열강을 끌어들이는 외교 정책을 구사했지만, 결국 제국주의 열강의 기본적인 동아시아 정책과 대한對韓 정책 그리고 그 정책과는 별개였던 한국 주재 외교관들의 개인 성향 등에 대한 파악이 신속하거나 정확하지 못했다. 결국 국가적·외교적 혼란만을 자초했을 뿐이다. 국가의 자주독립은 스스로의 힘으로 지켜내는 것이지, 그 누구도 대가 없이 지켜 주지 않는다는 뼈아픈 교훈을 100여 년 전 역사에서 얻어야 한다.

한편으로 민씨 척족 정권이 보인 독점적 인사 행정의 폐쇄성은 새로운 시대를 이끌어 갈 전문성과 개혁성을 갖춘 인재 등용에 큰 걸림돌이었다. 결국 정권의 사회적 기반은 취약했고, 제대로 된 국민적 공감대와 지지는 결여됐다. 결과적으로 국가 정책을 입안하고, 시행해 나갈 때 전문성과 합리성을 갖춰 체계적으로 발전시켜 나가지도 못했다.[56]

왕후에 대한 공과 과는 분명 객관적으로 조명해야 한다. 물론 우선적으로 일본이 의도적으로 폄하하고 왜곡한 식민사학을 극복하려는 노력은 당연히 필요하다. 그러나 지나친 과제 의식에서, 무조건적으로 지난 날을 긍정 일변도로 평가할 수 만은 없다. 자성과 돌이킴, 미래에 다시는 잘못된 과거가 반복되지 않게 과거를 거울삼는 것이 역사학을 공부하는 기본 목적이기에 반성의 목소리를 무조건 '식민사관'으로만 매도해서도 안 된다. 냉철하게 당시를 돌아볼 필요가 있다.

고종,
무능한 왕궁의
나무 인형

기쿠치가 한국 근대사를 전개하는 과정에서 대원군과 명성왕후의 정쟁에만 초점을 맞춘 끝에 결국 군주 고종은 존재 자체가 실종돼 버렸다. 아니 '무능하고 암약한 인물'로 전락하게 됐다.

대원군의 실각과 고종 친정도 모두 국왕의 친정 의지와는 상관없이 명성왕후의 능수능란한 수단으로 가능했고, 이후 국정도 왕후가 농단하면서 결국 무능한 군주는 국정을 그르친 왕비와 함께 망국의 책임을 떠안을 수밖에 없었다는 식의 결론이다. 기쿠치는 명성왕후 생전의 고종을 이렇게 평가했다.

왕궁의 나무 인형처럼 침묵한 채 어떤 일에도 관여하지 않았다.[57]

이런 평가는 이후 일본인 식민사학자들에게도 그대로 여과 없이 받아들여졌고, 역사적 사실로 서술됐다. 다보하시도 실증에 기반한 아카데미즘의 정수로 평가되는 저서 《근대일선관계의 연구》에서 이렇게 고종을 표현했다.

> 정무가 민승호에게 넘어가고, 국왕은 두 손을 맞잡고 바라볼 뿐 대원군 집권 때와 큰 차이가 없었다.[58]

기쿠치는 명성왕후 사후 고종을 평가한 부분에서 특히 광무개혁을 다음과 같이 표현했다.[59]

> 국왕은 외교 문제에 통달한 사실상의 외교장관이었다. 그러나 그는 세계 정세와 그들의 외교 정책에 달관한 것은 아니었다. 그는 한성의 외교단에 의해서 세계정세를 알게 된 것이다. 그러나 그는 자국의 국력과 지위를 정확하게 몰랐다.
>
> 왕권 확립에 성공하고 독립에 따른 화려한 의식을 갖춘 다음 열강이 경제적으로 이권을 얻으려고 하는 것을 보고 이권을 이용해 열강의 세력 균형을 조종하고자 꾀했다. 그 결과 미국인들이 요구한 운산금광, 한성의 전기·전차 및 수도권을 특허해 미국 세력을 이용했다. (…) 한편 국왕은 외국 자본 유입과 외국인들이 이권을 장악해 점차 경제적으로 침탈하는 결과를 경시했다. 한 나라의 이권을 하나하나 외국인들에게 제공함으로써 결국 국가와 국민들이 점차 영혼이 사라진 시체와 같이 변한다는 것을 모르고 있었다.

채용신이 그린 고종어진, 국립중앙박물관 소장

그는(고종) 일찍이 스스로 자랑하며 "세계에 있어서 외교 문제에 능숙한 사람은 짐과 빌헬름 2세뿐이다"라고 말했다. 그러나 그는 콘스탄티노플로부터 지중해의 바닷가 촌락으로 전락시킨 터키 전 황제와 얼마나 흡사한가.

고종이 외교에 능한 듯 보이나 실상 열강의 이권 요구 본질을 간파하지 못해 결국 대한제국 국민은 점차 시체와 같이 됐다고까지 비판했다. 더군다나 고종을 전제군주제 개혁을 통해 전권을 휘두르고 진보적 개혁 세력을 탄압하다가 축출된 터키의 황제 하미드Abdul Hamid 2세와 비교하며 폄하했다.[60]

동학농민운동은 폭동,
청일전쟁은
조선의 독립을 위한 의전

기쿠치의 《대원군전》에 수록된 〈일청전쟁과 대원군〉은 일본인이 쓴 동학농민운동에 관한 글로는 효시에 속한다.

기쿠치는 "동학의 변란은 정적의 선동에 의해 발생된 것이다", "청군의 개입은 불법이다"[61]라며 일본 개입의 정당성을 합리화하려 했다. 또 1894년 9월의 2차 봉기를 기술치 않고, 1차 봉기만을 기술하면서 동학도를 중심으로 이뤄진 반란으로 규정, 그것도 대원군과 명성왕후의 암투에서 빚어졌다고 설명했다. 따라서 그의 관점엔 농민운동의 반봉건·반침략 요소가 철저히 배제돼 있다.

한편 기쿠치와 다우치 공저로 된 〈동학당의 전란─옥중의 전봉준〉(《근대조선이면사》)은 르포 형식으로 사건을 추적했는데, 대체로 〈일청전쟁과 대원군〉의 시각에서 벗어나지 못했다. 그 뒤에는 《근대조선사》 하권에서 〈동학당의 난〉 부분을 넣어 다뤘다.

동학농민운동, 갑오개혁, 청일전쟁에 대한 기쿠치의 서술은 대체로 다음과 같은 주장을 골자로 한다. 먼저 기쿠치는 동학농민운동에 대해 대원군과 위안스카이가 명성왕후 세력을 몰아내기 위해, 청국 군대의 조선 주둔 명분을 얻기 위해 사주한 변란이라고 날조했다.

> 원세개는 청나라 군대가 출동해 주둔할 구실을 얻기 위해 대원군과 모의해 동학군의 거사를 후원했다고 전해졌다.[62]

> 동학당의 변란은 실로 대원군과 원세개의 밀약에 의해 교사된 것으로 그들은 이 변란을 이용해 청국 군대를 불러들이려 했다. 그 첫째는 왕비와 정부를 전복하려는 것이 목적이었고, 둘째로 러시아 세력을 몰아내고, 청의 권력을 강력하게 하려는 데 있었다.[63]

> 미국공사관과 일본공사관에 게재된 격문 가운데 일본에 대해서는 더욱 통렬하게 공격하는 문구가 있어 중앙정부는 그 배후에 누군가 있고, 그 존재는 바로 대원군일 것이라고 판단했다.[64]

기쿠치는 동학농민운동의 배후 세력으로 당시 한국 정부가 대원군을 지목하고 있었다는 식으로 은근히 대원군 배후 개입설을 강조했고, 특히 반일 정서가 강한 것이 그 근거라는 식으로 궤변을 늘어놓았다. 결국 동학농민운동은 대원군과 명성왕후의 권력 쟁탈전, 위안스카이의 한국 지배 전략에 농민군이 이용당한 사건이라는 것이다.[65]

또한 "운현궁과 동학 본부 사이에 비밀 연락이 빈번한 가운데, 당시 집권하고 있던 민영휘는 왕명을 받들고 위안스카이에게 내란 진압을 요청했고, 그 불손함과 간섭에도 불구하고 왕비는 삼배三拜·구배九拜를 하는 등 모든 예의를 갖추고 애걸해 동학 무리 진압을 위해 출병해 줄 것을 청하는 공문을 위안스카이에게 보냈다"[66]라며 청군 파병의 경위를 장황하게 설명했다.

한편 고부민란古阜民亂 부분에서는 "고부는 과거에는 도둑의 보금자리였고, 현재도 빨갱이의 거리라고 한다"라면서 지인의 말이라고 인용했다. 그런데 출처는 정확하게 밝히지 않았다. 다만 '당시 사람들' 또는 '아는 사람들'이라는 식으로 제3자를 내세워 자신의 생각을 드러냈다. 과연 제3자의 생각인지 아니면 기쿠치 본인의 생각인지 알 길이 없으나, 기쿠치 본인의 생각이 아니라고 하더라도 자기 생각과 일치하고, 동의하기에 굳이 인용했다고 봐야 할 것이다.

또한 전봉준에 대한 인물평은 위인전 서술하듯 했다.

그는 키가 작았으나 얼굴은 하얗고 눈은 형형해 사람을 쏘아 봤다.[67]

기쿠치는 전봉준이 집안이 극히 빈궁한데도 효심이 지극하고, 부지런하며 성실해 인물 됨됨이가 비범하기 이를 데 없어 모든 이가 칭송했다고 극찬했다. 또 당시 가부장제인 조선의 풍습과는 달리 아내를 극진히 사랑한 인물로 묘사하기도 했다. 그리고 전봉준은 반민씨 정권의 기치를 내건 인물로, 전봉준과 대원군이 편지로 "탐학한 관리는 반드시 징

계해야 하며 억울한 백성은 반드시 원한을 풀어 줘야 한다"라는 내용을 주고받았다고 소개했으나, 일본을 대적할 것에 대해 쓴 내용은 전봉준이 분명히 하지 않았다며 사실을 은폐했다.[68]

동학농민운동의 반외세, 특히 반일 성격을 덮어 버린 것이다. 더욱더 어처구니없고 기가 막힌 왜곡은 전봉준이 처형되기 직전 일본의 고상한 뜻을 알고, 일본에 저항한 행적을 후회했다고 기술한 부분이다.

> 전봉준은 대군을 이끌고 국가에 대적한 반역자였지만 사형 집행의 순간에서도 마지막에는 일본의 고상한 뜻을 알고, 일본의 충성과 용맹에 감탄했으며 지금까지의 행적을 후회했다.[69]

일생을 반외세, 특히 일본의 침략에 항거해 싸운 전봉준에게 기쿠치는 어처구니없고 모욕적인 역사 왜곡 만행을 저지른 것이다. 전봉준 장군이 지하에서 통곡할 일이다.

다음으로 기쿠치는 동학농민운동이 청일전쟁의 원인을 제공했고, 나아가 일본에 의한 한국 병합의 단서가 됐다고 했다. 〈동학당의 전란 – 옥중의 전봉준〉에서 최제우崔濟愚(1824~1864)가 죽은 이후 교조 신원을 목적으로 하는 동학교도운동에서부터 동학당의 난이 시작됐고 마침내 이것이 청일전쟁의 단서를 열게 됐다고 설명했다.[70] 한마디로 청일전쟁의 원인에서 전쟁 도발의 책임을 은폐하는 역사 왜곡이다.

청이 동학을 기화로 한국을 속국으로 만들려 했기 때문에 일본이 이웃을 위해 '의전義戰'을 감행했다는 주장이다. 게다가 일본이 이를 계기

청일전쟁 당시 일본 육군

로 봉건사회가 부재한 한국을 근대화시키기 위해 병합을 했다는 주장까지 했다.[71]

갑오개혁은 지나치게 급격히 단행돼 정세와 민력을 고려하지 않은 부조화의 개혁이었으나, 전쟁에 있어서 일본은 많은 병력을 손실했고, 막대한 군사비를 소모하면서 조선인들을 속방으로부터 구제하고자 큰 은혜를 베푼 전쟁이었다. 이른바 국정 개혁도 결국 구제의 목적에서 추진된 (일본 측의) 호의에서 비롯된 것에 불과하다.

따라서 만약 조선인 가운데 조상 이래 (속방으로서의) 굴욕과 추태를 만회할 수 있는 좋은 기회라고 깨달은 사람은 선린의 우호에 감사하고, 자국의 발전과 독립을 위해 무기를 들어 일본군과 함께 난폭한 청군에 대항해야 할 것이다. 그러나 국왕은 고통에 잠긴 채 전쟁 국면과 개혁을 관망했고, 국태공(흥선대원군)은 동학의 여세를 불러들여 개혁 정부의 위신을 방해했으며, 민중들은 신정부에 대해 악감을 갖는 모습이었다. 이러한 상황으로 조선인의 심사를 미뤄 보건대 그들은 독립을 쟁취하는 데 아무런 열망도 없는 국민임을 알 수 있다. 다만 매우 바보짓을 한 것은 일본 쪽이니 반도 왕국을 속방 관계로부터 벗어나게 하고 세계에 나아갈 수 있는 발전된 정치교육을 실시하는 데 많은 노력을 기울였는데도 조선인으로부터 감사하다는 말을 듣지 못했다.

청일전쟁이라는 막대한 비용 지불과 엄청난 희생을 치르면서까지 한국을 구해 준 은인임을 자처하고, 또한 갑오개혁이라는 근대적 발전 기회를 제공했는데도 한국인은 일본의 은혜를 고마워할 줄 모른다며 어불성설의 주장까지 한 것이다. 또한 한국인이 일본군과 함께 청에 대항해야 하는데도 청일전쟁을 관망하는 것은 독립에 대한 열망도 없는 한심한 민족과 같다고 비난했다.

기쿠치는 동학농민운동을 단지 청일전쟁의 단서라고 단정했기 때문에 동학농민운동의 반봉건적 성격을 파악할 수 있는 전주화약 부분은 매우 소략하게 다뤘다. 일부러 외면한 것이다. 기쿠치는 1894년 5월 8일 동학농민군과 정부가 '전주화약全州和約'을 맺은 이유를 단순히 경기전慶基殿과 조경묘肇慶廟 파괴와 청일전쟁 촉진에 대한 동학군의 염려 때문이었다며 농민운동의 반봉건적 성격을 희석시켰고, 폐정 개혁안과 집

경기전과 조경묘

조선 태조 이성계의 어진御眞(초상화)을 모신 곳. 경기전이란 이름은 왕조가 일어
난 경사스러운 터란 뜻이다. 경기전은 1597년 정유재란 때 일본군이 전주성을
점령했을 때 소실됐다가 1614년 광해군 때 중건됐다. 경기전 경역은 정전正殿
과 조경묘로 나뉜다. 정전에 태조의 어진을 모셨고, 조경묘는 태조의 22대조이
며 전주 이씨의 시조인 신라 사사공司空公 이한李翰 부부의 위패를 봉안하기 위
해 영조 때인 1771년 지어졌다.

경기전 본전

경기전 조경묘

강소 부분은 전혀 설명하지 않았다.[72]

한편 기쿠치는 농민군이 "일본을 쫓아내고 대원군을 추대해 민씨 정부를 타도해야 한다"라고 기술해, 동학당이 '2차 농민운동'을 일으킨 목적이 반일본·반민비 정권에 있음을 분명히 했다.[73]

기쿠치는 《고종·순종실록》 편찬위원으로 참여하면서 근대사에 대한 방대한 자료를 열람할 수 있었던 관계로 동학농민운동의 진행 상황과 정부의 대책을 비교적 구체적으로 서술했으며, 이후 일본인의 동학농민운동사 연구의 기본 방향을 제시해 줬다.

기쿠치는 역사학 전공자가 아니다. 그러나 1893년부터 한국 근대사의 현장에서 주요 사건을 직접 경험하고, 대원군을 비롯한 한국 정계의 주요 인물과 직접 교류한 언론인으로서 내용이나 분량 면에서 관학 계열의 역사학자 못지않은 한국 근대사 저술을 남겼다.

기쿠치의 한국사 저술이 비전문가의 연구인 점은 분명하다. 그러나 사실상 기쿠치와 같은 재야 조선통들도 통감부의 권유와 지원에 따라 한국사 저술 작업에 착수했고, 책의 기본 체제와 의도하는 방향은 일제의 식민지화를 정당화하거나 합리화시키기 위한 한국사 왜곡에 있었다. 어쩌면 관학 역사학자들이 직접 전면에 나서 '사료의 실증과 역사서술에 대한 책임'이라는 문제를 감당하기보다는 일단 재야 사학자들에 의해 각주도 없고, 서술에 대한 사료 검증 작업을 의도적으로 생략하고, 또한 왜곡된 서술에 대한 책임도 회피하면서 자의적 역사 해석과 뒤틀린 인물 왜곡을 자행할 수 있었다. 또 관학자들에 비해 기쿠치 같은 언론인들은 일반인의 관심의 대상이면서도 알 수 없는 경외의 대상인 왕실 이야기를 보다 쉽고, 통속적이며 극적으로 풀어내면서 한국민에게 대중적 파급 효과를 극대화시킬 수 있었다.

그리고 이러한 역사적 사실 오류와 왜곡으로 점철된 삼류 소설 같은 기쿠치의 한국 근대사 저술들은 이후 관학자들이 본격적으로 한국사 왜곡 작업에 착수하기 위한 물밑 작업이었다고 볼 수도 있다. 실제로 기쿠치의 드라마틱한 역사 왜곡은 일제의 식민 통치를 필연적인 것으로 정당화시키고, 침략을 자멸론으로 자연스럽게 포장시키는 데 매우 성공적이었다. 오늘날까지도 왜곡되고 일그러진 무능한 통치자 대원군, 고종, 명성왕후 이미지가 일반적인 인식에 강하게 남아 역사적 평가가 아직 온전히 정립되지 못한 점에서도 그 폐해의 심각성은 여실히 드러난다.

06

식민학자
기쿠치,

'문명 일본의
은혜로운 식민
통치'를 쓰다

선진 일본, 후진 조선

열등·불결·태만·천박·음험한 조선인

'악정의 책임 경상도', '폭도의 고장 전라도'

선진 일본,
후진 조선

기쿠치는 1924년 9월 하순부터 약 네 달간 한반도 전역을 순회하며, 각
도의 풍광, 인물, 명승고적, 당시 일본인 자본가와 회사, 산업 시설, 농
장 등을 상세히 답사했다. 그 기행문이 1925년 자기가 경영하던 대륙통
신사에서 출간한 《조선제국기》다.

북쪽 지방에서 간도와 압록강변의 삼림 자원과 만주 문제를 다루면서
일제의 대륙 경략을 논했고, 특히 황해도에서는 시부사와 에이이치澁澤
榮一(1840~1931) 재벌 계열 조선흥업주식회사朝鮮興業株式會社(이하 조선흥업)
황주黃州농장과 미쓰비시 재벌의 겸이포兼二浦제철소,[1] 조선질소비료공
장朝鮮窒素肥料工場 등을 다뤘다. 남쪽 지방에서는 청일전쟁 이후 일찌감
치 한국에 건너와 불법으로 대농장을 확보해 식민지 소작제 농업 경영
을 하고 있던 미쓰비시 재벌 계열의 동산농사주식회사東山農事株式會社(이
하 동산농장), 호소가와細川의 대장촌大場村, 불이흥업不二興業주식회사, 삼

시부사와 에이이치

이와사키 야타로

례 지역의 이엽사二葉社 농장 등 대표적 일본인 지주들과 그들의 농장, 요고호腰橋湖와 대아리호大雅利湖 수리조합 등을 소개했다.[2] 특히 기쿠치가 자신이 경영하는 대륙통신사 이리裡里(현재의 전북 익산) 출장소에서 10여 일 머물면서 전라도 일대의 일본인 농장을 직접 유람하고, 해당 농장 지배인들과 면담을 통한 자료를 기록했으므로, 1920년대 당시 이 일대 일본인 농장 상황을 살펴볼 수 있는 자료다(표 3 참조).

기쿠치는 이 책을 통해 낙후되고 후진성을 면치 못하던 한국을 일본인이 사명감을 가지고 개발·선도해 그야말로 풍요로운 농촌과 근대적 공업 도시를 만들어 냈다고 감탄했고, 나아가 일본인 지주들의 선진 농업 기술 보급과 자애로운 소작제 경영으로 한국인이 기존 봉건 왕조 체제하의 구습과 착취·가렴주구로부터 벗어날 수 있었다고 주장했다.

동산촌(동산농장을 가리킴 – 필자) 마을의 전 재산을 자기 영지領地로 하고, 그 장대한 가옥을 건축해 자기의 우편국, 자기의 학교, 심지어 자기의 경찰을 두고, 촌의 왕과 같은 세력을 부리고, 경영 수완을 발휘해 빈곤을 알지 못하게 했다. (…) 이곳은 이와사키 왕국의 하나의 영지다. 심지어 (그 지배는 – 필자) 국가의 지휘에 해당된다. 마을의 면장은 고용된 어용 면장이고, 학교에는 고용된 어용 선생이 있다. 그리고 소작인들은 이 왕국의 신첩臣妾이라고 만족하고 있다.[3]

기쿠치가 묘사한 동산농장의 모습은 미쓰비시 재벌 총수인 이와사키의 개인 왕국이었다. 그리고 그곳에서는 식민지 통치 권력보다도 이와사키의 지배가 더 강력하게 구현됐고, 식민지 소작인들은 일본인 지주의 신첩과 같은 존재였다.

이와 관련해 이미 역사학계에선 '식민지 지주제' 연구를 통해 조선흥업, 동산농장, 호소가와의 대장촌 등 일제하 일본인 거대 지주의 수탈적 지주·소작제 농업에 대해 많은 사례가 검증됐다. 이들은 한국의 식민지화 이전 시기인 청일전쟁부터 러일전쟁에 이르는 시기 본격적으로 들어와 거대 자본을 바탕으로 우리의 알짜배기 땅을 점유했다.

특히 대규모 수원水源을 확보할 수 있는 영산강, 금강, 동진강, 만경강 유역의 전라남북도 지역 그리고 수확한 쌀을 신속하게 대량으로 일본으로 수출하기 위한 경부선과 호남선 등의 철도 인근 지역, 혹은 군산항 주변 등에 집중적으로 자리 잡았다. 미쓰비시 계열의 동산농장과 오쿠라 기하치로大倉喜八郎 재벌 계열의 오쿠라大倉 농장이 1914년 10월 개통된 이리·전주 간 경편철도輕便鐵道 정거장을 오쿠라 농장 앞으로 정할지, 동산농장 앞으로 할지를 두고, 서로 팽팽하게 대립하다가 결국은 양 농장의 중간 지점으로 정하되 역 이름을 '동산촌역東山村驛'으로 정한 일은 당시에도 유명했다.[4] 그만큼 일본인 대지주들은 토지의 비옥도나 수리 시설 이용 문제, 쌀의 수송을 위한 교통 편의성 등 각종 제반 농업 경영 조건에서 조선인에 비해 비교 우위에 있던 노른자 땅을 확보했다.

그런데 이들은 이 시기 대한제국이 외국인의 토지 소유를 불법으로 규정했기 때문에 소유권을 확보할 수 있는 법적 보호 장치가 결여됐는데도, 당시 주한 일본공사관의 비호를 받거나 일본인 상공업자 또는 지주들의 자체 부동산 관리 기구인 '목포흥농협회木浦興農協會', '군산농사조합群山農事組合' 등까지 조직하며 결사적으로 토지 경영에 주력했다. 그리고 토지를 매입하는 방법은 고리대금업에 의한 토지와 가옥 담보물의 '저당유질'과 50년 혹은 100년이 넘는 '영구 경작권', 즉 사실상의 소유권 거래였다.[5] 불법 토지 강탈에 가까운 토지 점유를 통해 일본인 대지주들은 식민지 한국에서 거대 지주로 군림하며 식민지 정치권력이면서 식민지 백성에게는 또 하나의 생존권을 쥔 지역 사회의 경제권력이었고, 그 영향력은 총독부 권력 이상이었다. 그런데 기쿠치는 일본인 지주들의 농장을 둘러보면서 낙후된 한국을 일본이 풍요롭게 개발시켜 주고 있다고 찬양했다.

한편 기쿠치는 전라도의 농업 문제에 큰 관심을 보였다. 군산 지역의 중요성을 다음과 같이 소개하며 일본의 식량 정책상 가장 중요한 식량 조절지라고 강조했다.

19세기 군산항

기자는 지금 군산에 와서 제일 먼저 1923년도에 쌀 130만 석을 일본으로 수출한 것을 알았다. 군산항의 규모가 얼마나 거대한가를 알았다. 일본의 식량 조절 안전 구역은 300만~500만 석이라고 한다. 그렇다면 군산의 1923년도 생산량은 4분의 1을 충당한 것이다. 군산의 미곡 유통은 이제 200만 석이 멀지 않았다. 따라서 군산은 일본의 식량 정책상 가장 긴요하고, 가장 유력하고, 가장 중요한 식량 조절지인 것이 분명하다. 따라서 이 중요한 곳에 취급 거래소를 설치하고, 수출 편리를 위해 항만 축항과 개량 사업을 하는 것이 국가의 당연한 의무다. 그리고 가능하다면 국가의 특설 시장을 설치해 거래소를 국영으로 한다면 한층 식량 조절 기관으로서 적합할 것이다.[6]

기쿠치는 당시 일본의 식량 조절 안전선을 약 300만 석에서 500만 석으로 봤다. 그리고 군산항이 1923년 쌀 130만 석을 수출했으니, 안전선의 4분의 1을 군산이 충당했다는 사실에 주목했다. 그는 군산이 머지 않아 200만 석을 감당할 수 있을 것이고, 따라서 군산이 일본의 식량 정책상 매우 중요한 식량 조절지라고 강조했다. 기쿠치는 더 나아가 식민지 농업 정책의 구체적 방향까지 제시했다. 즉 군산에 미곡 취급 거래소를 설치하고, 수출을 위한 항만 개량 사업을 하는 것이 국가의 의무이며, 가능하다면 국가가 특설 시장을 설치하고, 거래소를 국영으로 해 쌀값을 안정적으로 조절하다면 쌀의 효과적인 수출이 가능할 것이라며 매우 구체적으로 사업 윤곽을 제안했다.[7] 이렇게 기쿠치는 군산의 경제적 가치를 역설하며 '쌀의 군산'을 장황하게 소개했다. 지금도 군산에 가면 마치 시간을 식민지 시기로 거꾸로 돌려놓은 착각에 빠질 만큼 일본식 가옥과 그들의 흔적이 곳곳에 고스란히 남아 있다. 이를 볼 때 '쌀의 군산' 그리고 '일본인을 위한 쌀의 군산'이었다는 사실이 가슴 아프다. 게다가 군산 지역에서 '우메보시梅干し'나 '나라쓰케奈良漬' 같은 일본 전통 장아찌가 거의 지역 특산물처럼 생산되는 것을 볼 때 일본인 지주들이 군산 일대를 장악하고, 전라도의 곡창에서 그러모은 우리 쌀을 일본으로 가져가 오사카나 고베 등의 곡물 시장에서 판매함으로써 거부를 축적하고, 식민지 거대 지주로 군림하던 그때 그 시절을 보여 주는 것 같아 씁쓸하다.

기쿠치는 이 책에서 자기가 만약 산업 정치에 뜻을 갖는다면 이리에 농산물 가공을 위한 대공장과 국가 직영 대비료 공장, 농기구 공장까지 설치하고, 군산에 일본의 대도시를 키워내 정백미를 이리에서 정미해 대창고에 보관하며, 쌀의 항구 군산과 서로 호응해 일본 식량 조달지로 대농촌 마을을 건설하고 싶다고까지 주장하면서 적극적으로 이리를 개발해야 한다고 역설했다.[8]

일제에 의한 산미증식계획(1920~1934)이 한창 진행되던 1920년대 중반 전라도 일대의 답사, 그것도 군산항과 일본인 대농장 위주의 견학을 통해 소감 등을 소개한 《조선제국기》에는 '쌀' 증산에 초점을 맞춘 글이 많다.

한편 기쿠치는 1906년부터 통감부 촉탁으로 한국 각지를 다니면서 시정에 필요한 각종 정보를 수집했다. 반도 종단 철도를 왕래하고, 특히 철도 연선 주변에서 일본 국민의 이주 상황을 직접 목격한 뒤, 척식 상태가 서울을 기준으로 해 한국 남부와 북부가 현저하게 다르다는 사실을 알고, 한국으로의 이민에 관해 조사했다. 그리고 대략의 결과를 정리한 것이 〈한국의 남북에 있어서 척식拓植의 상태〉다.

기쿠치는 처음에 서울을 출발해 개성, 신막新幕·평양·안주安州·정주定州를 경유해 신의주에 갔고, 수일간 압록강 하류 연안 신일본 부락을 왕래하고, 압록강 연안에 일본인 이식移植이 급격하게 증가하는 것을 보고 무척 놀랐다. 러일전쟁 전에는 만주 안동현安東縣(현재의 단둥 지역)에 있던 일본인은 약상藥商 한 명과 벌목 관계자 십수 명, 시찰자가 의주성義州城 내에 상거하는 것 외에 거의 없었는데, 전쟁 후 1년여 만에 약 1만 5000명이 압록강 연안에 거주하는 대변화를 놀라워했다.

또한 개성과 평양·진남포 등의 지역에서 무역이 증진하고, 거류하는 일본인이 5000명 이상으로 늘어난 것은 러일전쟁 당시 속성으로 완성된 종단 철도에 그 이유가 있다고 지적했다. 기쿠치는 북부 지역은 식민 발전이 일본의 세력 확장에 따라 급조된 것으로, 다만 일본인 이주자들은 일시적 거주를 목표로 했을 뿐이라고 했다.

반면 기쿠치는 경부선을 타고 수원, 조치원, 대전, 김천, 대구, 밀양, 삼랑진三浪津을 경유해 남부 지역의 식민 부락 형성 상태를 조사했다. 일본인 이주자들이 한국에서 영구히 거주하기 위해 인내와 용기를 가지고 개척을 하고, 집단화했다는 것에 주목했다. 그리고 이러한 일본인 취락 형성을 경의선 지역의 특산식민지特産植民地와 비교해 차별성이 있다고 높이 평가했다.

기쿠치가 제시한 이상적 이민 형태는 단기적 이윤 확보를 위해 국가 권력이 진출한 뒤에 뒤따르는 식의 기생적 이민이 아니라, 선도적으로 한국에서 뿌리를 내리고, 향후 일제의 한국 식민 통치를 장기적이고 영구히 뒷받침할 수 있는 농업 이민이었다.[9]

열등·불결·
태만·천박·
음험한 조선인

기쿠치는 1908년 《조선》의 실제 운영, 편집을 담당하는 주간이었을 때 이 잡지에 비교적 많은 글을 기고했다. 그의 기고문은 대부분 병합 이전에 집중돼 있고, 거의 《조선》에 수록된 것이다.

이 잡지의 전편에 흐르는 한국에 대한 인식은 '한국이 일본보다 열등한 민족이며, 불결하고, 파렴치하고, 신경이 둔하고, 취미가 천박하며, 누적된 관습이 깊이 침투돼 있고, 계급관념이 확고부동하고, 태만·방자하고, 지독하게 냉혹해 동정심이 없고, 의심하는 마음이 깊어 음험하다'라는 표현과 같은 비난이다. 또한 일본인은 '선진 국민, 종주 국민'으로서 '한국의 개발과 한인 계도 임무'가 있다고 강조했다.

이 잡지는 통감 정치도 비판했는데, 예를 들어 '한인 본위주의'의 통감 통치가 폭도(의병) 한국인에게 실효성이 없다고 주장했다.[10] 기쿠치가 《조선》에 투고한 글 역시 이러한 논조를 그대로 따른다.

한편 기쿠치는 호소이가 편찬한 《선만총서鮮滿叢書》 제1권(1922~1923)에서 〈각종의 조선평론朝鮮評論〉이란 글을 통해 자기 고향 구마모토의 히고肥後 지역과 한국을 비교했다. 즉 스스로 구마모토 남쪽의 한학자 동산童山 선생 가문에서 태어난 히고 인人이라고 말하면서 히고 지역은 예로부터 조선의 주자학을 받아들인 전통이 강하다고 설명했다. 그러면서 히고 지역이 가토 기요마사加藤淸正(1562~1611)의 문화적 선정의 혜택을 받은 지역이고, 가토가 조선 성리학자를 데려와 융성을 본 지역으로 구마모토 국권당은 조선학의 노론파에 해당한다고까지 설명했다.

이렇게 조선과 히고 지역의 문화적 연계성을 설명하는 듯하더니 기쿠치는 히고 지역의 당쟁이 천하의 난물難物로 개조가 매우 어렵고, 학벌 항쟁의 골이 대단히 깊어서 사실 히고 지역과 유사한 식민지 한국을 개조하는 것도 불가능하다는 식으로 논리를 폈다. 그러면서 일본은 왕양명학王陽明學의 감화를 받은 자유학파도 산출했는데, 조선은 무사도의 순결한 교화도 없었고, 양명학의 감화도 받지 못했기 때문에 학문이 음기화陰氣化하고, 개변이 불가능하게 됐다는 것이다. 따라서 당시 총독 정치의 난국도 바로 이렇게 오랜 세월 개조할 여지없이 지내 온 한국의 특성에 있다고 풀이했다.[11]

결국 조선은 400년간 성리학을 고수해 음기화한 나머지, 결국 붕당의 고질적 폐해를 고치지 못했다고 논한 것이다. 이에 비해 일본은 예전 조선 성리학의 감화를 받았으나, 나름대로 국학國學을 창출했다는 것이다.

한편 기쿠치는 1920년대 문화 통치의 문제점을 지적하며 "굳이 그것을 반대하는 것은 아니지만 다만 그 실효성이 있겠는가"라는 화두를 던

지며, 문화 통치의 관건은 '돈'이며, 재력이 뒷받침되지 않는 한 힘든 통치 방식이라고 주장했다.[12]

한마디로 무식하고 몽매한 한국인에게 문화 통치가 소용이 있겠느냐는 것으로, 문화 통치를 하자면 비용상 문제가 큰데, 재정 부담을 떠안느니 무단통치로 일관하는 것이 더 낫다는 논리다.

'악정의 책임, 경상도',
'폭도의 고장, 전라도'

기쿠치는 또 《조선잡기》나 《조선제국기》를 비롯해 한국의 지리·역사·산업 등을 소개한 지리서 성격의 종합 소개서를 많이 저술했다. 그러다 보니 한국 내에서 발간된 일본인 종합 잡지에 게재한 기고문에도 비슷한 성격의 글이 많다.

기쿠치는 〈제국의 보호 정책은 금일 이상으로 개변하는 것이 필요한가?〉를 통해 1908년 당시 이토 통감의 통치 정책이 3년째로 접어들어서도 한국민의 불평이 확대되고, 한국의 황실과 귀족들이 제국의 보호 통치를 좋아하지 않으며, 폭도(의병)들이 크게 일어났다고 성토했다. 또 한국인이 본래 전래적으로 적개심이 강하고, 반항적인 세력으로 청일전쟁과 러일전쟁에서 승리한 일본의 통치를 당하면서도 모질고 사나운 기질상 통치하기 힘들다고 지적했다. 한국인들은 겉으로는 제국의 통치에 순응하는 듯하나 이면에서는 반항 정신이 투철해 밀사 사건(1907년의 헤이

1907년의 의병 모습

그 특사사건)을 일으키고, 유생들이 폭동을 일으키고, 궁정 외교를 통해 외국의 동정을 구하고 있다고 지적하고, 즉각적 강제병합을 주장했다.[13]

기쿠치는 또한 의병 전쟁이 최고조에 달해 서울 진공 작전이 시도된 1908년 당시 상황에서 이를 강경 진압해야 한다고 역설하기도 했다. 〈폭도에 대한 모국의 관찰〉에서 한국 각지에서 일어나는 폭도(의병)는 전부 초적의 무리고, 생활을 위한 강도, 약탈 집단에 불과하다고 주장했다. 또 한국인은 벌써 제국의 보호를 기뻐하고, 보호 정책에 따르고, 다만 일부만이 강도와 약탈을 계획해 무리지어 각지에 산재할 뿐이라고

식민학자 기쿠치,
'문명 일본의 은혜로운 식민 통치'를 쓰다

주장했다. 따라서 이들을 토벌하기 위해 일본제국이 다대한 병력을 사용하는 것은 제국의 당연한 보호 권력이라고 했고, 다수의 헌병과 경찰대를 포함한 2개 사단 병력이 필요하다고 제시했다. 기쿠치는 이렇게 무력에 의한 강경 진압과 함께 한국에서 일어나고 있는 사태를 일본 정부와 일본 국민이 보호국에 대한 정확한 지식으로 관찰해야 한다고 당부했다.[14]

〈각종의 조선평론〉은 한반도 각 지방의 지역민, 지리, 역사, 산업 등을 소개한 지리서다. 그런데 여기서 기쿠치는 경상도 지역을 남조선의 이면 지역으로, 신라왕조의 문화가 부식된 지역으로 조선시대에 이르러서는 중국의 주자朱子에 빠져 향교와 서원에만 열중한 지역으로 소개했다. 조선왕조의 폭정과 악정의 역사가 경상도인에 의해 400년간이나 지속됐다고 평가한 부분은 황당하다. 기쿠치는 폭정의 책임이 경상도 사람들에게 있다면서 망국의 책임을 한국인 스스로에게 돌리고, 지역감정까지 조장한 것이다.

한편 전라도 사람들은 지역이 배주背走하는 지세로 반역의 기가 강하다면서 반역자를 내는 곳으로 규정했다. 그 근거로서 고려 태조 왕건王建(재위 918~943)의 '훈요 10조訓要十條' 중 제8조를 자의적으로 해석해 배반의 무리들이 사는 지역으로 설정했다.[15] 다음이 훈요 10조의 제8조 내용이다.

차현 이남車峴以南과 공주 강외公州江外는 산형과 지세가 모두 배역했으니 인심도 역시 그러하다. 그 아래에 있는 주나 군의 사람이 조정에 참여하고 왕후·국척과 혼인해 권력에 결탁하게 되면 국가에 변란을 초래하거나 통합당한 원망을 품고 임금이 거둥하는 길을 범해 난을 일으킬 것이며 (…) 비록 선량한 백성일지라도 마땅히 벼슬자리에 두어 권력의 길에 들지 말게 하라.

차령산맥 이남과 공주강 밖(外)이란 공주강 위(上) 지역을 가리킬 수도 있고 아래(下) 지역일 수도 있어 그 해석이 분분하다. 차령산맥 이남과 공주강 위라면 지금의 계룡산 부근의 계룡, 논산, 청양 일대를 가리킨다. 전라도 지역이 아니다. 또한 고려 태조 왕건 자체가 호족 통합 정책을 통해 박술희朴述熙(?~945)를 비롯한 전라도 지역 호족을 크게 중용한 것은 역사적으로 잘 알려진 사실이다. 무엇보다도 태조 왕건의 뒤를 이은 2대 혜종惠宗(재위 943~945)은 전라도 나주 지역 호족인 오다련吳多憐의 딸 장화왕후莊和王后 오씨의 소생이다. 따라서 위 내용은 사실상 신빙성에 논란이 많다.

기쿠치는 이어서 고려 때 여몽연합군의 일본 원정을 두고, 대륙을 끌어들여 동족을 전멸시키려 했다는 황당한 논리까지 펼치면서 이러한 경험이 전라도 사람들을 배반의 무리로 만들었다는 억지주장까지 했다.

전라도인은 기氣가 강하고, 백제 이래 조선 민족 가운데 패자의 지위에서 벗어나 서서 대륙과 반도가 합력 동맹해 섬나라를 압도하는 일이 빈번히 있었다(고려 때 여몽연합군에 의한 일본 원정을 가리킴 – 필자). 그러나 대륙의 권력을 이용해 동족의 전멸을 모반한 일은 전라도인을 배반의 무리로 만들었

다.(⋯)[16]

갑자기 한국인과 일본인이 동족이라는 논리도 어이없는 왜곡이지만, 여몽연합군의 일본 원정을 두고, 전라도인이 배반의 무리가 됐다는 부분도 합리적으로 설명이 안 되는 부분이다.

백제 이래 전라도에서는 한 사람의 충신도 나오지 않았다. 근대에 이르러 전라도인은 이조의 은혜에 따르지 않는 일이 많았고, 따라서 400년 암흑사에 관계없이 그들은 밭을 경작하고, 토양에 몰두하는 것 외에 큰 정치가도 학자도 배출하지 못했다.[17]

과연 기쿠치의 주장대로 조선왕조를 봤을 때 전라도에서 단 한 사람의 충신도 나오지 않았을까? 정치가도 학자도 배출하지 못했을까?

기쿠치의 왜곡된 지역감정 조장은 일제강점기 역사 왜곡은 물론, 당파성론·지역주의·분열주의 등 식민사관으로 고착됐고, 지금까지도 뿌리 깊게 박힌 지역감정에 상당한 영향을 미쳤다. 그러면서도 기쿠치는 전라도 지역이 식민 통치의 은혜를 가장 많이 받아 지금 13도道 가운데 제일 행복한 입장으로, 작위도 권세도 얻지 못했지만, 산업이 융성해 충만한 행복과 혜택을 받았다[18]고 설명하면서 이 지역에 집중돼 있는 식민지 경제 수탈 구조를 호도했다.

한번 머릿속에 각인된 생각이 바뀌기는 쉽지 않다. 역사를 전공한 나도
어릴적 아버지 서재에서 호기심에 꺼내 보던 이선근의 《이야기 한국사》
속에서 처음 만난 명성왕후 이미지는 과히 좋지 않았다. 다행히 우리 학
계에서 식민사학을 극복하려는 노력과 명성왕후를 재조명하는 연구들
이 상당히 성과를 거두었는데도, 선입견은 참으로 무섭다는 생각이 든
다. 솔직히 한국 근대사를 전공하고, 대학에서 강의하며 논문을 쓰면서
머리로는 식민사관을 극복하자 하고, 일본인에 의해 왜곡된 우리 역사
에 가슴으로 분노하지만 은연중에 알게 모르게 깊이 자리 잡고 있는 흥
선대원군과 명성왕후·고종에 대한 '망국 책임론', '권력 쟁탈전과 부패
혹은 무능'의 어릴적 선행 학습(?)이 불쑥 튀어나올 때가 있다. 그때마다
스스로도 깜짝깜짝 놀란다.

구한말 시기를 '조선 망국론'으로 몰아간 장본인은 분명 일본인이었고, 한국 강제병합을 합리화하기 위한 목적이었다. 그리고 이러한 식민 사관은 일제강점기 내내 우리를 세뇌시켰다. 침략자에 의해 왜곡된 역사를 진실인 것처럼 착각하게 된 상황을 극복하지 못하고, 오늘날 우리 스스로 내부에서조차 식민지 근대화론의 주장까지 큰 목소리를 내고 있는 현실이 안타깝다.

　　일본은 현재 급격하게 우경화하고 있고, 과거의 침략 행위를 반성하기는커녕 자체를 부정하고 있다. 일본은 스스로를 침략자이자 한국과 대만·중국 등 동아시아 주변 이웃 국가 그리고 태평양을 건너 미국까지, 전 세계를 상대로 무모한 전쟁을 일으킨 전범 국가로서 인식하지 않고, 단지 원자폭탄을 투하당해 큰 피해를 입은 피해자로만 전쟁을 기억하고 있을 뿐이다.

남이 당한 고통은 전혀 생각하지 않는다. 남에게 폐를 끼치는 것을 끔찍히도 싫어하는, 배려하는 생활 습관이 몸에 밴 국민성을 가진 그들인데 19세기 말 이래 1945년까지 무려 50년 이상을 이웃 국가에 그러한 피해를 입히고도 일말의 반성이 왜 없는지 상식적으로 전혀 이해가 가지 않는다.

하지만 기쿠치 겐조의 글을 읽다 보면 일본의 이러한 적반하장격 태도의 뿌리와 인식의 틀이 보인다. 기쿠치는 명성왕후를 살해한 후 왕후의 죽음을 두고 '본인이 실덕한 탓'으로 죽었다고 했다. 이후로도 일본은 한국을 강제병합하고는 한국은 망할 수밖에 없는 나라였기 때문에 스스로 망했다고 합리화했다. 살인자가, 침략자가 자기가 저지른 범죄에 대해서는 덮어두고, 오로지 피해자의 탓으로 돌리는 꼴이다.

물론 우리도 뼈아픈 역사 반성이 필요하다.

집주인이 문을 다 열어 놓고, 편안하게 낮잠을 자다가 도둑이 들어와 식구들을 죽이고 집을 차지해 버리면 과연 누구의 탓일까? 당연히 도둑이 잘못이다. 그러나 자기 집과 식구를 제대로 지키지 못한 집주인 또한 잘했다고 말하지 못할 것이다.

21세기, 지금의 한반도를 둘러싼 일본과 중국·러시아·미국의 상황이 100여 년 전 동아시아의 정세와 크게 다르지 않다. 그때와 다르다면 중국은 꺼져 가는 종이호랑이가 아니라 다시 무서운 속도로 세계 최강국으로 부상하고 있고, 일본도 강한 일본을 외치며 중국의 팽창에 군사적 대립까지 불사하며 맞서고 있다. 그리고 그 정치·외교적 논리는 19세기 말 기쿠치를 비롯한 보수 우익의 극단적 침략 논리와 다르지 않다.

미국은 불과 한 세기 전 만주와 중국 시장에서의 경제적 이권을 확보하고, 동아시아에서 러시아를 견제하기 위해 러일전쟁에서 일본을 후원하며 대리인으로 내세웠다. 그러나 미국과 영국 등의 전폭적인 원조로 러일전쟁에서 승리한 일본은 동아시아의 패권국으로서 거듭되는 군비 확장과 제국주의 침략전쟁을 일으키며 1931년에는 만주로, 1937년에는 중국 본토로 쳐들어갔다. 그리고 1941년에는 마침내 미국 진주만을 기습적으로 공격해 태평양전쟁을 일으켰다. 미국은 자기들이 키운 대리인에게 뒤통수를 제대로 맞은 셈이다. 결국 미국은 2차 세계대전에 참전해 경제적 피해는 차치하고, 엄청난 인명 피해를 감수해야만 했다. 그런데 현재도 중국의 급부상과 이슬람 극단주의 세력과의 분쟁에서 미국은 또 다시 일본을 중요한 협조 세력으로 끌어안고 있다.

　결국 한국에선 100여 년 전 상황, 국제 외교 관계에서 그 누구의 도움도 제대로 받지 못하는 상황이 되풀이될 수밖에 없을지도 모른다. 자국의 안전 보장을 그 논리로 해 늘 침략전쟁을 합리화시키는 일본은 평화헌법을 개정해 전쟁이 가능한 나라로 전환하고 있고, 제2의 청일전쟁이 일어날 가능성도 없다고 할 수 없다. 게다가 북한의 위협이 늘 대한민국과 일본을 자극하는 한 일본 우익의 침략 논리는 더욱더 힘을 받을 수밖에 없다.

　이 글을 정리하면서, 기쿠치와 같은 일본 보수 우익의 침략 논리를 읽어내려 가면서 조금도 다르지 않게 재현되는 일본의 역사 인식과 팽창의 움직임을 확인했다. 그리고 100여 년 전 열강의 틈바구니 속 약소국 한반도가 힘겹게 줄타기 외교를 거듭하던 시대 상황과 오늘날이 매우 유사하며, 식민사관이 장기 지속성을 갖고 일본의 기본 역사관으로 이어지고 있음도 보았다. 우리 한국의 지정학적 위치와 우리를 둘러싼 주변 강대국과의 관계 그리고 일본 우익의 잘못된 역사관에 대응할 논리

적 대응과 국제적 공감대 형성과 공조 등 우리에게 제시된 어려운 과제
들을 차근차근 그리고 냉철하고 체계적이며, 합리적으로 접근해 풀어내
야 할 것이다.

부록 1

관련 인물

미우라 고로三浦梧樓(1846~1926)

일본 야마구치 현山口縣 출신의 군인. 1870년 병부 권소승權少丞, 1871년 육군 소장, 1878년 육군 중장, 1882년 일본육군사관학교장 등을 지냈고, 1884년 서구와 미국의 병제를 시찰했으며 자작子爵 작위를 받았다. 1888년 예비역에 편입돼 궁중 고문관이 됐으며 1890년 귀족원 의원이 됐다. 1895년 9월 이노우에 가오루의 후임으로 한국 주재 특명전권공사로 부임했고, 그해 10월 8일 을미사변을 일으켰다. 이후 살해된 명성왕후가 조야에 죄가 많다는 이유로 김홍집의 친일 내각을 압박해 폐서인조칙廢庶人詔勅을 내리도록 했다. 그러나 당시 궁궐에서 살해 현장을 목격한 미국인 다이와 러시아인 사바틴이 일본의 만행을 국제사회에 알리면서 미우라를 비롯한 사건 가담자들은 일본으로 소환돼, 히로시마 감옥에 일시 투옥됐으나 증거불충분으로 무죄 석방됐다. 1908년 4월 1일에는 국가 원로가 됐고, 1910년 추밀고문관樞密顧問官 겸 궁내관이 됐다. 이후 계속해 일본 정계의 원로로 활동했다.

이노우에 가오루井上馨(1836~1915)

일본 조슈의 무사 가문 출신으로, 메이지 시대 일본의 대표적 정치인. 일본 최초의 총리가 된 이토 히로부미와 소년 시절부터 가까운 친구 사이로 존왕양이尊王攘夷 운동의 한계를 깨닫고, 1863년 함께 영국에서 유학했다. 그런데 다음 해 고향인 조슈 번藩이 외국 선박을 포격하는 바람에 일본에 위기 상황이 발생했다는(4국 연합 함대의 시모노세키 포격) 소식을 전해 듣고, 서둘러 귀국했으나 휴전 중재에 실패했다.

1868년 도쿠가와 막부가 무너지고 메이지 정부가 들어서자 이노우에는 신정부의 중심인물이 됐으며 대장성·공부성·외무성에서 중요한 지위를 역임했다. 1885년 이토가 총리가 되자 이노우에는 외무상·내무상·대장상 등을 역임했다. 1898년 정치 일선에서 물러난 뒤에도 러일전쟁 중에는 대장상의 특별 고문이었고, 겐로로서 천황의 요청에 따라 국무 회의에서 국가 중요 정책을 자문했다. 1907년에는 후작에 올랐다.

우리나라와의 관계를 보면 1876년 강화도조약 체결 당시 부전권대신으로 조선에 와 불평등조약을 강요했으며, 1894년 2차 갑오개혁에 박영효를 투입해 간섭했다. 1895년 을미사변을 일으켜 명성왕후를 살해하는 계획을 입안하고, 막후에서 조종한 실세였다.

카를 이바노비치 베버Karl Ivanovich Veber(1841~1910)

제정러시아의 외교관. 러시아 상트페테르부르크 대학교를 졸업하고 러시아 외무성에 들어가 베이징과 톈진天津 주재 제정러시아공사를 지냈다. 1884년에는 한국과 한러수호통상조약 체결 당시 서명을 했고, 다음 해 한국의 첫 러시아공사로 부임해 1897년까지 근무했다. 1896년 아관파천을 성공시켰으며, 이완용을 중심으로 한 친러 내각 성립에 큰 영향을 끼쳤다.

김홍집金弘集(1842~1896)

본관은 경주慶州, 자는 경능景能, 호는 도원道園·이정학재以政學齋. 1867 년(고종 4) 경과정시慶科庭試 문과에 급제한 후, 1868년 승정원사변가주서 承政院事變假注書에 임명됐다. 이후 여러 관직을 거쳤다.

1880년 제2차 수신사로 일본에 가서 황준헌黃遵憲의《조선책략朝鮮策 略》, 정관응鄭觀應의《이언易言》을 가지고 돌아와 예조참판으로 승진했 다. 같은 해 정부가 개화 정책을 추진하기 위한 중추 기구로 통리기무아 문統理機務衙門을 설치하자, 12월 통상 관계를 전담하는 당상경리사堂上 經理事에 발탁됐다. 1882년에 미국과, 1883년에는 영국·독일과 차례로 수호통상조약을 체결할 때, 부관으로서 임명돼 협상의 실무 책임을 맡 았다. 특히 임오군란의 사후 수습책으로 정부에서 일본 및 청나라와 각 각 제물포조약 및 조청상민수륙무역장정朝淸商民水陸貿易章程을 체결할 때에도 전권부관으로 협상의 실무 책임을 맡았다. 그 뒤 1884년 예조판 서와 독판교섭통상사무督辦交涉通商事務를 겸임하는, 대외 교섭의 최고 책임자가 됐다. 1885년에는 좌의정 겸 외무독판外務督辦으로 갑신정변 을 마무리하기 위해 일본과 한성조약을 체결했다. 1894년 총리교섭통 상사무總理交涉通商事務에 임명돼, 고종에게 민심 수습과 내정 개혁의 필 요성을 상주했다.

1894년 6월에 일본이 경복궁을 불법 점령하자, 대원군을 섭정으로 하면서 김홍집은 군국기무처 총재관 겸 내각총리가 됐으며 1차 갑오개혁이 실시됐다. 이어 청일전쟁의 승세를 탄 일본이 이노우에 가오루를 전권공사로 해 박영효를 귀국시켜 김홍집과 박영효의 연립 내각을 수립하면서, 제2차 김홍집 내각에 의한 2차 갑오개혁이 추진됐다. 그러나 1895년 5월 박영효와의 갈등, 수구파와 급진파 간의 갈등 등이 심화돼 김홍집은 총재직을 사임했고, 박정양·박영효의 연립 내각이 수립됐다. 그 뒤 '박영효 역모 사건'으로 박영효가 일본으로 망명하자, 같은 해 7월 친미·친러파와 제휴해 제3차 김홍집 내각을 출범시켰다. 이어서 10월에 을미사변이 일어나자 다시 친일적 성격의 제4차 김홍집 내각을 출범시켰고, 이후 일본의 압력에 의해 명성왕후를 폐서인시키고, 단발령을 주요 내용으로 하는 제3차 갑오개혁(이른바 을미개혁)을 추진하는 등 고종과 국민의 지지를 잃었다. 1896년 2월 아관파천으로 내각이 붕괴되고 친러 정권이 수립되자 김홍집은 '왜대신倭大臣'으로 지목돼 광화문 앞에서 군중들에 의해 타살됐다. 유고집으로 《김총리유고金總理遺稿》가 있고, 1910년 충헌忠獻이라는 시호가 내려졌고, 대제학에 추증됐다.

박영효 朴泳孝(1861~1939)

본관은 반남潘南, 자는 자순子純, 호는 춘고春皐·현현거사玄玄居士. 1872년(고종9) 철종의 딸 영혜옹주永惠翁主와 결혼해 부마가 됐으나 3개월 만

에 사별했다. 큰형을 따라 박규수朴珪壽(1807~1877)의 사랑을 출입하면서
오경석吳慶錫(1831~1879)·유홍기劉鴻基·이동인李東仁(?~1881) 등 개화 사상
가들로부터 영향을 받았고, 1879년경 김옥균·서광범 등과 교류했다.
1882년 9월 임오군란 수습을 위해 특명전권대신 겸 제3차 수신사로 임
명돼 종사관 서광범 등과 함께 일본에 가서 일본의 발전상을 시찰했다.
그리고 이때 항해하는 배 위에서 태극사괘太極四卦의 국기를 제정해 일
본에 도착한 직후부터 사용했다.

1883년 초 귀국해 한성 판윤에 임명됐고, 박문국博文局·순경부巡警部·
치도국治道局 등을 설치해 신문 발간과 신식 경찰제도 도입, 도로 정비
사업, 유색의복有色衣服 장려 등 일련의 개화 시책을 폈다. 그러나 곧 광
주 유수 겸 수어사守禦使로 좌천됐고, 이마저도 12월에 사임했다. 김옥
균 등과 함께 일본과 접촉해 1884년 12월 갑신정변을 일으켰으나, 삼일
천하三日天下로 실패하고 일본으로 망명했다.

이후 야마자키山崎永春로 이름을 고친 뒤, 명치학원明治學院에 입학, 영어
를 배우면서 미국인 선교사들과 친분을 맺었고, 후쿠자와 유키치福澤諭
吉(1835~1901) 등 일본 조야의 유력 인사들과도 교유했다. 1888년 초에는
일본에서 '개화상소開化上疏' 혹은 '건백서建白書'를 작성해 고종에게 올
리기도 했다. 1894년 8월 일본공사 이노우에의 지원을 받아 수립된 제
2차 김홍집 내각의 내부대신으로 입각했으나, 1895년 7월 역모를 꾀했
다는 혐의를 받아 일본으로 망명했다. 1898년에는 이규완李圭完·황철黃
鐵·이정길李鄭吉 등의 심복을 밀파해 독립협회와의 제휴를 통한 정계 복
귀를 기도했으나 실패했다. 1900년 7월, 의화군을 국왕으로 추대하기

위한 쿠데타 음모를 시도했으나, 역시 실패해 궐석 재판에서 교수형을 선고받았다.

국권이 늑탈된 뒤 일제가 수여한 후작 작위를 받았고, 1911년 조선귀족회 회장, 1918년 조선은행 이사를 역임했다. 3·1운동 이후에는 유민회維民會·동광회同光會·조선구락부朝鮮俱樂部·민우회民友會 등 친일 단체와 관계를 맺었고, 1920년 동아일보사 초대 사장에 취임했다. 1926년에 중추원의장, 1932년에 일본귀족원의원 등을 역임하고 1939년 중추원부의장 재직 중에 죽었다. 저서에《사화기략使和記略》이 있다.

오카모토 류노스케岡本柳之助(1852~1912)

일본 와카야마 현和歌山縣 사족 출신으로 육군 포병 소좌를 지냈다. 강화도조약 체결 당시 일본 전권공사 구로다 기요타카黑田淸隆(1840~1900)의 수행원으로 한국에 온 적이 있다. 군인으로 출세가도를 달리던 중 1878년 '다케바시 소동竹橋騷動(일본 근위포병대 소속 병사 200여 명이 일으킨 봉기)'에 연루되면서 낭인 생활을 하게 됐다. 1884년 갑신정변 후 김옥균과 박영효가 일본에 망명했을 때 보호해 주었으며, 1894년 김옥균이 상하이에서 홍종우에게 암살되자 이를 일본에 대한 주권 침해 사건이라고 규탄하면서 청과 조선을 응징할 것을 주장했다. 이후 고향 선배인 외무대신 무쓰 무네미쓰의 추천으로 조선국 군부 겸 궁내부고문관으로 부임해 왔고, 대원군 등과 친교를 맺었다. 을미사변 당시 훈련대를 참가시키고 대원군을 공덕리 별장에서 강제 동원하는 역할을 담당했고, 건청궁에 난입해 명성왕후를 살해했다. 사건 후 히로시마 감옥에 투옥됐다가 증거 불충분으로 무죄 석방됐다. 이후 1897년부터는 중국에서 낭인 생활을 했다.

스기무라 후카시 杉村濬(1848~1906)

일본 모리오카 시盛岡市 출신. 1875년부터 《요코하마마이니치 신문》에서 기자로 활동했고, 1880년 서기관으로 서울 주재 일본공사관에 부임했다. 이후 15년간 한국 생활을 통해 외교관보다는 '조선통'으로 불릴 만큼 조선 문제에 정통한 전문가로서 활동했다. 이는 당시 외무대신이던 무쓰 무네미쓰가 훗날 쓴 회고록 《건건록蹇蹇錄》에서, 스기무라 후카시는 조선의 정세와 왕실의 움직임에 대한 정보를 제공한 일급 정보요원이었다고 한 내용에서도 알 수 있다. 명성왕후 살해 관련 재판에서 무혐의로 풀려난 뒤 후 외무성 정무국장이 됐다. 한국에서 겪고 느낀 일을 담아 펴낸 책으로 《明治廿七八年在韓苦心錄》이 있다.

이두황 (1858~1916)

본관은 인천. 자는 공칠公七·설악雪嶽. 1882년(고종 19) 평민 출신으로 무과에 급제해, 친군좌영초관親軍左營哨官을 시작으로 수문장 등의 무관직을 거쳐 1889년 홍해 군수를 지냈다. 1894년 동학농민운동이 일어나자 장위영영관壯衛營領官, 초토영중군剿討營中軍·죽산 부사 겸 양호도순무영우선봉竹山府使兼兩湖都巡撫營右先鋒으로 승진하며 동학농민군 진압에 나섰다. 이후 청일전쟁에서 일본군 정찰 업무를 수행하고, 1895년에는 훈련대 제1대대장으로 을미사변에 가담해 광화문 경비를 담당했다. 이후 체포령이 내려지자 일본으로 망명했다. 1907년 귀국한 뒤 이토 히로부미의 배려로 중추원부찬의副贊議가 됐고, 곧 의병 투쟁이 치열하던 전라북도 관찰사 겸 재판소판사로 임명받아 항일 의병 탄압에 앞장섰다. 1910년부터는 전라북도 장관으로 재임했고, 그 밖에 제국재향후원회帝國在鄕後援會 조선지회 전라북도 부회장 등 일본 사회단체의 지부장도 겸임했다. 평생에 걸친 친일 행적으로 일본으로부터 여러 차례에 걸쳐 벼슬을 받고 거액의 상여금을 받았다.

우범선 禹範善(1857~1903)

충북 단양 출생. 1876년 무과에 급제했고, 신식 군대인 별기군 참령을 지냈다. 1894년 6월 일본군이 경복궁을 점령한 이후인 8월 군국기무처의 일원이 돼 갑오개혁에 참가했고 1895년 4월 훈련대가 창설되자 제2대대장에 임명됐다. 을미사변 때는 자신이 지휘하는 훈련대 제2대대를 동원해 협조했다. 이듬해 아관파천으로 김홍집의 친일 내각이 무너지자 당시 훈련대 제1대대장이던 이두황과 함께 일본으로 망명한 후 도쿄에서 망명 생활을 했고, 사카이 나카라는 일본 여자와 결혼했다. 1903년 고영근高永根(1853~1923)에게 암살당했다. 아들이 육종학자로 유명한 우장춘禹長春(1898~1959) 박사다.

이진호 李軫鎬(1867~1943)

본관은 전의全義, 호는 성재星齋. 1888년 미국인 군사교관 다이를 초빙해 정부에서 설립한 육군사관학교인 연무공원에 입학해 군사훈련과 교육을 받았으며, 우수한 성적으로 교관 다이의 신임을 얻었다(연무공원은 1894년에 폐교됐다). 1894년 이두황에 이어 일제가 훈련시킨 교도중대敎導中隊의 두 번째 영관領官으로 동학농민운동을 진압할 때 출동했다. 을미사변 당시에는 훈련대 제3대대장이었으며, 훈련대 해산 후 친위대 제2대대장이 됐다. 춘생문 사건 때 군부대신 어윤중에게 그 계획을 밀고했고, 1896년 김홍집 내각이 붕괴된 뒤 일본으로 망명했다. 1906년 통감부가 설치되자 귀국해 중추원부찬의·평안남도 관찰사 등을 맡았고, 평양고등보통학교 교장을 지내기도 했다. 1910년 병합 이후에는 경상북도 지사를 거쳐 1916년 전라북도 지사가 됐다.

1921년 11월 총독부 고위 관료 등 재조선 일본인과 친일 거두들이 모여 조선구락부를 창설할 때 발기인으로 참여했고, 1924년 학무국장에 임명됐다. 일제강점기 동안 조선인이 조선총독부 국장이 된 것은 그를 포함해 두 명밖에 없었다는 점으로 보아 대단한 친일파였음을 알 수 있다. 1928년 임시교육심의위원회 위원이 됐으나 이듬해 퇴관, 중추원참의·고문·부의장을 역임했다. 이 기간 동안 각종 친일 단체를 조직하고 임원으로 활동했다. 1941년 8월 임전대책협의회臨戰對策協議會 임원, 1940년 10월 국민총력조선연맹 평의원, 1941년 10월 조선임전보국단朝鮮臨戰報國團 고문 등을 지냈다. 창씨개명 때 이가진호李家軫鎬로 이름을 바꿨고, 일제 말기에 일본제국 귀족원칙임의원에까지 임명된 대표적 친일파다.

이주회 李周會(1843~1895)

자는 풍영豊泳. 1895년 1월 영관領官으로 병정 600명을 지휘해 일본군과 합동으로 순천의 동학군을 공격했다. 이 공적으로 박영효의 추천을 받아 군부감독·경리국장·군부협판이 되고, 군부대신서리를 지냈다. 박영효가 역적 혐의로 일본에 망명한 뒤 직위에서 물러났다. 을미사변 당시 일본 서기관 스기무라가 대원군파인 그에게 사람을 보내어 뜻을 알렸고, 을미사변 당일 궁내부와 군부의 고문관이던 오카모토와 함께 대원군을 옹위하며 입궐했다. 명성왕후 살해범으로 체포됐고, 그해 11월 춘생문 사건으로 위협을 느낀 김홍집·유길준 등 친일파 고위 관리들에 의해 서둘러 교수형에 처해졌다.

조희연趙羲淵(1856~1915)

본관은 평양, 자는 심원心源, 호는 기원杞園. 1874년(고종 11) 9월 무과에 급제한 후 1883년 기기국위원機器局委員·선전관·훈련원판관·희천 군수 등을 역임했고, 1887년 군기軍器 시찰 및 무역 업무를 겸해 상하이·홍콩·오사카·도쿄 등지를 시찰했다. 1888년 연무공원참리사무參理事務, 1891년 경상도 광무감리鑛務監理를 지냈다. 1894년 동학농민군 봉기 때에는 초토사招討使 홍계훈 등에게 제반 군수물자를 보급하는 역할을 했는데, 청군 파병론이 거론될 때 이를 극렬 반대했다. 갑오개혁 때는 군국기무처회의원, 제1차 김홍집 내각의 군무대신서리, 제2차와 3차 김홍집 내각에서는 군무대신 및 부장副將 등을 역임했다. 1896년 아관파천 때 역적으로 몰려 체포령이 내려지자, 같은 해 1월 유길준·장박 등과 함께 일본으로 망명했다. 1907년 귀국해 궁내부특진관, 1909년 표훈원총재表勳院總裁 등을 역임하고, 1910년 숭정대부崇政大夫 종1품, 훈1등에 태극장太極章을 받았다. 일제에 의해 나라가 병탄되자 일본 정부로부터 남작 작위를 받았으나 곧 반납했다. 그러나 조선총독부 중추원고문에 임명되기도 했다. 일본식 이름은 오무라 지사부로大村智三郞다.

장박張博(1849~1921)

함경북도 경성 출신. 1883년 통리교섭통상사무아문 산하의 동문학사사

同文學司事에 임명됐고, 그해 10월 31일 창간된《한성순보》기자가 됐다. 1886년 다시《한성주보漢城周報》편집 책임자로 활약했다. 갑오개혁 후 법무아문참의法務衙門參議·협판, 1896년 김홍집 내각 때 법부대신으로 입각했다. 그러나 아관파천으로 김홍집 내각이 무너지자 유길준 등과 더불어 일본으로 망명해 1907년 이완용 내각 때 귀국, 궁내부특진관·제실회계감사원경帝室會計監査院卿 등을 역임했다. 1910년 일본 정부로부터 남작을 받았고, 조선총독부 중추원고문을 지낸 친일파다.

흥선대원군興宣大院君 이하응李昰應(1820~1898)

자는 시백時伯, 호는 석파石坡. 인조의 셋째 아들이고 효종의 동생인 인평대군麟坪大君의 6대손 남연군南延君 구珠의 넷째 아들이며, 조선 제26대 왕 고종의 아버지다. 세간에서는 대원위대감大院位大監이라 불렸다. 본래 흥선대원군의 조부 은신군恩信君(사도세자의 서자)이 자식이 없어 인평대군의 5대손인 병원秉源의 둘째 아들을 양자로 들였는데 그가 바로 남연군이고, 흥선대원군의 부친이다.

흥선대원군은 안동 김씨의 세도정치 아래서 불우한 종친으로 지내다가 1863년 철종이 후사 없이 죽자 당시 왕실의 최고 어른이던 익종翼宗(순조의 아들 효명세자)의 비 조대비趙大妃와 협력해 그의 둘째 아들 명복命福(고종의 아명)을 익종의 양자 자격으로 즉위시키고 섭정으로 대권을 위임받아 권력을 장악했다. 치세 동안 대내적으로는 안동 김씨 등 세도정치를 일소하고, 인재를 고루 등용했으며, 삼정문란의 폐해를 일소하고 무명 잡세無名雜稅를 폐지했으며, 서원 철폐, 사회 악습 개량에 힘쓰고 복식을 간소화했으며 사치를 금했다.

《대전회통》·《육전조례六典條例》·《양전편고兩銓便攷》 등 법전을 편찬해 법질서를 확립하는 데에도 공헌했다. 그러나 왕실의 위엄을 드러내고자 경복궁 중건에 착수해 백성의 원성을 사고, 당백전 등을 발행해 경제 혼란을 초래하기도 했다. 대외적으로는 통상 수교 거부 정책으로 일관해 당시 국제 정세 흐름을 파악하지 못하고, 근대사의 흐름에 능동적으로 대처할 수 없던 원인이 되기도 했다.

1873년 최익현의 상소를 계기로 고종 친정 체제가 수립되고 정계에서 물러났다. 1882년 임오군란 때 재집권했으나 곧 청으로 압송돼 볼모 생활을 했고, 귀국 후에는 줄곧 거처에 칩거해 정계에서 멀어졌다. 이후 1894년 일본군이 경복궁을 불법 점령할 때 섭정으로 등장했으나, 실권은 없었다. 말년을 쓸쓸이 공덕리의 별장에서 보냈는데, 1897년 12월 평생을 동고동락한 부대부인 민씨가 죽자, 석 달이 채 못 된 이듬해 2월, 79세를 일기로 세상을 떠났다.

이재면 李載冕(1845~1912)

호는 우석又石, 자는 무경武卿. 뒤에 희熹로 개명했다. 흥선대원군과 여흥 민씨 사이의 장남으로, 고종의 형이며, 영선군永宣君 준용의 아버지다.

1863년(철종 14) 사용司勇의 직을 맡았다가 이듬해 정시문과에 병과로 급제해 규장각시교·예문관검열·승정원주서 등을 거쳐 동부승지·대사성·이조참의·부제학, 이후 도승지·직제학·이조참판·병조판서·금위대장·판돈녕부사로 사대교린당상事大交隣堂上에 올라 이조판서·예조판서를 지냈다. 1882년 6월 임오군란 때 무위대장武衛大將으로 사태 수습에 힘썼고, 호조판서·선혜청당상宣惠廳堂上·지삼군부사知三軍府事·훈련대장을 겸했다. 1882년 청의 톈진 보정부에서 감금 생활을 하던 아버지 흥선대원군을 봉양했고, 함께 귀국 후 약 10년간 운현궁에서 칩거했다. 1894년 6월 흥선대원군이 집정하자 통리기무아문동문사당상경리사同文司堂上經理事가 됐다가 제1차 김홍집 내각 때 보국숭록대부로서 궁내부대신이 됐다.

1900년 완흥군完興君에 책봉된 뒤, 1907년 대훈이화장大勳李花章·서성장瑞星章을 받았고, 10월 육군부장副將이 됐다. 1909년 대훈금척대수장大勳金尺大綬章을 받았으며, 1910년 흥친왕興親王에 봉해졌다.

이준-용 李埈鎔(1870~1917)

호는 석정石庭·송정松亭, 자는 경극景極. 후에 준용으로 개명했다. 할아버지는 흥선대원군이고, 아버지는 고종의 형인 재면으로 준용은 대원군의 장손이고, 고종의 큰조카다.

1886년 정시문과에 급제한 뒤 정자·형조참의·대사성·직제학·도승지 등을 지냈다. 1894년 6월 21일 일본군이 벌인 경복궁 쿠데타로 대원군이 섭정을 하게 되자 그를 국왕으로 옹립할 계획을 세웠으나 군국기무처 내 개화 세력의 반발로 실패했다. 이어 1894년 10월에 있은 군국기무처 의원 김학우金鶴羽(1862~1894) 암살 사건에 연루되고, 박영효 등 친일파 대신들을 암살하려 했다는 죄목으로 종신유형 판결을 받았다. 하지만 왕명으로 10년으로 감형돼 교동부喬桐府로 유배됐다가 2개월 뒤 풀려났다. 대원군이 가장 아끼던 장손으로 대원군과 일본공사 미우라 고로의 밀약에 따라 3년간 일본으로 유학하기로 하고, 을미사변 직후 일본으로 갔다. 1897년부터 1899년까지 유럽 각지를 시찰한 뒤 일본 지바현千葉縣에 머물렀다. 1907년 고종이 퇴위한 후 귀국해 1910년 영선군永宣君에 봉해지고 육군참장參將에 임명됐다.

이범래李範來(1868~?)

1894년 장위영영관을 지낸 무관. 1895년 을미사변이 발생했을 때, 훈련대 제2대대 중대장이었고 상관인 대대장 이두황과 함께 사건에 연루됐다. 사건 직후 친일 내각이 훈련대를 개편하면서 새로 조직된 훈련대의 제1대대장 참령에 임명됐다.

춘생문 사건 때도 미리 알아낸 계획을 어윤중에게 알리는 등 새 내각을 지원했으나 아관파천으로 친일 내각이 붕괴되자 을미사변 관련자들과 함께 일본으로 망명했다. 1907년 한일신협약이 체결되고 대한제국 군대도 해산된 후 을미사변 관련자들도 모두 사면될 때 특별 사면을 받고, 바로 중추원의관에 임명됐고, 1908년에는 함경남도 관찰사 겸 함남재판소 판사에 임명됐다. 1910년 한일 강제병합 후에는 함북 참여관에 임명됐고, 1917년까지 7년간 함북 지방토지조사위원회 위원으로서 조선총독부의 토지조사 사업에 협력했다. 1917년부터 1921년까지는 평안남도 참여관이자 평남 지방토지조사위원회 위원을 역임했다. 1912년 일본이 한일 강제병합을 기념해 공로자들에게 수여한 한국병합기념장을 수여받았고, 1915년에는 다이쇼 대례기념장을, 1920년에는 훈4등 서보장을 서훈받은 친일파다.

권형진權瀅鎮(?~1900)

1880년 경진무과에 급제해, 1895년 경무사로 을미사변 당일 경복궁에 진입했고, 1900년 안경수 등과 함께 사형됐다. 권동진의 친형이다.

권동진權東鎮(1861~1947)

본관은 안동, 아호는 애당愛堂, 우당憂堂이며, 천도교에서 받은 도호道號는 실암實菴이다. 19세에 조선육군사관학교에 입학해 2년 과정을 마치고 육군 초관으로 3년간 근무한 뒤, 함안 군수를 1년간 역임했다. 을미사변에 가담했다가 일본으로 망명했다. 이후 1907년까지 일본에서 망명 생활을 했다. 일본 체류 중 손병희孫秉熙(1861~1922)의 권고로 천도교에 입도했고, 남궁억南宮憶(1863~1939)의 대한협회 설립에도 참여해 동 실업부장을 역임했다. 11년간 도쿄에 체류한 뒤 귀국해 다시 중추원부참의로 2개월간 있었다.

1919년 3·1운동 때에는 33인의 한 사람으로 독립운동을 지도하다가 일본 경찰에 붙잡혀 1920년 경성복심법원에서 3년형을 선고받아 서대문형무소에서 옥고를 치렀다. 출옥한 뒤에는 천도교에서 발간하던 잡지 《개벽》의 편집진으로, 또한 신간회新幹會 부회장으로 적극적인 항일민족운동을 전개했다. 이후 1929년 광주학생항일운동에 관련돼 다시 1년간 수감됐다가 풀려났다. 1945년 광복 이후에는 신한민족당 당수로 활동했다.

안경수安駉壽(1853~1900)

본관은 죽산竹山. 자는 성재聖哉. 개화에 눈을 떠 일본을 왕래하다가 1887년 통리교섭통상사무아문의 주사로 발탁돼 최초의 주일공사 민영휘의 통역관이 됐다. 이후 별군직別軍職·장위영영관·전환국방판典圜局幇辦 등을 지냈고, 일본 문물을 수용하면서 화약 생산을 위한 제약소製藥所 설립과 신식 화폐 발행에 주력했다.

1894년 청일전쟁이 발발하자 핵심 친일개화파 관료로 제1차 김홍집 내각에서는 우포도대장 겸 군국기무처회의원을, 제2차 김홍집 내각에서는 탁지부협판을 지냈다. 1895년에는 러시아 세력을 끌어들이려는 명성왕후의 신임을 받아 경무사와 군부대신을 역임했으나 을미사변으로 명성왕후가 살해되자 군부대신직에서 해임됐다.

그 후 춘생문 사건에 가담했고, 1896년 친러 내각에서 중추원일등의관직에 임명됐다. 독립협회 초대회장을 맡기도 했다. 그러나 1898년 7월 경무사를 지낸 김재풍金在豊·이충구李忠求 등과 더불어 황제 양위 음모를 추진하던 중 발각돼 일본으로 망명했고, 일본에서 박영효 일파와 합세해 정계 복귀를 기도했으나 실패했다. 1900년 1월에 공정한 재판을 받는다는 조건으로 자수했으나 심한 고문을 받은 뒤 이준용 역모 사건을 고하지 않은 죄 및 황제 양위 미수 사건에 관련된 죄로 교수형에 처해졌다.

다이 William McEntyre Dye(1831~1899)

개화정책을 추진하던 조선 정부는 1888년 미국인 군사교관 다이를 초빙해 육군사관학교인 연무공원을 설립하고, 군사훈련을 일임했다. 을미사변 당일 그는 러시아인 사바틴과 함께 사건 현장을 목격했고, 그의 지휘에 따라 궁궐시위대와 일본군 및 훈련대와 교전을 벌였으나 패퇴했다. 그러나 그의 진술은 을미사변의 진상을 국제사회에 알리게 된 중요한 역할을 했다.

사바틴 Seredin Sabatin(1860~1921)

1883년 제물포항 부두 축조를 위해 입국한 러시아 건축가. 임오군란 후 청의 이홍장이 파견한 외교 및 법률 고문 독일인 묄렌도르프Paul Georg von Möllendorff(1848~1901)에 의해 발탁돼 인천 해관 소속으로 제물포 해관 청사, 독일 세창양행 직원들의 사옥 건물(현재 인천의 자유공원), 러시아공사 관, 덕수궁 중명전重明殿, 정관헌靜觀軒, 손탁호텔Sontag 賓館 등을 설계했다. 또한 인천에 외국인을 위한 만국공원과 서울의 탑골공원, 독립문도 사바틴이 설계했다. 한편 사바틴은 한국 정부가 발주한 공사인 관문각 공사를 맡아 진행하는 과정에서 부실 공사와 공사 진척 문제를 두고 한국 관리들과 심각한 갈등을 빚었고, 봉급 체불로 인해 생활고에 시달려야 했다. 결국 사바틴은 귀국을 결심하지만 귀국 여비마저도 문제가 돼 1893년도에 해관에 다시 복직했다.

이 과정에서 사바틴에 대한 고종의 신임은 변함이 없어 해관에 근무하던 그를 경복궁 궁궐호위대장으로 임명하고, 경복궁 내에 머물게 하면서 일본 세력 견제를 위한 도움을 받고자 했다. 을미사변 당시 건청궁 내에서 현장을 목격하고, 이를 러시아공사 베베르에게 보고해 사건의 진상이 국제사회에 알려지게 됐으나, 막상 명성왕후를 살해한 진범이 정확하게 누구인지는 함구했다.

홍계훈 洪啓薰(?~1895)

본관은 남양, 초명은 재희在羲. 1882년 임오군란 당시 명성왕후를 경복궁과 서울에서 탈출시켜 후일 무사히 환궁할 때까지 호위한 공으로 중용됐다. 1892년 5월 충청도 보은집회 때 장위영정령관正領官에, 1894년에는 양호초토사兩湖招討使에 임명됐다. 동학농민군이 전라도 일대를 석권하고 있을 무렵 국왕에게 직접 전황을 보고하고 청나라에 구원병을 요청하도록 건의해 청일전쟁의 발발 원인이 되기도 했다. 동학농민군의 예봉을 꺾은 공으로 훈련대장으로 승진됐다.

1895년 을미사변 때 훈련대장으로 광화문을 수비하다가 일본군의 총탄에 맞아 전사했다. 군부대신에 추증되고, 충의공忠毅公이라는 시호를 받았으며, 을미사변 당일 명성왕후를 지켜려다 일본인에게 살해당한 이경직과 함께 1900년 장충단에 제향됐다.

이경직 李耕稙(1841~1895)

본관은 한산韓山. 자는 위양威穰, 호는 신부莘夫. 1885년 문과에 급제해 홍문관부수찬·참의내무부사參議內務府事 등을 거쳐 1892년 전라도 관찰사가 됐다. 1893년 전라도 동학교도들이 대거 상경해 교조의 신원伸寃을 요구한 사건이 일어나자 파면됐다가 1895년 궁내부대신이 됐다. 1895년 을미사변 당일 밤, 궁궐을 습격한 일본 낭인으로부터 명성왕후를 보호하려다가 현장에서 살해됐다.

1897년 대광보국숭록大匡輔國崇祿에 들고, 1899년에는 의정부의정議政府議政에 추증됐다. 시호는 충숙忠肅이다. 홍계훈과 함께 1900년 장충단에 제향됐다.

현흥택玄興澤(?~?)

1890년 수안 군수·광무국감리鑛務局監理를 지냈고, 1894년 친군통위영우부령親軍統衛營右副領, 1895년 내장원장원사장內藏院莊園司長·시위대부령을 역임했다. 1895년 10월 12일에 왕실 근신인 이재순·임최수·이도철·이민굉·이충구·안경수·김재풍·이세진 등과 정동파 관료 이범진·이윤용·이완용·윤웅렬·윤치호·이하영·민상호 그리고 언더우드·에비슨·헐버트·다이 등 미국인 선교사와 교사 및 교관 그리고 미국공사관 서기관 알렌, 러시아공사 베베르와 같은 구미 외교관 등이 가담한 춘생문 사건에 함께 관련했다. 그 뒤 1896년 독립협회에서 많은 활동을 했고, 1901년에는 상원 군수, 1903년에 육군부령으로서 친위 제1연대장, 1906년 육군정령正領을 역임했으며, 1908년에는 태극장太極章을 받았다.

사이고 다카모리 西鄕隆盛(1828~1877)

일본 규슈 가고시마 출신. 에도 시대와 메이지 시대에 걸쳐 활동한 정치가이자 무사로 메이지 유신 주역인 기도 다카요시木戶孝允(1833~1877), 오쿠보 도시미치大久保利通(1830~1878)와 함께 메이지 유신 3걸 중 하나다. 자신이 조선에 가서 죽음을 각오하고, 전쟁의 구실을 만들어 오겠다고 자청했고, 메이지 정부는 이를 빌미로 출병(정한론)할 것을 주장한 인물이다. 이 계획은 1873년 당시 메이지 천황의 재가까지 얻었으나 이토 히로부미를 비롯한 반대파 여론에 밀려 실현되지 못했다. 이후 사이고는 고향 가고시마에 군사 훈련을 위한 사설학교를 세웠고, 여기에 2만 명가량의 생도들이 모여들었다. 사이고의 학교가 반란의 근거지가 될 수도 있다는 우려로 메이지 중앙정부는 견제 조치를 취하려 했는데, 이에 대해 사이고의 제자들이 1877년 1월 가고시마 무기고를 공격하는 등 군사행동으로 대항했다. 본의 아니게 반란군의 지도자가 된 사이고는 1877년 사쓰마 번 무사들의 반란인 세이난 전쟁에서 패배했다. 그를 패배시킨 정부군 장군은 사이고의 오랜 친구인 야마가타 아리토모山縣有朋(1838~1922)였다. 1877년 9월 가고시마까지 내려와 최후의 저항을 하던 사이고는 결국 자결했다.

샤쿠오 슌조釋尾春芿(1875~?)

일본 오카야마岡山 현 출신. 1897년 도요東洋 대학의 전신인 데쓰갓칸哲學館을 졸업한 후 조선과 중국에 관심을 갖고 교토에서 신문업에 종사하다가 1900년에 부산의 일본어학교인 개성학교(현 부산상고), 대구 달성학교 등지에서 교편을 잡았다.

1903년 이후 경성민단에서 《경성발달사》 편찬을 담당했고, 1908년부터 일한서방 사주인 모리야마 요시오가 창간하고 기쿠치 겐조가 주간으로 참여한 잡지 《조선》의 편집장을 담당했다. 1909년부터 경영과 편집을 모리야마로부터 넘겨받으면서 《조선》의 발행처는 제3권 제2호(1909년 4월)부터 일한서방에서 조선잡지사로 변경됐다. 또한 1912년 1월(통권 47호)부터는 잡지명도 《조선급만주》로 바꾸어 1941년 1월(통권 398호)까지 발행된 식민지 조선의 최장수 일본 잡지였다.

그는 조선에 있어서 일본인의 권익과 종주국민으로서의 면모를 이 잡지를 통해 대변했고, 이를 위해 통감부 혹은 총독부에 대한 비판조차도 서슴지 않을 정도로 비판적이며 장사적壯士的인 인물로 평가받기도 했다.

샌즈W. F. Sands(1874~1946)

1899년부터 1904년까지 궁내부에서 재직한 미국인 고문. 민영환 등 친미파 관료들과 가까이 지내면서 대한제국의 중립화와 일본의 침략을 막기 위해 노력했다.

1898년 1월 10일 미국공사관 서기관 신분으로 한국 땅에 부임했고, 1899년 11월 15일부터는 미국공사관 서기관을 사임하고 그 무렵 세상을 떠난 르젠트르李善得 궁내부고문의 후임으로 궁내부찬의관이 됐으며, 다시 이듬해인 1900년 2월 24일에는 외부 고문관으로도 임명돼 1904년까지 줄곧 활동했다. 후일 회고록《비외교적 비망록Undiplomatic Memories》(1930)을 남겼는데, 이는 당시 외국인이 남긴 대한제국의 생생한 모습을 파악할 수 있는 사료다. 샌즈가 남긴 한국 관련 저술은《은자의 나라 한국 – 한말 외국인 기록 3》(신복룡 역주, 집문당, 1999)과 《조선비망록 – 한말 외국인 기록 18》(신복룡 역주, 집문당, 1999)으로 번역되어 있다.

데니Owen Nickerson Denny(1838~1900)

1886년 3월 이홍장의 추천으로 조선의 외부에 초빙된 미국인 고문으로 1891년 조선을 떠날 때까지 청의 조선에 대한 지나친 속방 정책에 반대해 조선의 자주 독립을 위한 외교 정책을 지지했고, 조선이 미국·러시아 등 각국과 다양한 국제 관계를 수립하는 데 여러 도움을 주려고 노력했다. 그가 저술한《청한론淸韓論, China and Korea》(1888)은 조선의 자주 독립을 위한 그의 생각과 청의 지나친 속방 정책에 비판적 의견을 담고 있다. 데니의《청한론》은《청한론 외》(신복룡 옮김, 집문당, 1999)로 번역되어 있다.

다보하시 기요시田保橋潔(1897~1945)

일본 홋카이도 하코다데函館 출생으로 본적은 이시카와 현이다. 1918년 가나자와金澤 제4고등학교를 졸업하고, 도쿄제대 문학부 국사학과에 입학, 1921년 졸업 직후 유신사료편찬관보維新史料編纂官補로 부임했다. 1922년에는 도쿄제대의 사료판찬관보史料編纂官補를 역임했다. 1924년 경성제대 예과豫科 강사에 촉탁돼 조선에 건너왔고, 같은 해 관비로 영국·독일·프랑스 등으로 유학했다. 1927년 귀국 후 경성제대 법문학부 조교수에 취임, 1928년에는 경성제대 법문학부 교수로 승임해 국사학 제1강좌를 담당했다. 1933년에는 조선총독부 조선사편수회 편수주임으로 촉탁됐다.

실증주의 사학의 대표 학자로 평가받고 있으나 조선총독부의《조선사》편찬에 실질적으로 참여했고, 식민사학을 학문적으로 정립시켰다. 1945년 49세에 식도암으로 사망했다.

저술로《근대일지선관계의 연구近代日支鮮關係の研究》(1930),《근대일본외국관계사近代日本外國關係史》(1930),《근대일선관계의 연구近代日鮮關係の研究》(1940),《조선통치사논고朝鮮統治史論稿》(1945),《일청전역외교사의 연구日清戰役外交史の研究》(1950) 등이 있다.

김기수 金綺秀 (1832~?)

본관은 연안延安. 호는 창산蒼山. 1875년 별시문과에 병과로 급제했고, 1876년 강화도조약 체결 후 예조참의로서 1차 수신사가 돼 일본에 가서 메이지 일본의 근대화 상황을 시찰하고 돌아왔다.

해외 문명 견문기의 첫 예가 되는《일동기유日東記游》는 일본의 풍속을 낮춰 보는 관점이기는 하나, 서양에서 전래된 기술 문명의 위력을 목격한 충격을 전했다. 또한《수신사일기》등은 일본에 대한 인식을 새롭게 한 책으로 뒤에 조사시찰단(신사유람단)을 파견하는 계기가 됐다. 1879년 덕원 부사, 1881년 대사성大司成, 1883년 감리의주통상사무監理義州通商事務 등을 역임했다.

어재연 魚在淵 (1823~1871)

본관은 함종咸從. 자는 성우性于. 1841년 무과에 급제해, 공충도병마절도사가 됐다. 1866년 프랑스 로즈 함대가 강화도를 침략했을 때(병인양요) 병사를 이끌고 광성진을 수비했다. 이어 1871년 미국 아시아 함대의 강화도 침략(신미양요) 때 진무중군에 임명돼 광성보로 급파돼 600여 명의 군사를 거느리고 미군과 대치했다. 미군은 6월 10일 초지진草芝鎭, 11일 덕진진德津鎭을 함락하고 광성보를 공략했는데, 이때 어재연은 광성보에 수자기를 게양하고 침공해 오는 미군에 결사 항전하다 전사했다.

그때 수자기는 미군이 전리품으로 가져가 미국해군사관학교 박물관에 소장돼 있다가 126년 만인 2007년 10월 한국에 장기 임대(최장 10년 임대)로 돌아왔다. 병조판서지삼군부사兵曹判書知三軍府事에 추증됐고, 시호는 충장忠壯이다.

민승호閔升鎬(1830~1874)

본관은 여흥. 자는 복경復卿. 치구致久의 아들로, 아들이 없던 치록致祿에게 입양돼 명성황후의 오빠가 됐다. 1864년 증광문과에 급제했고, 1866년 여동생이 왕비로 책봉되자 중용돼 그해 8월 이조참의, 1867년 1월 호조참판, 1872년 형조판서, 1873년 병조판서에 올랐다. 1873년 대원군이 하야한 후 국정 전반에 참여하게 됐으나 이듬해 폭탄이 들어 있는 소포가 배달돼 현장에 함께 있던 어린 아들, 명성왕후의 어머니와 함께 폭사했다. 시호는 충정忠正이다.

최익현崔益鉉(1833~1906)

본관은 경주. 호는 면암勉菴. 14세 때부터 이항로李恒老(1792~1868) 문하에서 공부했다. 1855년 명경과明經科에 급제했고, 사헌부지평·사간원정언·이조정랑·신창 현감·성균관직강 등을 지내고 1868년 9월 사헌부장령이 됐다. 그해 10월 경복궁 중건 중지, 취렴정책聚斂政策 혁파, 당백전 폐지, 사대문 문세門稅 폐지 등을 주장하며 대원군의 대내 정책을 비판하는 상소를 올려 파직됐다. 1873년 승정원동부승지로 임명된 후 다시 대원군의 정치를 정면으로 공격했는데, 당시 친정親政을 생각하고 있던 고종은 그의 상소를 받아들이고 호조참판에 임명했다. 그해 11월 다시 상소해 앞서의 상소 내용을 부연 설명하면서 만동묘萬東廟 철폐를 비롯한 대원군의 실정을 통박하고, 하야를 요구하는 3차 상소를 올렸다. 이를 계기로 10년간 집권해 온 대원군이 물러나 고종 친정이 실현됐다. 그러나 상소문 내용이 다소 지나친 면이 있어 제주도에 위리안치됐다가 1875년 2월 풀려났다. 1876년 1월 일본과의 통상조약 체결이 추진되자 도끼를 지니고 궁궐 앞에 엎드려 화의를 배척하는 이른바 '지부복궐척화의소'를 올려 개항에 반대했다.

1894년 동학농민운동을 잔학한 약탈 행위를 일삼는 집단으로 격렬히 비난했고, 갑오개혁에 대해서는 개화정책의 전면 폐지를 요구했으며, 독립협회에 대해서도 적대적인 태도를 취했다. 1905년 을사늑약이 체결되자 전라도 태인 등에서 의병을 일으켰으나 관군과 대치할 수 없다고 여겨 스스로 체포됐고, 쓰시마 섬으로 압송돼 그곳에서 순국했다. 1962년 건국훈장 대한민국장이 추서됐다.

완화군 完和君(1868~1880)

고종과 명성왕후가 가례를 올리기 전 고종의 총애를 받던 상궁 이씨(뒤에 영보당 귀인永保堂 貴人)가 1868년 낳은 고종의 서장자다. 열세 살에 홍역으로 사망했다. 시호는 효헌孝憲이고, 1907년 순종 즉위 후 완친왕完親王에 추봉됐다. 생모인 영보당 귀인 이씨는 1928년 12월 17일에 별세했다.

이유원 李裕元(1814~1888)

본관은 경주. 호는 귤산橘山·묵농默農. 1841년 정시문과에 급제했고, 1873년 영의정에 올랐다. 1875년 왕세자 척(훗날 순종)의 책봉을 청하기 위해 진주陣奏 겸 주청사奏請使로 청나라에 파견됐다. 1882년 6월 임오군란 당시 명성왕후의 생사가 불확실한 상황에서 대원군이 장례를 강행하자 이에 극력 반대했다. 그해 7월 전권대신으로 일본 변리공사 하나부사 요시모토와 임오군란으로 인한 피해 변상, 공사관 경비병 주둔권 부여를 핵심으로 하는 제물포조약을 체결·조인했다. 시호는 충문忠文이다.

민겸호閔謙鎬(1838~1882)

본관은 여흥, 자는 윤익允益. 1866년 알성문과에 장원급제했다. 민씨 세력의 중심인물로 형조판서·이조판서·어영대장·판돈녕부사 등 요직을 두루 역임했고, 1880년 12월 통리기무아문당상에 임명됐다. 1881년 4월 일본 육군 소위 호리모토 레이조堀本禮造를 초빙해 신식 군대인 별기군을 창설했다.

1882년 임오군란 당시 선혜청당상 겸 병조판서였던 관계로 궁중에 난입한 군졸들에게 중희당重熙堂 아래에서 전前 선혜청당상인 경기 관찰사 김보현과 함께 살해됐다. 시호는 충숙忠肅이다.

이범진李範晉(1852~1911)

본관은 전주. 형조 및 공조판서를 역임한 이경하의 아들이고 연해주 지역 의병 총대장이던 이범윤의 형이다. 1879년 식년시문과에 급제해 관직에 진출한 후 1895년 궁내부협판을 맡아 일본을 견제하고, 미국 및 러시아 세력을 끌어들이는 데 중요한 역할을 했다. 1896년 아관파천을 주도해 법부대신과 고등재판소장 겸 경무사가 됐다.

1897년 주미공사, 1899년 주러공사로 오스트리아·프랑스 공사를 겸임했다. 1905년 을사늑약으로 각국 주재관들이 소환됐으나 이에 응하지 않고, 상트페테르부르크에 거주하면서 국권 회복에 노력했고, 1907년 고종의 헤이그 특사 파견을 지원했다. 그 아들이 특사 중 한 사람인 이위종이다. 1910년 국권이 피탈되자 유산을 미국과 연해주 일대 독립운동 단체에 기부하고 자결했다.

부록 2

관련 표

〈표 1〉 명성왕후 살해 사건으로 재판에 회부된 일본 낭인 56명

- 강창일의 《근대 일본의 조선침략과 대아시아주의》(역사비평사, 2002) 135~136쪽 〈표 2〉를 참조.
- 히로시마 지방재판소에서는 48명에 대해 1896년 1월 20일 증거불충분으로 면소해 방면.
- 49번 이하의 8명은 현역 군인으로 1896년 1월 14일 군법회의에서 무죄선고를 내려 방면.

	이름	생년	출신지역	출신계층	직업
1	미우라 고로三浦梧樓	1846	도쿄 도	화족華族	주한 일본공사
2	스기무라 후카시杉村濬	1848	도쿄 도	평민	주한 일본공사관 일등서기관
3	호리구치 구마이치堀口九萬一	1865	니가타 현	사족	영사관보
4	오기와라 히데지로荻原秀次郎	1866	나가노 현	평민	외무성경부
5	와타나베 다카지로渡辺鷹次郎	1851	도쿄 도	평민	외무성순사
6	사카이 마스타로境益太郎	1868	나가노 현	사족	외무성순사
7	요코오 유타로橫尾勇太郎	1866	나가사키 현	사족	외무성순사
8	시로이시 요시타로白石由太郎	1871	가고시마 현	사족	외무성순사
9	나라이 기시로成相喜四郎	1861	가고시마 현	사족	외무성순사
10	오다 슌코小田俊光	1861	가고시마 현	사족	외무성순사
11	기와키 유오소쿠木脇祐則	1872	가고시마 현	사족	외무성순사
12	오카모토 류노스케岡本柳之助	1852	와카야마 현	사족	조선국 군부 겸 궁내부고문관
13	시부야 가토지澁谷加藤次	1855	구마모토 현	평민	조선국 내부고문관
14	아사야마 겐조淺山顯藏	1849	나가사키 현	사족	조선국 보좌관
15	하스모토 야스마루蓮元泰丸	1866	시가 현	평민	조선국 통역관
16	오우라 시게히코大浦茂彦	1860	나가사키 현	사족	조선국 통역관
17	시바 시로柴四郎	1852	후쿠시마 현	평민	작가, 정치가
18	다케다 한시武田範之	1863	후쿠오카 현	평민	무
19	오사키 세이키치大崎正吉	1865	미야기 현	평민	무
20	야마다 레쓰세이山田烈盛	1862	지바 현	평민	신문기자
21	쓰키나리 히카루月成光	1862	후쿠시마 현	사족	잡업
22	사세 구마테쓰佐瀨熊鐵	1865	후쿠시마 현	사족	의사
23	스즈키 준켄鈴木順見	1868	교토 부	평민	무
24	난바 하루키치難波春吉	1864	가나가와 현	평민	약품잡화행상
25	데라자키 다이키치寺崎泰吉	1862	가나가와 현	사족	매약행상
26	도 가쓰아키藤勝顯	1859	후쿠오카 현	사족	무
27	요시다 유키치吉田友吉	1872	이와테 현	평민	신문기자

28	스즈키 시게모토領木重元	1853	니가타 현	사족	주류업
29	구니토모 시게아키國友重章	1861	구마모토 현	사족	무
30	다나카 겐도우田中賢道	1856	구마모토 현	평민	농업
31	아다치 겐조安達謙藏	1864	구마모토 현	평민	한성신보사 사장
32	히로타 시젠廣田止善	1861	구마모토 현	사족	농업
33	히라야마 이와히코平山岩彦	1867	구마모토 현	사족	무
34	사사 마사유키佐佐正之	1862	구마모토 현	사족	매약업
35	사와무라 마사오澤村雅夫	1873	구마모토 현	사족	무
36	가타노 다케오片野猛雄	1873	구마모토 현	사족	무
37	구마베 요네키치隈部米吉	1868	구마모토 현	평민	농업
38	기쿠치 겐조菊池謙讓	1870	구마모토 현	평민	신문기자
39	사사키 마사시佐佐木正	1873	구마모토 현	사족	신문기자
40	마에다 슌조前田俊藏	1874	구마모토 현	평민	농업
41	이에이리 가키치家入嘉吉	1877	구마모토 현	사족	무
42	우시지마 히데오牛島英雄	1873	구마모토 현	평민	신문사 사원
43	마쓰무라 다쓰요시松村辰喜	1873	구마모토 현	사족	소학교 교원
44	고바야카와 히데오小早川秀雄	1870	구마모토 현	사족	신문기자
45	나카무라 다테오中村楯雄	1863	구마모토 현	사족	잡화상
46	사토 게이타佐藤敬太	1858	구마모토 현	사족	농업
47	히라야마 가쓰오平山勝熊	1867	구마모토 현	사족	신문기자
48	미야즈미 유키喜宮住勇喜	1873	구마모토 현	평민	신문사 사원
49	구스노세 유키히코楠瀨幸彦	1860	고치 현	사족	육군 중좌
50	마야하라 쓰토무馬屋原務本	1849	야마구치 현	사족	육군 소좌
51	이시모리 요시나오石森吉猶	1859	미야기 현	사족	육군 대위
52	다카마쓰 데쓰타로高松鐵太郎	1855	이시가와 현	평민	육군 대위
53	고이토 유키부미鯉登行文	1862	군마 현	평민	육군 대위
54	무라이 우소村井右宗	1850	야마구치 현	사족	육군 대위
55	마키 마사스케馬來政輔	1849	야마구치 현	사족	육군 대위
56	후지토 요조藤戶與三	1850	야마구치 현	사족	육군 대위

관련 표

〈표 2〉기쿠치 겐조의 정치 · 언론 활동 연혁

-《朝鮮總督府始政二十五周年記念表彰者明鑑》,《조선왕국》,《근대조선이면사》,《조선잡기》등을 참조.

연도	내용
1893	-7월 동경전문학교(현 와세다 대학) 영어정치과 졸업 -11월 15일 인천에 도착. 서울의《조선신보》에 입사
1894	-3월 28일 대원군과 면회 - 일본으로 일시 귀국해《국민신문》입사, 교토 특파원 -6월 동학농민운동과 청일전쟁이 발발하자 종군기자단 일원으로 다시 한국으로 파견 - 일본군의 경복궁 쿠데타를 직접 목격하고 취재 -7월 23일 오카모토 류노스케와 함께 대원군을 내세움
1895	-10월 8일 을미사변에 가담 -10월 14일 을미사변 가담자 48명 퇴한 조치 -10월 21일 히로시마 감옥 수감
1896	-1월 20일 증거불충분으로 전원 무죄 석방 -옥중에서 저술한《조선왕국》출판
1898	-《한성신보》주필로 다시 한국에 옴 -《대원군전》집필 시작 - 일본 망명 중인 이준용과 운현궁 사이의 연락을 중개함
1900	-《한성신보》사장에 취임 - 한일 국방동맹 교섭 사무를 맡아 여러 차례 도쿄를 왕래
1901	- 한국 황태자 위문 및 신변 보호의 비밀 부탁받아 수행
1903	-《한성신보》사장직 사퇴
1904	-《대동신보》창간
1905	- 엄비嚴妃의 명을 받아 숙명여학교淑明女學校 창립에 간여함
1906	- 통감부 촉탁받아 한반도 통치에 필요한 정보 및 자료 수집 -《대동신보》를 통감부에 3000원에 매각
1908	- 잡지《조선》의 주간. 이토 히로부미로부터 한국 근대사 저술 명받음 - 조선고서간행회와 조선연구회에서 활동
1909	- 조선통신사 설립 - 샤쿠오 슌조와 함께《조선급만주》창간 -《조선신보》발행에 관여

1910	- 《대원군전》 출간
1911	- 경상북도 대구 민단장
1912	- 8월 한국병합기념장 수상 - 9월 메이지 천황 장례식 때 경북민총 대표로 참석
1914	- 경북민단장 해임 - 지방공공사업에 관한 공로로 조선총독으로부터 은배 1조 받음
1920	- 조선총독으로부터 조선 사정의 조사 위촉을 받아 각종 조사에 착수 - 조선총독부 경무국정보위원으로 유도진흥회 결성
1922	- 조선 사정 조사 사무 종료와 함께 해임 - 11월 다시 언론계 종사 - 대륙통신사 설립, 사장 취임
1925	- 《조선제국기》 출간 - 《조선독본》 갑편 감수
1928	- 내각상훈국으로부터 대례기념장 수상
1930	- 4월 이왕직으로부터 실록편찬자료모집위원으로 위촉받아 자료 수집
1931	- 《조선잡기》 1·2 출간 - 노령을 이유로 대륙통신사 사장 사퇴 - 《경성일보》와 그 외 주요 신문·잡지 집필에 종사
1935	- 4월 이왕직 실록편찬자료모집위원 사무 종료, 해임 - 《근대조선이면사》 저술 - 조선연구회 참여
1937	- 《근대조선사》 상권 출간 - 《서물동호회회보書物同好會會報》 창간 때부터 1943년까지 집필 담당
1939	- 《근대조선사》 하권 출간 - 《김옥균전》, 《이용구전》 등 편찬
1945	- 일본으로 귀국
1953	- 사망

〈표 3〉《조선제국기》에 등장하는 주요 일본인 대지주의 한국 내 토지 소유 현황

- 하지연의 〈대한제국기 일본 대자본의 지주화 과정 연구〉, (《이화사학연구》제 33집. 이화사학연구소, 2006),
  〈표 4〉와 하지연의 《일제하 식민지 지주제 연구》(혜안, 2010) 〈부록 1〉에서 재구성.

농장(지주)	창업 연도	지목	연도별 소유 면적*						
			1908	1915	1922	1925	1929	1931	1935
오쿠라농장 (오쿠라 기하치로)	1903	논	2,351.00		1,014.60	1,609.90	1,012.40	1,029	
		밭	7		6.9	15.9	8.8	5	
		기타	22		3.6	16.7	7.7	2	
		계	2,380.00		1,025.40	1,642.50	1,028.90	1,036	4,983
조선흥업주식회사 (시부사와 에이이치)	1904	논	523	2,730.00	2,702.10	3,796.30	3,744.20	3,364	11,346
		밭	5,544.00	8,361.00	9,409.20	10,015.90	10,953.50	10,304	962
		기타	28	349	156.9	668.2	488.3	518	17,291
		계	6,095.00	11,440.00	12,268.20	14,480.40	15,186.00	14,186	....
동산농사주식회사 (이와사키 히사야)	1907	논	2,912.00	3,400.00	6,188.90	3,872.80	4,219.50	4,272	....
		밭	775	675	5,302.40	1,206.40	1,394.20	955	
		기타	605	755	1,019.10	444	384.8	201	5,500
		계	4,292.00	4,830.00	12,510.40	5,523.20	5,998.50	5,428	
불이흥업회사 (후지이 간타로藤井寬太郎)	1904	논	612	1,308.00	1,623.50	5,740.30	8,792.00	8,894	
		밭	59	149	2,544.80	1,916.00	1,133.80	1,576	
		기타	243	925	335.5	255.2	455.9	331	....
		계	914	2,382.00	4,503.80	7,911.50	10,371.70	10,801	
세천호립	1904	논	912	1,189.00	1,698.90	1,776.10	1,705.40	1,814	
		밭	93	164	236.5	337.7	268	217	
		기타	3	22	10.8	28.8	47.2	44	.....
		계	1,008.00	1,375.00	1,946.20	2,142.60	2,020.60	2,075	
웅본리평	1903	논	1,500.00	1,471.00	2,322.50	2,626.50	2,750.30	2,721	
		밭	80	152	210.7	210.1	188	192	
		기타	10	89	2.4	141.8	249.6	52	....
		계	1,590.00	1,712.00	2,535.60	2,978.40	3,187.90	2,965	...
이엽사 (시라세이 하루조白勢春三)	1903				100	656.6	1,028.50	1,026	
					116.8	122.2	193.6	191	
					26.9	109.4	203.3	151	
					243.7	888.2	1,425.40	1,368	
도곡팔십팔	1904				397.5	547	1,033.00	1,151	
					95.3	11.7	164.1	165	
					-	411.6	55.8	121	
					492.8	970.3	1,252.90	1,437	
가와사키 도타로川崎藤太郎									

- 표 맨 아래 등장하는 가와사키 도타로의 농장은 1926년 그가 죽은 뒤 이엽사로 계승된다. 그리고 가와사키는 1914년 평안도 안주군에 서수瑞穂농장을 창설했는데, 규모가 1922년 1301.4정보에 달했다.

연도별 소재지						
1908	1915	1922	1925	1929	1931	1935
임피, 익산, 김제, 금구, 만경		옥구, 익산		옥구		
나주, 무안, 지도, 해남, 진도, 양산, 김해, 동래	경기, 충남, 전남	대전, 경북 각군, 서흥, 황주, 봉산	대전, 천안, 해남, 무안, 나주, 함평, 진도, 경산, 영천, 황주, 서흥, 김해, 창원, 동래, 창녕, 청도	대전, 천안, 아산, 무안, 함평, 해남, 진도, 경산, 영천, 달성, 대구, 밀양, 김해, 창녕, 황주	시흥, 대전, 아산, 천안, 무안, 함평, 해남, 밀양, 창원, 김해, 해주	함평, 무안, 해남, 진도, 대덕, 천안, 시흥, 정읍, 청도, 경산, 영천, 밀양, 김해, 창원, 황주, 봉산, 해주
수원, 진위, 안산, 경기 광주, 과천, 전주, 김제, 익산, 영암, 나주, 남평, 광주	경기, 전북, 전남	수원, 전주, 김제, 익산, 나주, 옹진	수원, 용인, 시흥, 진위, 전주, 김제, 익산, 광주, 영암, 나주, 옹진	수원, 용인, 시흥, 안성, 진위, 전주, 나주, 광주, 영암, 옹진	수원, 진위, 전주, 김제, 익산, 나주, 광주, 영암	수원, 진위, 용인, 전주, 영산포
옥구, 임피, 익산 외	충남, 전북, 평북	논산, 전북 각군	논산, 전주, 익산, 김제, 정읍, 옥구, 해주, 용천, 철원	논산, 익산, 해주, 용천, 철원	논산, 부안, 고창, 전주, 익산, 옥구, 김제, 정읍, 용천, 철원	
김제, 익산, 만경, 은진, 전주	전북, 전남	전주, 김제, 익산, 담양	전주, 김제, 익산, 군산, 부안, 광주, 담양, 장성	익산, 담양, 장성, 광주, 나주	익산, 김제, 전주, 담양, 장성, 광주, 나주	
김제, 금구, 태인, 고부	전북	전주, 정읍, 부안, 옥구, 김제, 익산		옥구	옥구, 익산, 김제, 정읍, 전주	
		전주, 옥구, 익산	전주, 김제, 옥구, 익산	옥구	옥구, 전주, 익산	
		옥구, 익산		"	"	

*면적의 단위는 정보町步(1정보는 약 9917제곱미터 늑 3000평)

주석

01 낭인 기쿠치, 명성왕후를 살해하다

1   피터 듀스, 김용덕 옮김, 《일본근대사》, 지식산업사, 1983, 142쪽.

2   삼국간섭에 관해서는 이광린, 《한국사강좌》 V(근대편), 일조각, 1981, 359~360쪽
    ; 최문형, 《한국을 둘러싼 제국주의 열강의 각축》, 지식산업사, 2001, 145~165쪽
    ; 강창일, 《근대 일본의 조선침략과 대아시아주의》, 역사비평사, 2002, 107~120
    쪽을 참조함.

3   강창일, 《근대 일본의 조선침략과 대아시아주의》, 114~115쪽.

4   최문형, 《한국을 둘러싼 제국주의 열강의 각축》, 175~177쪽.

5   고바야카와 히데오, 혜문 엮음, 《조선을 죽이다》, 동국대학교출판부, 2009,
    83~85쪽.

6   정진석, 〈제2의 조선총독부 경성일보연구〉, 《관훈저널》 통권 제83호, 관훈클럽,
    2002, 226~227쪽.

7   강창일, 《근대 일본의 조선침략과 대아시아주의》, 137쪽.

8   강창일, 《근대 일본의 조선침략과 대아시아주의》, 122쪽.

9   菊池謙讓, 《近代朝鮮史》下, 鷄鳴社, 1939, 408쪽 ; 菊池謙讓, 〈私と朝鮮の言
     論〉, 《朝鮮之事情》, 1926.

10   강창일, 《근대 일본의 조선침략과 대아시아주의》, 134쪽.

11   菊池謙讓, 《朝鮮雜記》第1卷, 鷄鳴社, 1931, 81쪽.

12   菊池謙讓, 《朝鮮雜記》第1卷, 79쪽.

13   黑龍會, 《東亞先覺志士記傳》上卷, 1933(복각판, 原書房, 1966), 517~519쪽.

14   고바야카와 히데오, 혜문 엮음, 《조선을 죽이다》, 78쪽.

15   菊池謙讓, 《近代朝鮮史》下, 397쪽.

16   安達謙藏, 《安達謙藏自敍傳》, 新樹社, 1960, 55~59쪽.

17   강창일, 《근대 일본의 조선침략과 대아시아주의》, 123쪽.

18   스기무라 후카시 외, 한상일 옮김, 《서울에 남겨둔 꿈》, 건국대학교출판부, 1993,
     229~230쪽.

19   菊池謙讓, 《近代朝鮮史》下, 398~401쪽

20   菊池謙讓, 《近代朝鮮史》下, 400쪽 ; 《東亞先覺志士記傳》상권, 523~524쪽.

21   菊池謙讓, 《近代朝鮮史》下, 400~401쪽

22   김영수, 〈을미사변, 그 하루의 기록 – 대원군의 침묵과 명성황후 암살의 배후〉,
     《이화사학연구》제39집, 이화사학연구소, 2009, 204쪽.

23   고바야카와 히데오, 혜문 엮음, 《조선을 죽이다》, 104~105쪽.

24   스기무라 후카시 외, 한상일 옮김, 《서울에 남겨둔 꿈》, 231쪽.

25   스기무라 후카시 외, 한상일 옮김, 《서울에 남겨둔 꿈》, 231쪽.

26   스기무라 후카시 외, 한상일 옮김, 《서울에 남겨둔 꿈》, 233쪽.

27   김영수, 〈을미사변, 그 하루의 기록 – 대원군의 침묵과 명성황후 암살의 배후〉,
     213쪽.

28   '권동진 – 한말 정객의 회고담', 《동아일보》1930년 1월 29일 자.

29   김영수, 〈을미사변, 그 하루의 기록 – 대원군의 침묵과 명성황후 암살의 배후〉,
     220쪽.

30 菊池謙讓,《近代朝鮮史》下, 402쪽 ;《고종실록》고종 32년 8월 20일.

31 스기무라 후카시 외, 한상일 옮김,《서울에 남겨둔 꿈》, 235쪽.

32 스기무라 후카시 외, 한상일 옮김,《서울에 남겨둔 꿈》, 234쪽.

33 스기무라 후카시 외, 한상일 옮김,《서울에 남겨둔 꿈》, 235쪽.

34 菊池謙讓,《近代朝鮮史》下, 404쪽 ; 스기무라 후카시 외, 한상일 옮김,《서울에 남겨둔 꿈》, 232, 236~237쪽 ; 강창일,《근대 일본의 조선침략과 대아시아주의》, 125쪽 ; 고바야카와 히데오, 혜문 엮음,《조선을 죽이다》, 107~111쪽 ; 김영수, 〈을미사변, 그 하루의 기록 - 대원군의 침묵과 명성황후암살의 배후〉, 213~214쪽.

35 강창일,《근대 일본의 조선침략과 대아시아주의》, 126쪽.

36 菊池謙讓,《近代朝鮮史》下, 405~408쪽 ; 菊池謙讓,《朝鮮雜記》第1卷, 82쪽.

37 菊池謙讓,《近代朝鮮史》下, 406~409쪽 ; 고바야카와 히데오, 혜문 엮음,《조선을 죽이다》, 107쪽 및 183~197쪽의 예심 종결 결정서 내용 참조. ; 名草杜夫, 《岡本柳之助の光と影》, 草風社, 1980, 371쪽.
시부야 가토지 같은 경우 고바야카와의 회고담에는 1조 소속으로 아다치의 지휘를 받아《한성신보》사에 기쿠치와 함께 집결한 후 용산을 거쳐 공덕리로 출발한 명단에 이름이 들어가 있다. 그러나 히로시마 재판소 예심 종결 결정서에 따르면 광화문을 통해 직접 궁궐에 침입, 즉시 후궁까지 진입하고, 범죄를 실행한 사실이 인정된다고 분명히 밝혀져 있어 그가 2조에 합류했다고 볼 수 있다.

38 菊池謙讓,《近代朝鮮史》下, 408~409쪽.

39 菊池謙讓,《近代朝鮮史》下, 406~407쪽.

40 김영수, 〈을미사변을 둘러싼 기억과 의문 : 명성황후 암살자에 관한 기록과 추적〉,《사림》제41호, 수선사학회, 2012, 189쪽.

41 정교, 조광 엮음, 변주승 옮김,《대한계년사》2, 소명출판, 2004, 116쪽 ; 황현, 임형택 외 옮김,《역주 매천야록》하, 문학과지성사, 2005, 460쪽.

42 김영수, 〈세레진 사바찐의 하루 : 을미사변에 관한 기억과 선택〉,《역사비평》91,

역사비평사, 2010, 333~334쪽.

43   고바야카와 히데오, 혜문 엮음, 《조선을 죽이다》, 128쪽.

44   김영수, 〈세레진 사바찐의 하루〉, 351~353쪽.

45   菊池謙讓, 《近代朝鮮史》 下, 410쪽.

46   고바야카와 히데오, 혜문 엮음, 《조선을 죽이다》, 115쪽.

47   박종근, 박영재 옮김, 《청일전쟁과 조선》, 일조각, 1989, 266~267쪽.

48   菊池謙讓, 《朝鮮王國》, 民友社, 1896, 502쪽.

49   菊池謙讓, 《朝鮮最近外交史 大院君傳 附 王妃の一生(이하 《大院君傳》)》, 日韓書
      房, 1910, 226쪽.

50   고바야카와 히데오, 혜문 엮음, 《조선을 죽이다》, 117~118쪽.

51   菊池謙讓, 《近代朝鮮史》 下, 414쪽.

52   고바야카와 히데오, 혜문 엮음, , 119~120쪽.

53   菊池謙讓, 《朝鮮王國》, 513~519쪽 ; 고바야카와 히데오, 혜문 엮음, 《조선을 죽
      이다》, 120쪽.

54   김영수, 〈세레진 사바찐의 하루〉, 342쪽.

55   김영수, 〈세레진 사바찐의 하루〉, 336쪽.

56   菊池謙讓, 《近代朝鮮史》 下, 414쪽.

57   고바야카와 히데오, 혜문 엮음, 《조선을 죽이다》, 121쪽.

58   김영수, 〈세레진 사바찐의 하루〉, 332쪽.

59   菊池謙讓, 《近代朝鮮史》 下, 415쪽.

60   황현, 임형택 외 옮김, 《역주 매천야록》 하, 459~460쪽.

61   菊池謙讓, 《朝鮮雜記》 第1卷, 77쪽.

62   菊池謙讓, 《近代朝鮮史》 下, 415~416쪽.

63   菊池謙讓, 《近代朝鮮史》 下, 417쪽.

64   이향우, 나각순 감수, 《궁궐로 떠나는 힐링여행 경복궁》, 인문산책, 2013,
      285~292쪽.

65   고바야카와 히데오, 혜문 엮음, 《조선을 죽이다》, 128쪽.

66 菊池謙讓,《近代朝鮮史》下, 417쪽.

67 정교, 조광 엮음, 변주승 옮김,《대한계년사》2, 111~112쪽.

68 김영수,〈세레진 사바찐의 하루〉, 344쪽.

69 고바야카와 히데오, 혜문 엮음,《조선을 죽이다》, 121쪽.

70 김영수,〈을미사변을 둘러싼 기억과 의문〉, 185쪽.

71 고바야카와 히데오, 혜문 엮음,《조선을 죽이다》, 127쪽 ; 이민원,《명성황후 시해
    와 아관파천》, 국학자료원, 2002, 91쪽 ; 뮈텔, 한국교회사연구소 옮김,《뮈텔 주
    교 일기》1, 1895년 10월 8일, 377쪽.

72 고바야카와 히데오, 혜문 엮음,《조선을 죽이다》, 128쪽.

73 菊池謙讓,《近代朝鮮史》下, 418쪽.

74 菊池謙讓,《近代朝鮮史》下, 418쪽.

75 고바야카와 히데오, 혜문 엮음,《조선을 죽이다》, 133~134쪽.

76 NARA, Despatchs, from U.S. Minsters to Korea 1895~1896, M.134 Roll.12
    No. 156 pp 6~7 ; F. O. 405, Part VI, Inclosure in 1 No. 111, p. 85.

77 정교, 조광 엮음, 변주승 옮김,《대한계년사》2, 112쪽 ; 김영수,〈을미사변을 둘러
    싼 기억과 의문〉, 193~194쪽.

78 김영수,〈세레진 사바찐의 하루〉, 346~348쪽.

79 정교, 조광 엮음, 변주승 옮김,《대한계년사》2, 117쪽 ; 황현, 임형택 외 옮김,《역
    주 매천야록》하, 458~459쪽.

80 고바야카와 히데오, 혜문 엮음,《조선을 죽이다》, 133~134쪽.

81 김영수,〈을미사변을 둘러싼 기억과 의문〉, 198쪽.

82 山邊健太郎,〈乙未の變について〉,《日韓關係の展開》, 日本國際政治學會,
    1963, 74쪽.

83 강창일,《근대 일본의 조선침략과 대아시아주의》, 128쪽 ; 최문형,《명성황후 시
    해의 진실을 밝힌다》, 지식산업사, 2006, 238쪽 ; 최문형,《한국 근대의 세계사적
    이해》, 지식산업사, 2010, 109~113쪽.

84 金文子,《朝鮮王妃暗殺と日本人》, 高文研, 2009, 228~231쪽 ; 강범석,《왕후

모살》, 솔, 2010, 303쪽.

85   박종근, 박영재 옮김,《청일전쟁과 조선》, 279쪽.

86   고바야카와 히데오, 혜문 엮음,《조선을 죽이다》, 22~27쪽.

87   정교, 조광 엮음, 변주승 옮김,《대한계년사》2, 110쪽; 강창일,《근대 일본의 조선
     침략과 대아시아주의》, 128~129쪽.

88   菊池謙讓,《近代朝鮮史》下, 419쪽.

89   菊池謙讓,《朝鮮雜記》第1卷, 77쪽.

90   이항준,〈청일전쟁 전후 러시아 연해주군무지사 운떼르베르게르의 동아시아에
     대한 정책적 입장〉,《이화사학연구》49집, 이화사학연구소, 2014, 52쪽, 각주 28
     참조.

91   山邊健太郎,〈閔妃事件について〉,《コリア評論》, 1964年 5月號, 51~52쪽.

92   고바야카와 히데오, 혜문 엮음,《조선을 죽이다》, 238쪽.

93   《韓國政府顧問たりし石塚より王妃事件の眞相を報告》, 末松法制局長宛石
     塚英藏書簡, 明治28年, 10月 9日,《朝鮮王妃事件關係資料》6~7쪽(日本國會圖
     書館憲政資料室, 546號 伊東伯爵家文書)

94   이광린,《韓國史講座》V(近代篇), 370~371쪽 ; 고바야카와 히데오, 혜문 엮음,
     《조선을 죽이다》, 139~141쪽.

95   菊池謙讓,《朝鮮雜記》第1卷, 79쪽.

96   菊池謙讓,《朝鮮雜記》第1卷, 78~80쪽.

97   菊池謙讓,《朝鮮雜記》第1卷, 81쪽.

98   菊池謙讓,《朝鮮雜記》第1卷, 82쪽.

99   菊池謙讓,《朝鮮雜記》第1卷, 82~83쪽.

100 菊池謙讓,《朝鮮雜記》第1卷, 83쪽.

101 菊池謙讓,《朝鮮雜記》第1卷, 83~86쪽.

102 菊池謙讓,《朝鮮雜記》第1卷, 91쪽.

103 스기무라 후카시 외, 한상일 옮김,《서울에 남겨둔 꿈》, 239쪽.

104 菊池謙讓,《朝鮮雜記》第1卷, 100쪽.

105　菊池謙讓,《朝鮮雜記》第1卷, 100~103쪽.

106　菊池謙讓,《朝鮮雜記》第1卷, 107쪽.

107　菊池謙讓,《朝鮮雜記》第1卷, 102~103쪽.

108　菊池謙讓,《朝鮮雜記》第1卷, 103~104쪽.

109　菊池謙讓,《近代朝鮮史》下, 439쪽.

110　菊池謙讓,《近代朝鮮史》下, 447쪽.

111　菊池謙讓,《朝鮮雜記》第1卷, 104~111쪽.

112　이태진, 〈역사 소설 속의 명성황후 이미지 : 정비석의 역사 소설 《민비》의 경우〉,
　　　《한국사시민강좌》41, 일조각, 2007, 109쪽.

113　菊池謙讓,《朝鮮雜記》第1卷, 109쪽.

114　菊池謙讓,《近代朝鮮史》下, 438쪽.

115　고바야카와 히데오, 혜문 엮음,《조선을 죽이다》, 299~300쪽.

02 구마모토의 기쿠치, 낭인이 되다

1　菊池謙讓,《朝鮮雜記》第2卷, 鷄鳴社, 1931, 185~186쪽.

2　이태진, 〈역사 소설 속의 명성황후 이미지〉, 106쪽 ; 永島廣紀, 〈日本의 근현대
　　일한관계사연구〉,《한일역사공동연구보고서》제4권, 한일역사공동연구위원회,
　　2005, 71쪽.

3　이태진, 〈역사 소설 속의 명성황후 이미지〉, 107쪽.

4　이하 메이지 시기 낭인과 구마모토 국권당에 관해서는 강창일의 《근대 일본의 조
　　선침략과 대아시아주의》를 참조.

5　강창일,《근대 일본의 조선침략과 대아시아주의》, 20~21쪽.

6　강창일,《근대 일본의 조선침략과 대아시아주의》, 24쪽.

7　佐佐博雄, 〈熊本國權黨と朝鮮における新聞事業〉,《國史館大學文學部人文
　　學會紀要》제9호, 1977, 22~23쪽.

8 佐佐博雄,〈日淸戰爭における大陸'志士'集團の活動について-熊本國權黨系
集團の動向を中心として〉,《人文學紀要》제27호, 國史館大學文學部, 1994,
48쪽.

9 강창일,《근대 일본의 조선침략과 대아시아주의》, 322쪽.

10 菊池謙讓,《朝鮮雜記》第1卷, 101~103쪽;菊池謙讓,《朝鮮王國》서문.

11 강동진,《일본언론계와 조선》, 지식산업사, 1987, 139~141쪽;정진석,〈제2의
조선총독부 京城日報연구〉, 236쪽.

12 이태진,〈역사 소설 속의 명성황후 이미지〉, 110쪽.

13 有山輝雄,《德富蘇峰と國民新聞》, 吉川弘文館, 1992, 193쪽.

14 佐佐博雄,〈熊本國權黨と朝鮮における新聞事業〉, 28~29쪽;安達謙藏,《安
達謙藏自敍傳》, 新樹社, 1960. 45~47쪽.

15 安達謙藏,《安達謙藏自敍傳》, 45~52쪽.

16 창간 당시의 상황은 安達謙藏의《安達謙藏自敍傳》49~51쪽에 상세히 기록돼
있다. 정진석의〈제2의 조선총독부 京城日報연구〉를 참조.

17 《한성신보》에 대한 기존의 연구로는 다음의 것들을 들 수 있다.
최준,〈한성신보의 사명과 그 역할〉,《신문연구》제2권 제1호, 1961, 76~81쪽;
채백,〈한성신보의 창간과 운용에 관한 연구〉,《신문연구소학보》27, 서울대학교
신문연구소, 1990, 109~129쪽;박용규,〈구한말 일본의 침략적 언론활동 - 한성
신보(1895~1906)를 중심으로〉,《한국언론학보》제43권 1호, 한국언론학회, 1998,
151~177쪽.

18 《일본인명대사전》(현대편), 평범사, 1979, 20쪽.

19 菊池謙讓,《朝鮮雜記》第1卷, 82쪽;강창일,《근대 일본의 조선침략과 대아시
아주의》, 139~140쪽.

20 菊池謙讓,《朝鮮王國》, 서문 참조.

21 菊池謙讓,《朝鮮雜記》第1卷, 111쪽.

22 강창일,《근대 일본의 조선침략과 대아시아주의》, 140쪽.

23 田內蘇山은 기쿠치의 책《近代朝鮮裏面史 - 一名 近代朝鮮の橫顔(이하《近代朝

鮮裏面史)로 약칭)》(長風山人, 朝鮮硏究會, 東亞拓植公論社, 1936)의 서문에서 기쿠치가 1893
년《국민신문》상석上席기자로, 외무성 특별 촉탁을 겸직하고, 한국에 파견됐다
고 했다. 그러나 그 이외의 사료에서는 기쿠치가《국민신문》통신원(특파원)으로 한
국에 온 시기를 1894년으로 기록하고 있다. 또한 기쿠치 스스로도 1893년 11월
한국에 왔을 때를 회고하는 글에서 다만 사사의 소개로 경성에 거주하는 호즈미
가 경영하는 신문사에 입사하게 됐다고 밝힌 것으로 보아(菊池謙讓,《朝鮮雜記》第2卷,
185~186쪽) 그는 1894년 3월 일본으로 돌아간 뒤에《국민신문》교토 통신원으로
발탁된 것으로 보인다.

24   岡本柳之助,《風雲回顧錄》, 中公文庫, 1990, 234쪽.

25   菊池謙讓,《朝鮮雜記》第2卷, 185~197쪽.

26   菊池謙讓,《朝鮮雜記》第2卷, 185~186쪽.

27   菊池謙讓,《近代朝鮮裏面史》, 田內蘇山의 서문 ; 菊池謙讓,《朝鮮王國》, 德
     富蘇峰의 서문 2쪽.

28   이에 대해서는 박맹수의 〈동학농민혁명기 재조일본인의 전쟁협력 실태와 그 성
     격〉(《한국독립운동사연구》 36, 독립기념관 한국독립운동사연구소, 2010) 124~129쪽을 참조.

29   高橋刀川,《在韓成功の九州人》, 寅與號書店, 1908, 15·72·141쪽.

30   岡本柳之助,《風雲回顧錄》, 234쪽 ; 박맹수, 〈동학농민혁명기 재조일본인의 전
     쟁협력 실태와 그 성격〉, 118~119쪽.

31   菊池謙讓,《朝鮮王國》, 서문.

32   菊池謙讓,《大院君傳》, 대원군전 편찬의 유래.

33   菊池謙讓,《朝鮮諸國記》, 大陸通信社, 1925, 116쪽.

34   菊池謙讓,《朝鮮雜記》第1卷, 121쪽.

35   菊池謙讓,《朝鮮雜記》第1卷, 134쪽.

36   菊池謙讓·編纂監修,《朝鮮讀本》甲編, 朝鮮讀本刊行會, 1925, 82쪽 ; 하지
     연,《식민사학과 한국 근대사》, 지식산업사, 2015, 119·195쪽.

1 박용규, 〈구한말 일본의 침략적 언론활동〉, 169~172쪽.

2 菊池謙讓, 〈私ど朝鮮の言論〉, 《朝鮮之事情》, 1926, 12쪽 ; 이해창, 《한국신문
   사연구》 개정증보판, 성문각, 1983, 373쪽.

3 이 시기 《제국신문》, 《황성신문》과 《한성신보》의 논전에 관해서는 정진석의 〈민
   족지와 일인 경영신문의 대립〉(《한국언론사연구》, 일조각, 1983) 참조 ; '대한사람 봉변
   한 사실', 《제국신문》 1898년 8월 30일 자 ; '한성신보에 대한 변론', 《제국신문》
   1898년 9월 14일 자 등 참조.

4 김용구 편, 기밀 제9호, 《《한성신보》 재건보조금건〉, 《한일외교미간극비사료총
   서》 3, 아세아문화사, 1997, 242~250쪽.

5 기밀 제77호, 〈한성신보사의 개량 및 유지의 건(1903. 5. 2.)〉, 《한일외교미간극비사
   료총서》 3, 282~286쪽 ; 이해창, 〈구한국시대의 일인경영신문〉, 373~374쪽.

6 森川淸人 編, 《(朝鮮總督府始政二十五周年)記念表彰者名鑑》, 表彰者名鑑刊行會,
   1935, 1167쪽.

7 《황성신문》 1904년 8월 17일 자 ; 〈大東停報〉 8월 20일 자.

8 《제국신문》 1906년 6월 15일 자.

9 정진석, 〈제2의 조선총독부 경성일보연구〉, 228~230쪽.

10 정진석, 〈민족지와 일인 경영신문의 대립〉, 51쪽.

11 인천부청 편, 《인천부사》, 인천부, 1933, 1388쪽.

12 이해창, 《한국신문사연구》 개정증보판, 268~269쪽.

13 최혜주의 〈한말 일제하 샤쿠오(釋尾春仿)의 내한활동과 조선인식〉(《한국민족운동사연
   구》 제45집, 한국민족운동사학회, 2005)를 참조.

14 기쿠치는 경성일한전기통신사京城日韓電氣通信社와 《조선일일신문朝鮮日日新聞》을
   경영했고, 호소이 하지메가 여기에 고용됐다고 한다. 또한 호소이는 기쿠치와 함
   께 조선연구회를 만들었고, 저서 《現代漢城の風雲と名士》(日韓書房, 1910)는 기쿠
   치가 감수한 것으로 양자의 관계는 매우 밀접했다.(高崎宗司, 《植民地朝鮮の日本人》, 岩

波書店, 2002, 116~117쪽)

15 《조선》에 대해서는 단국대학교 부설 동양학연구소 편《개화기 재한일본인 잡지자
     료집 : 조선 1》(동양학연구소, 2004) 해제를 참고.

16 菊池謙讓,《近代朝鮮裏面史》, 田內蘇山의 서문 ; 조선연구회에 관해서는 최혜
     주의 〈일제강점기 조선연구회의 활동과 조선인식〉《한국민족운동사연구》 제42집, 한국민
     족운동사학회, 2005)를 참조.

     조선연구회는 한국의 인문 연구를 목적으로 설립된 일본인 단체로, 처음에는 호
     소이 하지메가 대표였으나, 이후 그가 일본에 자유토구사自由討究社를 조직하면서
     탈퇴하자 아오야나기 쓰나타로가 뒤를 이었다. 표면적으로 조선총독부로부터 독
     립한 조직으로 보이나 실질적으로는 총독부 예하 기관이나 다를 바 없었다. 조선
     연구회가 비슷한 성격의 조선고전간행회와 다른 점은 고전을 번역해 간행했을 뿐
     만 아니라 호소이가 지은《조선문화사론》(1909)이나 가지카와梶川가 지은《실업지
     조선實業之朝鮮》(1909)과 같은 조선 연구 도서를 출판한 일이다. 그러나 조선의 고
     전을 간행함에 있어 실제 번역에서는 국한문 혼용이나 일본 한자 표현에 토를 다
     는 정도였다. 조선연구회(《莊陵誌 平壤續志》, 朝鮮硏究會, 1911, 권말 소재 일람에 의함) 회원
     은 다음과 같다. 평의원 : 혼마 규스케本間九介(총독부 취조국 촉탁), 기쿠치 겐조(조선통
     신사 사장), 오다 쇼고小田省吾(총독부사무관), 아오야기 쓰나타로靑柳綱太郞(동양협회학교東
     洋協會學校 간사) 등.

17 김성혜의 〈러일전쟁을 전후한 대일외교정책〉(이화여자대학교 사학과 석사학위논문, 1999)
     38~64쪽을 참조.

18 이에 관해서는 윤병희의 〈일본망명시절 유길준의 쿠데타음모사건〉《한국근현대사연
     구》 제3집, 한국근현대사학회, 1995) 56~57쪽을 참조.

19 고려대학교 아세아문제연구소 편, 〈日案〉 4,《구한국외교문서》 제4권, 고려대학
     교 출판부, 1965, 676쪽.

20 菊池謙讓, 〈朝鮮王の中立外交と國防同盟〉,《新朝鮮》, 靑柳綱太郞 編, 朝鮮
     硏究會, 1916, 43쪽.

21 《주한일본공사관기록》 1900년 8월 7일, 국사편찬위원회, 1994, 247쪽.

22 菊池謙讓,〈朝鮮王の中立外交と國防同盟〉, 44쪽.

23 長風生,〈十五年間の韓客搓記(中)〉,《朝鮮》제2권 1호, 1908, 58~60쪽；菊池
謙讓,〈朝鮮王の中立外交と國防同盟〉, 40~58쪽.

24 菊池謙讓,〈朝鮮王の中立外交と國防同盟〉, 45~46쪽.

25 菊池謙讓,〈朝鮮王の中立外交と國防同盟〉, 48쪽.

26 菊池謙讓,〈朝鮮王の中立外交と國防同盟〉, 50쪽.

27 菊池謙讓,〈朝鮮王の中立外交と國防同盟〉, 50~53쪽.

28 長風生,〈十五年間の韓客搓記(中)〉, 59쪽.

29 菊池謙讓,〈朝鮮王の中立外交と國防同盟〉, 51~58쪽；William F. Sands, 김
훈 옮김,《조선의 마지막 날》, 미완, 1986, 310~315쪽；《주한일본공사관기록》
1901년 12월 6일, 256~260쪽.

30 菊池長風,〈十五年間の韓客搓記(下)〉,《朝鮮》제2권 2호, 1908, 54~56쪽.

31 森川淸人 編,《(朝鮮總督府始政二十五周年)記念表彰者名鑑》, 1167쪽.

32 강동진의《일제의 한국침략정책사》참조.

33 菊池謙讓,《近代朝鮮裏面史》, 田內蘇山 序文.

34 菊池謙讓,《朝鮮諸國記》, 大陸通信社, 1925.

35 菊池謙讓,《近代朝鮮史》上·下, 鷄鳴社, 1937·1939.

36 〈韓國倂合に登場した內田良平〉,《國民總力》6권 15호, 1944.

37 和田八千穗, 藤原喜藏 編,〈執筆者略歷〉,《朝鮮の回顧》, 近澤書店, 1945.

38 기쿠치가 일본으로 돌아간 후 기고한 글들은 다음과 같다.
〈南北朝鮮體戰案〉,《日本及日本人》vol. 4, No. 5, 日本及日本人社, 1953,
48~49쪽；〈李承晚の排日觀〉,《日本及日本人》vol. 4, No. 2, 1953, 85쪽；
〈南北朝鮮の將來 - 上〉, vol. 3, No. 7, 1952, 56~63쪽；〈南北朝鮮の將來 -
中〉, vol. 3, No. 8, 1952, 125~129쪽；〈南北朝鮮の將來 - 下〉, vol. 3, No.
10, 1952, 52~61쪽；〈滿韓國境と中立地帶〉,《日本及日本人》vol. 2, No. 1,
1951, 65~67쪽.

1   이 책들에 대해서는 조동걸의 〈식민사학의 성립과정과 근대사 서술〉(《역사교육논집》 13·14 합호, 역사교육학회, 1990)을 참조.

2   조동걸, 〈식민사학의 성립과정과 근대사 서술〉, 751~754쪽.

3   조동걸, 〈식민사학의 성립과정과 근대사 서술〉, 761~764쪽.

4   이배용, 〈개화기 명성황후 민비의 정치적 역할〉, 《국사관논총》 제66집, 국사편찬위원회, 1995 ; 이태진, 《고종시대의 재조명》, 태학사, 2000.

5   永島廣紀, 〈日本의 근현대 일한관계사연구〉, 65~71쪽.

6   하지연, 〈다보하시 기요시田保橋潔의 《근대일선관계의 연구》와 한국근대사 인식〉, 《숭실사학》 31집, 숭실대학교 사학회, 2013 ; 하지연, 《식민사학과 한국 근대사》, 지식산업사, 2015, 167쪽.

7   菊池謙讓, 《朝鮮王國》, 8~10쪽.

8   菊池謙讓 編, 《朝鮮讀本》 甲編, 朝鮮讀本刊行會, 1925, 1~2쪽.

9   菊池謙讓, 《朝鮮王國》, 279~285쪽.

10   菊池謙讓, 《朝鮮王國》, 295쪽.

11   菊池謙讓 編, 《朝鮮讀本》 甲編, 1~2, 15쪽.

12   菊池謙讓 編, 《朝鮮讀本》 甲編, 11~13쪽.

13   菊池謙讓, 《朝鮮王國》, 296~297쪽.

14   菊池謙讓, 《朝鮮王國》, 311~316쪽.

15   菊池謙讓, 《朝鮮王國》, 547쪽.

16   菊池謙讓, 《朝鮮王國》, 430~519쪽.

17   菊池謙讓, 《朝鮮王國》, 547~548쪽.

18   菊池謙讓, 《朝鮮王國》, 160쪽.

19   菊池謙讓, 《大院君傳》.

20   菊池謙讓, 《大院君傳》, 대원군전 편찬의 유래.

21   菊池謙讓, 《大院君傳》, 대원군전 편찬의 유래.

22   이태진, 〈역사 소설 속의 명성황후 이미지〉, 110~111쪽.

23   菊池謙讓, 《大院君傳》, 대원군전 편찬의 유래.

24   菊池謙讓, 《大院君傳》, 1~2쪽.

25   이태진, 〈역사 소설 속의 명성황후 이미지〉, 103~126쪽.

26   菊池謙讓, 《近代朝鮮史》, 長風山人 自序.

27   《近代朝鮮史》의 내용 구성은 다음과 같다.

    • 횡안橫顔 (1) : 대원군과 천주교라는 큰 제목 하에 제너럴셔먼 호 사건과 프랑
      스와의 병인양요, 신미양요, 강화도조약, 인천개항 부분을 상세하게 소개하고
      있다.

    • 횡안 (2) : 수신사, 김윤식, 어윤중, 한미조약, 갑신정변.

    • 횡안 (3) : 백두산정계비 문제, 무녀 진령군, 대원군의 환국, 묄렌도르프와 데
      니, 원세개, 동학당의 전란, 고부민란, 전주함락, 공주 우금치 전투, 원세개와
      대원군과 민비 등.

    • 횡안 (4) : 청일전쟁, 평양 및 성환전투, 대원군과 왕비의 각축, 갑오개혁, 박영
      효와 김홍집, 을미사변, 아관파천, 대한제국, 독립협회와 황국협회, 보부상, 중
      립외교의 꿈, 국방동맹과 망명자 처분 등과 한국에 주재한 5대 공사, 2대 통감,
      5대 총독 등.

28   菊池謙讓, 《近代朝鮮史》, 上, 自序.

05 이류 사학자 기쿠치, '망할 수밖에 없는 나라, 한국'을 쓰다

1   기쿠치의 《대원군전》의 오류와 왜곡을 분석한 것은 이태진, 〈역사 소설 속의 명성
     황후 이미지〉 참조.

2   菊池謙讓, 《大院君傳》, 51쪽.

3   菊池謙讓, 《大院君傳》, 96쪽.

4   菊池謙讓, 《大院君傳》, 308~309쪽.

5   菊池謙讓, 《大院君傳》, 141 · 327쪽.

6   菊池謙讓, 《大院君傳》, 65쪽.

7   菊池謙讓, 《大院君傳》, 73~75쪽.

8   菊池謙讓, 《大院君傳》, 85쪽.

9   菊池謙讓, 《大院君傳》, 87쪽.

10 《승정원일기》 고종 13년(1876) 1월 23일 ; 《일성록》 동일자.

11 《일성록》 고종 5년(1868) 10월 10일.

12 《승정원일기》 고종 10년(1873) 10월 25일, 26일 ; 《일성록》 동일자.

13 《승정원일기》 고종 18년(1881) 윤7월 8일, 9일, 10일 ; 《일성록》 동일자.

14 菊池謙讓, 《大院君傳》, 83쪽.

15 菊池謙讓, 《大院君傳》, 301쪽.

16 菊池謙讓, 《近代朝鮮史》, 44~45쪽.

17 菊池謙讓, 《大院君傳》, 97~98쪽.

18 《승정원일기》 고종 12년(1875) 1월 1일 ; 《일성록》 동일자.

19 《승정원일기》 고종 13년(1876) 4월 10일 ; 《일성록》 동일자.

20 《승정원일기》 고종 13년(1876) 6월 2일.

21 《승정원일기》 고종 14년(1877) 12월 4일.

22 《승정원일기》 고종 17년(1880) 1월 12일 ; 《일성록》, 동일자 ; 이태진, 〈역사 소설
    속의 명성황후 이미지〉, 118~119쪽.

23 菊池謙讓, 《大院君傳》, 87~88 · 97쪽.

24 菊池謙讓, 《大院君傳》, 305~307쪽.

25 菊池謙讓, 《大院君傳》, 83~84쪽.

26 菊池謙讓, 《大院君傳》, 83~84쪽.

27 《동아일보》, 1928년 12월 19일 자.

28 菊池謙讓, 《大院君傳》, 104쪽.

29 菊池謙讓, 《大院君傳》, 112~113쪽.

30 菊池謙讓, 《大院君傳》, 315~321쪽.

31   이태진의《고종시대의 재조명》를 참조.

32   《경향신문》, 2006년 6월 30일 자.

33   《일성록》, 고종 21년(1884) 10월 17일 ; 《비변사등록》동일자.

34   菊池謙讓, 《大院君傳》, 143～145쪽.

35   이태진, 〈역사 소설 속의 명성황후 이미지〉, 120～122쪽.

36   菊池謙讓, 《大院君傳》, 78쪽.

37   菊池謙讓, 《大院君傳》, 249쪽.

38   菊池謙讓, 《大院君傳》, 313쪽.

39   菊池謙讓, 《大院君傳》, 239쪽.

40   菊池謙讓, 《大院君傳》, 79～81 · 239 · 297쪽.

41   菊池謙讓, 《大院君傳》, 295～296쪽.

42   菊池謙讓, 《大院君傳》, 302쪽.

43   菊池謙讓, 《大院君傳》, 81쪽.

44   菊池謙讓, 《大院君傳》, 147쪽.

45   菊池謙讓, 《大院君傳》, 238쪽.

46   菊池謙讓, 《大院君傳》, 314쪽.

47   菊池謙讓, 〈韓末に登場した女性〉, 和田八千穗·藤原喜藏 共編, 《朝鮮の回
     顧》, 近澤書店, 1945, 304～319쪽 ; 菊池謙讓, 《大院君傳》, 103쪽.

48   菊池謙讓, 《大院君傳》, 331～335쪽.

49   菊池謙讓, 《大院君傳》, 154쪽.

50   菊池謙讓, 《大院君傳》, 193～200쪽.

51   菊池謙讓, 《大院君傳》, 201～202쪽.

52   菊池謙讓, 《大院君傳》, 202쪽 ; 菊池謙讓, 《近代朝鮮史》, 332쪽.

53   菊池謙讓, 《大院君傳》, 205～207쪽.

54   菊池謙讓, 《大院君傳》, 211～212쪽.

55   菊池謙讓, 《大院君傳》, 238쪽.

56   이배용, 〈명성왕후 민비의 꿈과 한〉, 《개화기 서울 사람들》1, 어진이, 2004,

63~69·87~88쪽 ; 이배용, 〈개화기 명성황후 민비의 정치적 역할〉,
66~72·102~104쪽.

57 菊池謙讓, 《大院君傳》, 314쪽.

58 다보하시 기요시, 김종학 옮김, 《근대 일선관계의 연구》 상, 일조각, 2013, 29쪽.

59 菊池謙讓, 《大院君傳》, 287~294쪽.

60 이태진 교수는 기쿠치가 《근대조선사》 상·하에서 당대의 일본인 저자들과는 상
    당히 다른 고종, 고종시대사 인식을 보여 줬다고 평가했다. 특히 하권 마지막 절
    을 〈한말의 문화〉라고 해 광무 연간의 황제정이 근대화의 씨앗을 뿌린 것도 인정
    했다고 했다. 그러나 기쿠치는 다만 광무개혁의 내용을 소개했을 뿐 그것의 결과
    및 효과를 결코 긍정적으로 평가하지 않았다. 오히려 기쿠치는 광무개혁에서 추
    진된 각종의 근대적 시설과 개혁은 효과를 보지 못하고 사멸했다고 결론 내렸다
    (《근대조선사》 하, 131쪽). 더군다나 기쿠치는 《대원군전》에서 이미 고종을 터키의 전제
    군주와 비교하며, 실패한 국왕임을 분명히 했다. 따라서 기쿠치가 명성왕후를 폄
    하하고 왜곡한 만큼 고종을 혹독하게 깎아 내린 것은 아니나, 반면 결코 고종을 긍
    정적으로 평가하지도 않았다. 이미 명성왕후를 평가하는 부분에서 고종은 정치적
    으로 아무것도 하지 않는 나무인형으로 충분히 폄하됐다.

61 菊池謙讓, 《大院君傳》, 166쪽.

62 菊池謙讓, 《近代朝鮮史》 下, 203쪽.

63 菊池謙讓, 《大院君傳》, 158~159쪽.

64 菊池謙讓, 《近代朝鮮史》 下, 202쪽.

65 菊池謙讓, 《大院君傳》, 158~163쪽.

66 菊池謙讓, 《大院君傳》, 164~165쪽.

67 菊池謙讓, 《近代朝鮮史》 下, 216쪽.

68 菊池謙讓, 《近代朝鮮史》 下, 230쪽.

69 菊池謙讓, 《近代朝鮮史》 下, 248쪽.

70 菊池謙讓, 《近代朝鮮裏面史》, 216쪽.

71 菊池謙讓, 《大院君傳》, 175~176쪽.

72 菊池謙讓, 《近代朝鮮裏面史》, 216~230쪽 ; 菊池謙讓, 《近代朝鮮史》下, 195~248쪽 참조.

73 菊池謙讓, 《近代朝鮮裏面史》, 218~221쪽.

06 식민학자 기쿠치, '문명 일본의 은혜로운 식민 통치'를 쓰다

1 菊池謙讓, 《朝鮮諸國記》, 77~86쪽.

2 菊池謙讓, 《朝鮮諸國記》, 136~141 · 143~149 · 251~272 · 344~350쪽.

3 菊池謙讓, 《朝鮮諸國記》, 141~142쪽.

4 군산일보편집국, 《전북충남지지주뇌지부활동인》, 344~347쪽.

5 일본인 대지주들의 한말부터 일제강점기 초기에 걸친 대지주화 과정에 관해서는 하지연의 〈대한제국기 일본 대자본의 지주화 과정 연구〉(《이화사학연구》 제33집, 이화사학연구소, 2006)를 참조.

6 菊池謙讓, 《朝鮮諸國記》, 119~120쪽.

7 菊池謙讓, 《朝鮮諸國記》, 119~120쪽.

8 菊池謙讓, 《朝鮮諸國記》, 130~131쪽

9 菊池謙讓, 〈한국의 남북에 있어서 척식의 상태〉, 《朝鮮》 제1권 2호, 1908, 12~14쪽.

10 《조선》, 단국대학교 동양학연구소 해제.

11 菊池謙讓, 〈各種の朝鮮評論(時論)〉, 細井肇 編, 《鮮滿叢書》第1卷, 自由討究社, 1922~1923, 3~6쪽.

12 〈各種の朝鮮評論(時論)〉, 1쪽.

13 菊池謙讓, 〈제국의 보호정책은 금일 이상으로 변개變改하는 것이 필요한가?〉, 《朝鮮》 제1권 4호, 1908, 26~27쪽.

14 長風生, 〈暴徒に對する母國の觀察(時事評論)〉, 《朝鮮》 제1권 5호, 1908, 4쪽.

15 菊池謙讓, 〈各種の朝鮮評論(時論)〉, 細井肇 編, 《鮮滿叢書》第1卷, 自由討究

社, 1922~1923, 15쪽.

16   菊池謙讓,〈各種の朝鮮評論(時論)〉, 細井肇 編,《鮮滿叢書》第1卷, 自由討究
社, 1922~1923, 15쪽.

17   菊池謙讓,〈各種の朝鮮評論(時論)〉, 細井肇 編,《鮮滿叢書》第1卷, 自由討究
社, 1922~1923, 15쪽.

18   〈各種の朝鮮評論(時論)〉, 6~15쪽.

참고문헌

사료

菊池謙讓 編,《朝鮮讀本》甲編, 朝鮮讀本刊行會, 1925

菊池謙讓,〈各種の朝鮮評論〉, 細井肇 編,《鮮滿叢書》1. 自由討究社, 1922

菊池謙讓,〈甲申政變과 金玉均〉,《朝光》7권 11호, 1941.11

菊池謙讓,〈金玉均流謫秘話:小笠原嶋竝に北海道謫居記〉,《朝光》7권 11호,
1941.11

菊池謙讓,〈思ひ出多き李太王殿下の御生涯〉,《朝鮮及滿洲》140, 1919

菊池謙讓,〈三朝史話〉,《知友新稿》, 蘇峰先生古稀祝賀記念刊行會 編, 民友社,
1931

菊池謙讓,〈朝鮮人と兵役〉,《武裝の朝鮮經濟》, 實業時代社, 1937

菊池謙讓,《近代朝鮮史》上, 鷄鳴社, 1937

菊池謙讓,《近代朝鮮史》下, 鷄鳴社, 1939

菊池謙讓,《近代朝鮮裏面史─名近代朝鮮の横顔》, 朝鮮研究會本部, 1936

菊池謙讓,《金剛山記》, 鷄鳴社, 1931

菊池謙讓,《大院君傳附王妃の一生 : 朝鮮最近外交史》, 日韓書房, 1910

菊池謙讓,《李太公及閔后合傳》, 1910

菊池謙讓,《朝鮮王國》, 民友社, 1896

菊池謙讓,《朝鮮雜記》第1-2卷, 鷄鳴社, 1931

菊池謙讓,《朝鮮諸國記》, 大陸通信社, 1925

菊池謙讓,《通俗朝鮮文庫》第12輯, 自由討究社, 1922

김용구 편,《한일외교미간극비사료총서》2·4, 아세아문화사, 1995

동학농민전쟁100주년기념사업추진위원회 편,《동학농민운동전쟁연구자료집》, 여강출
      판사, 1991

芳賀登 外 編集,《日本人物情報大系》, 晧星社, 2001

細井肇,《(現代) 漢城の風雲と名士》, 경성, 1910

安達謙臟,《安達謙臟自敍傳》, 新樹社, 1960

韓國內政改革ニ關スル交涉雜件(自 明治 27年 10月 至 明治 28年 6月)

漢城新報社(마이크로폼),《漢城新報》, 漢城新報社, 연세대학교 음영교육센타, 1982

和田八千穗, 藤原喜藏 共編,《朝鮮の回顧》, 近澤書店, 1945

논문

강창일,〈三浦梧樓 공사와 민비시해사건〉,《명성황후시해사건》, 민음사, 1992

강창일,〈일본 대륙 낭인의 한반도 침략 – 일본 우익의 대아시아주의에 대한 이해를 위하
      여〉,《역사비평》28, 역사비평사, 1995

강창일,〈일본의 우익과 조선지배〉,《한민족독립운동사자료집》제5권, 국사편찬위원회,
      1989

김영수,〈세레진 사바찐의 하루〉,《역사비평》91, 역사비평사, 2010

김영수,〈을미사변, 그 하루의 기록 – 대원군의 침묵과 명성황후암살의 배후-〉,《이화사

학연구》 제39집, 이화사학연구소, 2009

김영수, 〈을미사변을 둘러싼 기억과 의문〉, 《사림》 제41호, 수선사학회, 2012

박맹수, 〈동학농민혁명기 재조일본인의 전쟁협력 실태와 그 성격〉, 《한국독립운동사연구》 36, 독립기념관 한국독립운동사연구소, 2010

박용규, 〈구한말 일본의 침략적 언론활동 – 한성신보(1895~1906)를 중심으로〉, 《한국언론학보》 제43권 1호, 한국언론학회, 1998

上村希美雄, 〈熊本國權黨の成立〉, 《近代日本と熊本》, 17호, 1917

永島廣紀, 〈日本의 근현대 일한관계사연구〉, 《한일역사공동연구보고서》 제4권, 한일역사공동연구위원회, 2005

이배용, 〈개화기 명성황후 민비의 정치적 역할〉, 《국사관논총》 제66집, 국사편찬위원회, 1995

이연, 《日本統治下の朝鮮における言論統制》, 상지대학교 박사학위 논문, 1991

이태진, 〈역사 소설 속의 명성황후 이미지 : 정비석의 역사 소설 《민비》의 경우〉, 《한국사 시민강좌》 41, 일조각, 2007

정진석, 〈19세기~20세기 일본 대륙낭인의 한국침략행각연구〉, 《국사관논총》 제79집, 국사편찬위원회, 1998

정진석, 〈개화기 언론 출판문화의 생성〉, 《동양학》 제34집, 동양학연구소, 2003

정진석, 〈명성황후 시해와 한성신보〉, 《신문과방송》 통권325호, 한국언론연구원, 1998

정진석, 〈제2의 조선총독부 京城日報연구〉, 《관훈저널》 통권 제83호, 관훈클럽, 2002

정진석, 〈한말 민족지와 일인 경영신문의 대립에 관한 연구〉, 서울대학교 대학원 석사학위 논문, 1976

조동걸, 〈식민사학의 성립과정과 근대사 서술〉, 《역사교육논집》 13·14 합호, 1990

조항래, 〈일본 국수주의단체의 일연구 – 현양사를 중심으로〉, 《일본의 침략정책사연구》, 역사학회 편, 일조각, 1984

佐佐博雄, 〈敎育勅語成立期における在野思想の一考察 – 熊本紫溟會の敎育, 宗敎道德觀を中心として〉, 《人文學會紀要》 제20호, 國士館大學文學部, 1988.1

佐佐博雄, 〈熊本國權黨と朝鮮における新聞社業〉, 《人文學會紀要》 제9호, 國士館大

學文學部, 1977. 1

佐佐博雄,〈熊本國權黨系の實業振興政策と對外活動 – 地方利益との關聯を中心
として〉,《人文學會紀要》제24호, 國士館大學文學部, 1991.1

佐佐博雄,〈移民會社と地方政堂 – 熊本國權黨の植民事業を中心として〉,《人文學
會紀要》제15호, 國士館大學文學部, 1983.10

佐佐博雄,〈日淸戰爭における‘大陸’志士集團の活動について – 熊本國權黨系の動
向を中心として〉,《人文學會紀要》제27호, 國士館大學文學部, 1994.10

채백,〈한성신보의 창간과 운용에 관한 연구〉,《신문연구소학보》27, 서울대학교신문연
구소, 1990

채백,《한국 근대신문 형성과정에 있어서 일본의 역할에 관한 연구》, 서울대학교 대학원
박사학위 논문, 1990

최혜주,〈일본 동양협회의 식민활동과 조선인식 –《동양시보》를 중심으로 –〉,《한국민족
운동사연구》51, 한국민족운동사학회, 2007

최혜주,〈일제강점기 아오야기(靑柳岡太郎)의 조선사 연구와 ‘內鮮一家’論〉,《한국민족운
동사연구》제49집, 한국민족운동사학회, 2006

최혜주,〈일제강점기 조선연구회의 활동과 조선인식〉,《한국민족운동사연구》제42집,
한국민족운동사학회, 2005

최혜주,〈한말 일제하 샤쿠오(釋尾春芿)의 내한활동과 조선인식〉,《한국민족운동사연구》
제45집, 한국민족운동사학회, 2005

하지연,〈다보하시 기요시(田保橋潔)의《근대일선관계의 연구》와 한국근대사 인식〉,《숭
실사학》31집, 숭실사학회, 2013

하지연,〈‘한국병합’에 대한 재한일본 언론의 동향 – 잡지《朝鮮》을 중심으로〉,《동복아
역사논총》30호, 동북아역사재단, 2010

하지연,〈한말·일제 강점기 기쿠치 겐조(菊池謙讓)의 문화적 식민 활동과 한국관〉,《동북
아역사논총》21호, 동북아역사재단, 2008

단행본

가와무라 미나토, 요시카와 나기 옮김,《한양 경성 서울을 걷다》, 다인아트, 2004

강동진,《일본언론계와 조선》, 지식산업사, 1987

강창일,《근대 일본의 조선침략과 대아시아주의》, 역사비평사, 2002

高崎宗司,《植民地朝鮮の日本人》, 岩波書店, 2002

김문자, 김승일 옮김,《명성황후 시해와 일본인》, 태학사, 2011

이태진,《고종시대의 재조명》, 태학사, 2000

정진석,《한국언론사연구》, 일조각, 1983

조항래,《한말 일제의 한국침략사연구》, 아세아문화사, 2006

하지연,《식민사학과 한국 근대사》, 지식산업사, 2015

하지연,《일제하 식민지 지주제 연구》, 혜안, 2010

한상일,《아시아 연대와 일본제국주의》, 오름, 2002

한상일,《일본 지식인과 한국》, 오름, 2000

한상일,《일본군국주의의 형성과정》, 한길사, 1982

한상일,《일본의 국가주의》, 까치, 1988

한상일,《일본제국주의의 한 연구 : 대륙낭인과 대륙 팽창》, 까치, 1985

혜문 엮음,《조선을 죽이다》, 동국대학교출판부, 2009